中国社会科学院陆家嘴研究基地
Lujiazui Institute of Chinese Academy of Social Sciences

基地报告

REPORT OF LUJIAZUI INSTITUTE, CASS

主编■李　扬　殷剑峰

第13卷

张　平　袁富华

消费导向的大城市经济增长：上海增长绩效评估

袁富华　张　平

知识生产、现代服务与上海转型战略研究报告

黄群慧　等

新竞争范式下长三角制造业转型升级研究

黄群慧　等

新一轮工业革命与上海市制造业转型升级的影响研究

封　婷　郑真真

上海市老年照料劳动力需求研究报告

经济管理出版社

ECONOMY & MANAGEMENT PUBLISHING HOUSE

图书在版编目（CIP）数据

基地报告. 第 13 卷/李扬，殷剑峰主编. —北京：经济管理出版社，2017.12
ISBN 978-7-5096-5532-0

Ⅰ.①基⋯　Ⅱ.①李⋯　②殷⋯　Ⅲ.①区域经济发展—研究报告—上海　Ⅳ.①F127.51

中国版本图书馆 CIP 数据核字（2017）第 297622 号

组稿编辑：宋　娜
责任编辑：宋　娜　钱雨荷
责任印制：黄章平
责任校对：董杉珊

出版发行：经济管理出版社
　　　　　（北京市海淀区北蜂窝 8 号中雅大厦 A 座 11 层　100038）
网　　址：www. E-mp. com. cn
电　　话：（010）51915602
印　　刷：玉田县昊达印刷有限公司
经　　销：新华书店
开　　本：720mm×1000mm/16
印　　张：22
字　　数：469 千字
版　　次：2017 年 12 月第 1 版　2017 年 12 月第 1 次印刷
书　　号：ISBN 978-7-5096-5532-0
定　　价：78.00 元

目 录

CONTENTS

消费导向的大城市经济增长：上海增长绩效评估

张　平　袁富华 / 001

知识生产、现代服务与上海转型战略研究报告

袁富华　张　平 / 085

新竞争范式下长三角制造业转型升级研究

黄群慧　等 / 157

新一轮工业革命与上海市制造业转型升级的影响研究

黄群慧　等 / 251

上海市老年照料劳动力需求研究报告

封　婷　郑真真 / 305

消费导向的大城市经济增长：
上海增长绩效评估

张　平　袁富华 *

* 课题组负责人张平、刘霞辉、袁富华。本文执笔人张鹏、张平、刘霞辉、袁富华、张自然。参加本项目调研的人员有张磊、王宏森、陈昌兵、张小溪、张鹏、付敏杰、陆明涛、李芳芳、赵阳、黄胤英、楠玉等。

摘　要 / 005

第一部分　比较中的上海：人均 GDP 为 20000 美元左右的追赶经济特征
　　　　　 及经济模式 / 008

一、上海市现阶段经济模式比较探析 / 008

二、上海产业结构调整路径和未来增长驱动力特征 / 017

第二部分　预期中的上海：消费导向的增长潜力开发的可行性
　　　　　 及路径论证 / 020

一、工业化向城市化演进的事实 / 021

二、增长过程的经济减速与突破 / 022

三、通用技术与知识生产的两部门模型 / 025

四、资源配置制度与新要素供给障碍 / 034

第三部分　现实中的上海：绩效评估 / 037

一、人力资本指标体系及与全国的对比 / 037

二、消费结构指标体系及与全国的对比 / 040

三、产业结构对比 / 043

四、服务业外部性指标体系及与全国的对比 / 048

五、整体效率模式指标体系及与全国的对比 / 057

第四部分　上海的未来：迈向高端的瓶颈及对策 / 064

一、上海处于人力资本结构梯度升级的加速时期，应重视高端
　　 人力资本模式的打造 / 064

二、上海处于消费模式高端化的快速整合时期，应重视消费主导
　　 经济增长作用的发挥 / 065

三、上海处于知识过程重构效率模式的转型时期 / 066

四、国际化大都市节点功能培育的制度变革 / 067

第五部分　案例分析 / 069

调研报告一　小支付有大前景——雪球科技公司案例分析 / 069

一、创立背景 / 069

二、发展历史 / 070

三、公司定位 / 070

四、发展前景 / 071

五、雪球科技公司发展的关键 / 073

调研报告二　整合线上线下资源，创新志愿填报服务新模式 / 074

调研报告三　依托"互联网+"优势，完善数字出版平台系统生态 / 077

一、精灵网主要业务对象 / 078

二、精灵网数字出版业务的理论解释 / 079

参考文献 / 081

摘　要

本报告是《上海市创新转型发展指标体系研究》和《上海产业结构升级和效率提升路径》的延续和提升，着重指出了上海在转向以服务业为主导的产业结构路径中增长的动力来源，强调了消费结构特别是知识消费及生产部门对传统生产部门的溢出效应，以及自身部门自我强化、"螺旋式"爬升的规模递增效应，从而促进知识和创新来引领上海未来的增长，以解决从工业化时期向后工业化时期转变时增长动能接续问题。

一、课题研究内容概述

本报告分为五部分，第一部分基于上海和发达国家的经验数据从产业结构、劳动生产率、教育支出、消费结构等几个方面详细比较了现阶段上海与发达国家同一历史发展阶段的差距，从中发现人均 GDP 为 20000 美元左右时各国发展的阶段性特征，从而比较上海目前的优势和劣势，基于比较分析我们提出了上海现阶段产业结构调整的路径和驱动未来增长的动力特征。第二部分从理论上阐述了消费导向驱动经济增长的机理，使用通用部门和知识生产部门的两部门模型探讨了知识生产部门所独具的规模报酬递增及其对通用部门的创新溢出效应特征，回答了后工业化时期的增长动力来源及现阶段上海过渡到消费导向驱动增长阶段存在的资源配置制度与新要素供给障碍。第三部分从人力资本、产业结构、消费结构、服务业创新能力和整体产出效率等方面对上海进行了评估，并与北京、天津、深圳等发达地区及全国平均水平进行了比较。在前面理论分析和实证经验基础上，第四部分提出了上海迈向高端的发展瓶颈与对策。第五部分是案例分析。

二、知识消费驱动增长的潜在机制和经验事实

大规模工业化最终要受到消费需求的制约而减速，各类物质商品的数量消费存在饱和点，相应效用水平会有达到最大的时候。随着人们收入水平的提高，知识、精神商品的消费被看作与物质商品同等重要，必不可少。此种消费结构的转变意义体现在：第一，消费的性质发生了变化，很大一部分消费行为本身变为人力资本积累和知识消费过程，知识生产过程与消费过程合为一体；第二，在服务经济阶段，经济增长由知识生产部门主导，而不是过去高增长时期由物质部门主导。知识生产部门与传统物质生产部门和传统服务部门并列存在，前者自身创造价值并以其外部性促进传统部门优化升级。因此综合来看，知识生产部门不仅作为独立的部门在规模报酬递增的框架下实现增长，而且其对传统物质生产部门（通用技术部门）的溢出效应亦使得传统部门实现了产业升级换代。

但从上海经济发展现实看，其存在的问题在于：第一，受三十年工业化浸润影响深刻缘故，工业化运行思维抑制了向服务业的成功转型。工业化时期规模化、标准化生产特征，集中式、纵向式管理能够最大限度地享受低成本、干中学等红利，但也留下了分割严重、非网络化等问题，这极大影响了创新的网络化效应发挥，造成低成本扩张思路延续、效率低下大而不倒的僵尸企业存在。第二，工业化思维的另一个突出表现是低层次人力资本壅塞和高质量人力资本稀缺并存，导致在向知识密集型服务业转型时期所需人力资本不足，而大量的低层次人力资本的聚集也影响了产业的升级换代和经济持续出清。第三，受上述两点影响，目前上海服务业无论是规模还是创新能力不仅低于发达国家水平，一些领域也低于北京、深圳等国内一线城市，传统服务业和知识密集型服务业呈现不均衡发展态势，最终有可能陷入鲍莫尔渐进停滞陷阱，无法实现产业结构升级和突破中等收入陷阱。第四，与传统服务业发展较快相一致，目前上海知识消费相比

美国等发达国家较低，诸如科技、教育、文化、卫生等知识型消费的增长虽然较快，但由于这些部门不是政府管制部门就是自然垄断部门，供给规模不仅有限而且服务能力、创新能力还有提升空间。因此，科教文卫等知识性部门改革不仅关系到公共服务供给质量而且深入改革将有利于知识消费比重的上升，知识消费与知识生产的更好结合是后工业化时期创新的重要来源，有利于上海实现成功转型和可持续发展。

三、几点建议

上海作为我国经济的增长极和体制改革的先行者，上海转型的意义在一定程度上是我国从中等收入向高收入经济体发展的参照和示范。综观世界发达国家和"亚洲四小龙"等先进经济体发展道路，上海在发展思路上要有新突破，在行动上要摆脱规模化工业化思维窠臼：第一，要高度重视人力资本的积累，防止低层次人力资本壅塞，推进科教文卫等事业单位改革，促进人力资本流动；第二，要注重消费主导经济增长作用的发挥，推动传统消费向知识消费过渡，消费结构的升级不仅有利于居民福利的提高，更是以消费倒逼工业转型、提高服务业部门效率和以知识促进增长机制的关键；第三，重视知识生产部门在新的转型过程中的重要作用，理解知识生产部门在重构传统生产函数中的作用机制，真正实现向创新与知识驱动增长；第四，以上海自贸区为契机，加快体制机制创新，更加重视市场在资源配置中的决定性作用，转变政府职能，放松科教文卫等部门的管制和推进垄断性单位的改革，从制度上打破阻碍服务业转型时期增长的掣肘。

第一部分　比较中的上海：人均 GDP 为 20000 美元左右的追赶经济特征及经济模式

一、上海市现阶段经济模式比较探析

2014 年上海市地区生产总值（GDP）达到 23560.94 亿元，按可比价格计算，比上年增长 7.0%。其中，第一产业增加值 124.26 亿元，增长 0.1%；第二产业增加值 8164.79 亿元，增长 4.3%；第三产业增加值 15271.89 亿元，增长 8.8%。第三产业增加值占上海市地区生产总值的比重达到 64.8%，比上年提高 1.6 个百分点。按常住人口计算的上海市人均生产总值为 9.73 万元，按年末汇率计算上海市人均生产总值已经突破 1.59 万美元。这里我们主要比较发达国家人均生产总值与上海现阶段相当时经济发展模式特征，特别是比较哪些国家的追赶模式与上海相近和跨越中等收入陷阱，从产业结构、人力资本及消费结构方面入手对上海未来的发展潜力进行剖析。

（1）服务业成为经济的主导产业，劳动生产率提高是服务业驱动经济增长的重要考量。

图 1 和图 2 分别为七个主要工业化国家的第三产业从业人员比重与第二产业从业人口比重和上海的对比分析趋势图，我们可以归纳出如下两个典型化事实：第一，第二产业就业人口逐步下降，目前七个主要工业化国家基本稳定在 30% 以下，上海第二产业就业人口比重远远高于发达国家，显示第二产业虽然相对萎缩但依然是上海经济增长的主要动力之一。上海制造业拥有完整的制造业体系和雄厚的制造业实力，这是上海的独特优势。改革开放后上海依托大产业、大项目、大基地建设，通过干中学的集成技术创新和廉价劳动力、制度红利相结合，工业化进程加快推进。随着

工业化的完成，未来工业化的发展方向不仅是追赶技术前沿，而且是要发展居于技术前沿的先进制造业，带动上海乃至整个中国工业化水平的提高。第二，自1980年以来，发达国家服务业从业人口比重不断上升，目前基本稳定在65%以上水平，服务业成为发达国家的主导产业。随着科技的进步和互联网、智能机器人等先进生产工具的使用，制造业所需的劳动力数量在不断减少，资本替代劳动逐渐被技术替代劳动趋势所取代，工业领域的过剩劳动力和过剩资本将会逐渐流入服务性行业。此外，随着科技创新，服务业已不是附着在工业周围为工业提供服务的一般性服务业，服务业不仅具有"服务"功能，还具有生产功能，前者解决资源配置过程中交易成本和减少信息不对称作用，后者直接作为独立的部门存在具有知识生产和消费功能，新业态和新产业涌现加快了整体创新节奏，还带动了工业部门的脱胎换骨。上海自改革开放以来，产业结构服务业化趋势明显，目前服务业就业人口比重已经超过第二产业就业人口比重，并且二者之差还会越来越大，但与发达国家相比，上海服务业就业人口比重还远远低于上

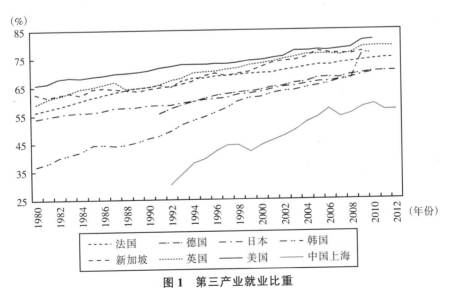

图1　第三产业就业比重

资料来源：本报告中所有图表无特别说明外国际数据来源于WDI，国内数据来源于历年《中国统计年鉴》或者《上海统计年鉴》。

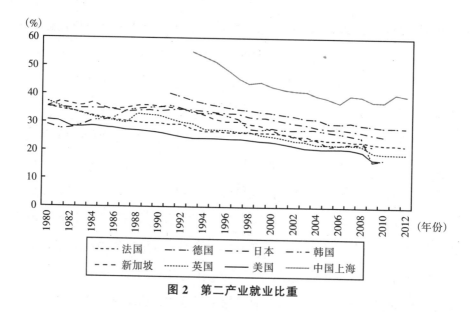

图 2　第二产业就业比重

述七个主要工业化国家，制造业驱动经济增长的作用依然不可小觑。

产业结构迈向高级化过程中，支撑产业结构转型成功的关键因素是观察产业劳动生产率是否不断提高。从图 3 中我们发现，自 1980 年以来，总体趋势上七个主要工业化国家和上海市的第二产业劳动生产率大幅提高，但是发达国家的劳动生产率要高于上海市。究其原因，一方面可以从投入方面进行解释，农业剩余劳动力向工业化部门的转移，工业部门成为改革初期就业的蓄水池，同时资本相对稀缺使得劳动密集型制造业部门或者低技术水平的制造业部门快速扩张，从图 3 中我们也可以发现，整个 20 世纪 90 年代劳动生产率提升都相对缓慢，这与低成本规模化扩张是分不开的；另一方面从产出增加值角度而言，低成本规模化扩张也意味着技术含量低，产品蕴含的科技、人力资本附加值低，这也迎合了工业化初期短缺经济需求特征，以产品数量和低廉的价格来赢得市场，因此造成制造业增加值增长缓慢。这样从成本和产出两个角度对劳动生产率提高形成挤压。进入 21 世纪以来，上海第二产业劳动生产率快速提高，追赶发达国家的趋势十分明显。

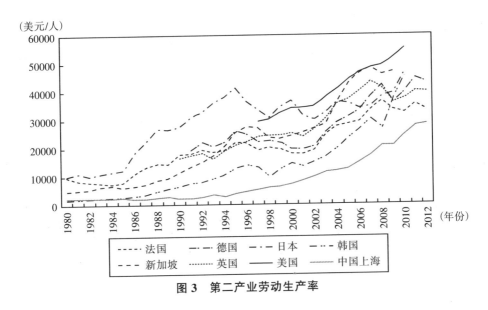

（美元/人）

图3　第二产业劳动生产率

观察第三产业劳动生产率，我们可以发现除韩国外，其他六国的劳动生产率都显著高于上海，并且与发达国家缓慢增长的趋势不同，上海服务业劳动生产率增长率较快，追赶甚至超过发达国家也是指日可待（如图4所示）。因此，未来随着自贸区制度的先试先行，科教文卫等服务业部门逐步引入市场机制，服务业创新机制逐渐放活，第三产业劳动生产率还会保持较快增长。需要指出的是，与一般性服务业不同，服务业成为创新驱动实施的关键还在于金融、科技、教育、文化、医疗保健等现代服务业部门创新能力的提高，我们将在第三部分着重从第三产业内部剖析各个行业的创新趋势，观察现代服务业部门的创新能力如何。

（2）高等教育发展达到发达国家水平，为经济转型奠定了良好的人力资本基础。

教育作为提高劳动力质量、提升劳动者人力资本的重要渠道，其对经济增长的促进作用在现有的文献研究中已得到证实（Nelson 和 Phelps，1966；Aghion 等，2009）。特别是上海经济进入后工业化时期，服务业驱动转型要依靠大量的高质量劳动力，集中体现在金融、科教文卫等人力资本

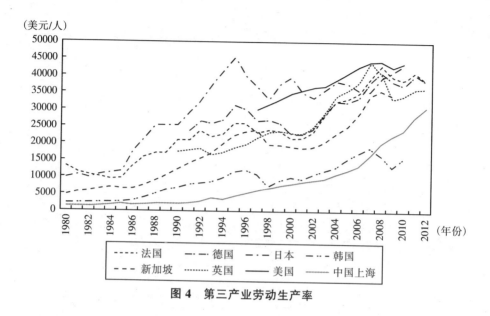

（美元/人）

图 4 第三产业劳动生产率

图例：

- ---- 法国
- -·- 德国
- -··- 日本
- -···- 韩国
- -- 新加坡
- ···· 英国
- —— 美国
- —— 中国上海

密集度较高的行业。这里我们一方面从教育经费支出占 GDP 的比重来看总体教育投资水平，另一方面通过高等教育入学率研究上海高等教育发展水平，探讨高质量人力资本的发展水平，对服务业转型的人力资本匹配水平进行比较简单的判断。从教育支出占比来看（如表 1 所示），上海近年来已经提高到 3% 以上水平，2013 年为 3.24% 与日本基本持平，高于新加坡，但显著低于法国、德国、美国、英国、韩国等国家。进入 21 世纪，经济成长和创新较快的国家教育支出比例都在大幅度提高，韩国、美国等是明显的例证，美韩也是互联网等高科技行业发展的世界领先者，说明教育支出的大幅增长能够为科技行业提供越来越多的人力资本支撑。从高等教育入学率看（如图 5 所示），我们只找到了比较连续的中国高等教育入学率数据，上海高等教育入学率数据零散地分布在一些文献中，我们能够发现中国高等教育入学率显著低于七个主要工业化国家，上述七国都保持在 50% 左右的水平。由于欧美发达国家人口结构逐步老龄化和经济社会发展比较稳定，可以推测发达国家初等教育和中等教育的发展水平（受人口老龄化和少子化趋势影响，还可能降低）比较稳定，教育经费支出的增加部分应该主要集中表现为高等教育的支出，这也是现代服务业发展的根本人才基础。从图 5 中我们发现虽然发达国家的高等教育入学率水平较高，但美韩两国在进入 21 世纪以来快速上升，说明了两国的高等教育发展水平较高，互联网、ICT 等行业对高素质人才的需求倍增，高等教育在提高劳动者人力资本的同时加快了知识的外溢性从而促进企业劳动生产率的改善，成功地促进了经济转型。根据上海市政府网的数据，上海在 2002 年高等教育毛入学率已经超过 50%，2011 年更是达到 70%，虽然达到了发达国家平均水平，但是距离美韩还有一定的距离，高等教育的未来发展立足于规模扩张的同时还要从体制、机制上促进人才流动，使人力资本与产业转型更好地匹配。

表 1　教育经费占 GDP 比重

单位：%

年份＼国家和地区	法国	德国	日本	韩国	新加坡	英国	美国	中国上海
1990	4.30	4.10	3.85	2.90	2.60	4.20	4.40	—
1991	4.50	4.10	3.70	2.90	2.60	4.30	4.50	—
1992	4.40	4.10	3.55	3.10	3.10	4.50	4.80	—
1993	5.00	4.10	3.40	3.20	2.40	5.20	5.10	—
1994	5.20	4.10	3.60	3.30	2.30	5.20	4.93	—
1995	5.40	4.20	3.50	3.20	2.20	5.10	4.77	—
1996	5.40	4.20	3.33	3.13	2.20	5.00	4.60	2.78
1997	5.25	4.20	3.15	3.07	2.20	4.74	4.44	2.92
1998	5.10	4.20	2.98	3.00	2.20	4.49	4.27	2.79
1999	5.20	4.21	3.06	3.10	2.20	4.22	4.28	2.89
2000	5.06	4.23	3.15	3.13	2.20	4.21	4.51	2.98
2001	5.10	4.24	3.12	3.17	2.60	4.18	4.75	2.94
2002	5.10	4.25	3.15	3.20	2.60	4.69	4.75	3.03
2003	5.40	4.26	3.19	3.50	2.60	4.89	4.93	2.88
2004	5.20	4.28	3.16	3.80	2.60	4.70	4.68	3.07

续表

国家和地区 年份	法国	德国	日本	韩国	新加坡	英国	美国	中国上海
2005	5.10	4.29	3.10	3.60	2.60	4.90	4.46	2.97
2006	5.00	4.30	3.05	3.90	2.60	4.90	4.69	2.79
2007	5.00	4.30	3.05	3.90	2.60	5.00	4.62	2.61
2008	5.10	4.40	3.02	4.30	2.60	5.00	4.72	2.61
2009	5.30	4.80	3.11	4.20	2.90	5.00	4.71	2.44
2010	5.30	4.80	3.19	4.45	3.00	5.70	4.82	2.57
2011	5.10	4.26	3.21	4.70	2.90	5.34	4.64	2.30
2012	5.10	4.26	3.33	4.70	2.90	5.34	4.64	2.90
2013	5.10	4.26	3.33	4.70	2.80	5.34	4.64	3.24

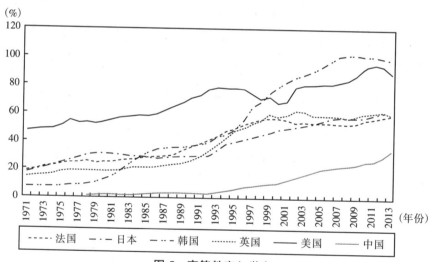

图 5　高等教育入学率

（3）消费结构持续优化，知识消费比重稳步上升。

中国经济进入结构性减速期，需求端和供给端的增长点都在发生显著的变化。工业化时期，供给端的增长动力主要体现要素红利，需求端体现为一般消费支出，譬如衣食住行等一般需求。随着要素红利减退，一般消费支出逐渐饱和，供给端增长点必须依靠技术创新带来的全要素生产率的提高，而需求端则体现为科教文卫等知识性消费支出（也称为广义人力资本投资）的稳步提高，知识性消费提高促进需求的同时也意味着供给端技术创新能力的不断提高。表 2 中的一般消费趋势表明主要发达国家的一般消费比例经历了下降，德法英日韩等国的下降趋势较为缓慢，目前基本保持在 70% 左右水平。美国经历了较为显著的下降，美国从 1995 年的 69% 下降至 2012 年的 55%。上海 2012 年一般消费支出比例为 70%，已经与主要发达国家水平基本持平。从知识消费比例看，除美国一枝独秀之外，上海与其他五国的比例基本稳定在 20%~30%。上述经验事实提供了两点思考：第一，上海一般消费结构在持续优化，居民恩格尔系数显著下降，一般消费中，食品、衣着支出下降，住房及相关服务、交通通信等改善型需求稳步上升。第二，知识消费比重逐步提高，教育文化娱乐服务提高幅度最大，从 1980 年的 3.6% 提高至 2012 年的 16.8%，杂项服务支出（包括金融服务）从 1980 年的 2.2% 提高到 2012 年的 5.5%，知识消费的同时兼具改善生产、提高创新的作用。

表 2　消费结构（一般消费）

年份 \ 国家和地区	法国	德国	日本	韩国	英国	美国	中国上海
1995	0.755	0.746	0.689	0.700	0.727	0.690	0.804
1996	0.753	0.749	0.683	0.697	0.724	0.675	0.800
1997	0.751	0.747	0.677	0.703	0.717	0.660	0.837
1998	0.751	0.745	0.675	0.711	0.716	0.648	0.841
1999	0.756	0.704	0.708	0.714	0.712	0.631	0.796
2000	0.748	0.740	0.703	0.714	0.713	0.619	0.800
2001	0.745	0.739	0.701	0.698	0.715	0.598	0.793
2002	0.749	0.738	0.697	0.683	0.716	0.592	0.796
2003	0.752	0.733	0.693	0.677	0.714	0.588	0.776
2004	0.748	0.729	0.695	0.678	0.712	0.578	0.766
2005	0.748	0.728	0.688	0.671	0.710	0.579	0.752

续表

年份 \ 国家和地区	法国	德国	日本	韩国	英国	美国	中国上海
2006	0.742	0.729	0.687	0.663	0.709	0.573	0.739
2007	0.738	0.725	0.683	0.654	0.710	0.561	0.717
2008	0.738	0.731	0.692	0.649	0.719	0.559	0.717
2009	0.745	0.730	0.695	0.647	0.731	0.556	0.714
2010	0.746	0.722	0.695	0.649	0.740	0.550	0.693
2011	0.747	0.723	0.696	0.650	0.749	0.541	0.720
2012	0.751	0.726	0.703	0.652	0.755	0.545	0.697

表 3　消费结构（知识消费）

年份 \ 国家和地区	法国	德国	日本	韩国	英国	美国	中国上海
1995	0.245	0.254	0.289	0.300	0.273	0.308	0.196
1996	0.247	0.251	0.296	0.303	0.276	0.333	0.200
1997	0.249	0.253	0.298	0.297	0.283	0.346	0.163
1998	0.249	0.255	0.302	0.289	0.284	0.356	0.159
1999	0.244	0.260	0.292	0.286	0.288	0.371	0.204
2000	0.252	0.260	0.297	0.286	0.287	0.384	0.200
2001	0.255	0.261	0.299	0.302	0.285	0.407	0.207
2002	0.251	0.262	0.303	0.317	0.284	0.410	0.204
2003	0.248	0.267	0.307	0.323	0.286	0.416	0.224
2004	0.252	0.271	0.305	0.322	0.288	0.422	0.234
2005	0.252	0.272	0.312	0.329	0.290	0.425	0.248
2006	0.258	0.271	0.313	0.337	0.291	0.425	0.261
2007	0.262	0.275	0.317	0.346	0.290	0.439	0.282
2008	0.262	0.269	0.308	0.351	0.281	0.443	0.283
2009	0.255	0.270	0.305	0.353	0.269	0.446	0.286
2010	0.254	0.278	0.305	0.351	0.260	0.450	0.307
2011	0.253	0.277	0.304	0.350	0.251	0.459	0.280
2012	0.249	0.274	0.297	0.348	0.245	0.456	0.303

二、上海产业结构调整路径和未来增长驱动力特征

从人类社会的演进形态看，各经济体的产业结构变迁经历了从农业向工业并最终进入以服务业为主的现代社会形态，如图 6 所示，随着人均国民收入的提高，农业剩余劳动力的释放将会融入工业化进程中，工业化的标准化和机械化生产特别有利于工业的规模扩张，工业化产品的日渐饱和甚至过剩解决了人们的温饱和基本生存需求问题。在迈向更高级的服务业社会形态中，人们对产品的需求更加注重其服务体验、产品的特征，服务业在经济中的地位凸显，服务业所占份额也不断增长。作为我国的经济中心和重要的增长极，上海自改革开放以来的发展现实也印证了图 6 的发展轨迹。改革开放以来，上海依靠改革初期的大力吸引外资和全国各地劳动力人口的涌入，用不到三十年的时间走完了发达国家至少需要百年走过的工业化道路，得益于"干中学"的技术进步特征和廉价的要素相结合，工业化、规模化、标准化等流水线特征可以使上海在短期内迅速将工业化发展至较高的水平，但是随着工业化的完成和人们物质需求的满足，相对于工业化时期，以服务业为主导的社会中经济发展的驱动力和需求特征存在着显著的差别。

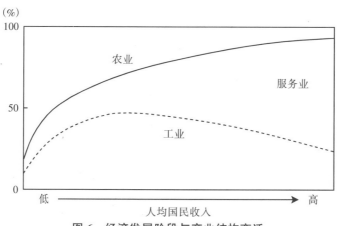

图 6 经济发展阶段与产业结构变迁

　　工业化时期和后工业化时期的需求市场特征差异主要体现在以下两个方面：一方面，工业化时期消费者由于受短缺经济和需求不足的制约，厂商只需引进发达国家现有比较成熟的技术并进行规模化生产，生产决定需求，此时的需求曲线较为平坦且缺乏弹性，产品的供给数量的意义大于质量（包括售后、营销等服务内容），主要体现为图 7 中的大众需求市场；另一方面，随着工业化的逐步完成，产品市场的饱和和人们收入水平的提高，消费者消费多样化指数不断上升，市场需求由众多的小众需求市场组成，细分市场增多也就意味着产品中蕴含的技术、人力资本在不断提升，决定产品价格的并不是传统的资本、劳动力报酬而主要体现为技术和人力资本价格。虽然后工业化时期需求市场被切割为无限多的小众利基市场，但众多小众市场的利润率却高于大众产品市场，成为经济创新的聚集地和利润的主要来源（如图 7 所示）。

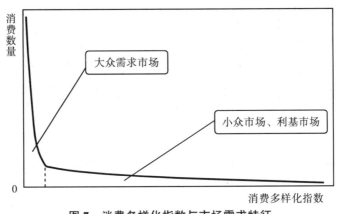

图 7　消费多样化指数与市场需求特征

　　显然，从图 7 中我们可以发现，经济迈入后工业化时期后，消费者产品数量已经变得不再重要，相应的增长模式也会发生巨大的变化，集中体现在：①消费多样化指数提高，消费产品从传统的物质产品扩展到产品与服务融合，进一步扩展到服务类消费品，包括旅游、传媒、艺术及其他等人力资本密集的行业。②消费者多样化指数的提高意味着市场竞争性增强，市场主体将由工业化时期的大企业和大市场转变为众多的中小企业和小众细分市场，市场竞争性的加剧将会加快熊彼特式的创造性破坏进程，技术创新步伐加速，技术创新成为企业生存的不二法宝。显然中小企业敏锐的市场嗅觉和强烈的忧患生存意识，将代替大企业成为市场创新的主体。③培育市场竞争环境的关键在于放松管制，建立自由竞争的市场体系，切断计划经济体制下的纵向分割，促进各类要素自由流动和平等竞争。政府垄断性质的科教文卫等部门，大量高质量人力资本沉淀，通过制度建设促进事业单位改革，促进人力资源的合理流动，同时也能改善公共服务的供给质量。基于此，本报告第二部分着重阐述消费导向增长的路径论证，从理论上说明消费导向的必要性和可行性，论证消费导向对开发上海经济增长潜力和创新驱动的意义。在第二部分理论分析基础上，第三部分对现阶段上海支撑发展的各项要素进行了评估，包括人力资本、消费结构、产业结构以及服务业内部创新能力进行了评估，我们基于DEA分析方法对上海与全国分地区的创新效率进行了对比分析，从中发现上海技术进步、技术效率和规模效率的改善情况，更好地为未来上海产业发展和创新驱动提供经验佐证。第四部分为政策建议，基于发展历史比较和自贸区先行先试制度清单，提出了上海未来转型驱动的政策措施。

第二部分　预期中的上海：消费导向的增长潜力开发的
可行性及路径论证

　　课题组前两期研究报告《上海市创新转型发展指标体系研究》和《世界城市发展与产业效率提升——上海样本》认为，面对结构性减速的压力，上海正处于关键转型期，作为今后一二十年中国发展的新示范，要求在战略上有突破性思维和举措：①上海要从作为增长极发展起来的特大城市角色，转向积极参与国际竞争的国际城市发展的道路；要从作为主导外围制造基地发展起来的副控中心城市，转向高端产业链持续延伸的主控中心城市。②上海必须打破工业化时期运营系统、管理体制等的分割问题，加速产业横向融合，提高知识配置力，加快制度矩阵创新，培育城市聚集—创新潜力。③坚决进行产业结构转型，提高服务业的效率和生产系统升级，通过现代服务业可贸易体系的建立，提升产品复杂系统技术创新，沿着效率提升阶梯一步一步向前；努力促进现代制造业零部件的国产化，改变现阶段高附加值生产环节由国外控制的被动局面，通过深加工度化和一体化潜力的开发，使上海生产系统内生于国际分工之中。④加大对现有经济管理体制的改革，特别是借助自贸区的制度实验，切断诸多传统体制的羁绊，形成一个可参与全球竞争的新体制。

　　但是，正如第一部分所揭示的那样，受制于人力资本积累、产业结构升级滞后及消费能力培育滞后，上海经济模式与大城市发展要求还有差距，这集中表现为传统工业和传统服务业占比较大，作为提升产品复杂系统技术创新的知识部门没有很好建立起来，这从根本上抑制了上海节点功能的发挥和国际大都市地位的确立。鉴于上海经济现状和未来发展要求，我们认为，上海及时调整发展策略，把工业化思维中供给导向转向城市化时期的消费导向，是城市潜力持续开发的必由之路。基于理论，要求上海充分重视广义人力资本的积累和知识部门的形成，并以知识部门的溢出效应，带动传统工业和传统服务业等通用技术部门的发展。具体理论分析如下：

一、工业化向城市化演进的事实

发达经济体的有益经验和追赶经济体的阶段跨越均显示，长期增长过程蕴含了两个并行路径：生产模式的两步跨越和消费模式的两步跨越，且每步跨越都是经济模式的重新塑造和效率增进方式的再调整。

（1）生产模式的两步跨越。第一步生产跨越是以标准化、物质资本和通用技术为核心的规模化供给的产生，作用是摆脱贫困陷阱；第二步跨越是通过知识、技术创造型平台的建设，突破发展的"停滞"陷阱。

（2）消费模式的两步跨越。第一步跨越是经通用技术生产模式的供给，满足基本物质品和服务品的消费需求；第二步跨越是通过广义人力资本积累，带动以消费为主导的增长路径的生成。在实现第二步跨越时，生产模式与消费模式因为都是强调知识过程的重要性，两者一体化的趋势越来越清晰。这个阶段，通过广义人力资本的积累，知识部门和知识过程逐渐生成，并且独立的知识部门以其外溢性，提升通用技术水平，过滤掉低层次产业结构，促进整体经济结构的优化升级，经济内生过程由此建立。

由于受到前期大规模工业化惯性及认识滞后的影响，在经济转型的关键时期，上海经济增长路径依然囿于物质资本主导之中，在向更高级的生产、消费模式升级过程中，也因此遇到不可持续问题。为此，需要纳入新认识，包括：①必须有新的知识要素供给和市场制度激励，以便突破传统生产过程的结构性减速；②新的消费需求满足，需要建立在知识生产与知识消费一体化过程之中，消费中的广义人力资本是破除消费投资障碍的核心；③长期增长过程中存在生产模式升级与消费模式升级的协同性。由此认为，制度变革和知识部门是上海突破中等收入陷阱和实现可持续增长的两个核心保障。

二、增长过程的经济减速与突破

（一）规模供给效率递减与资源错配

作为中国工业化加速过程的缩影，上海经济高速增长时期面临着三个有利条件：国内外广阔的物质产品需求市场、过剩的劳动力以及比较容易获得的资本。生产者所做的事情，就是选择利用外部大量生产技术存量，以吸收廉价劳动力——先是劳动密集型轻工业的大力发展，后是资本驱动的重化工业的强力推进，用三十多年的时间，走完了规模经济的工业化道路，直至达到国内外物质品市场需求所能容纳的技术—生产边界。

由于是以切割国际分工低端产业链的方式进行的工业化，在劳动密集工业品的生产方面，生产者很少遇到消费和技术的市场约束，生产者的行为主要表现为低成本的技术选择而非高成本的创新，因为外部现有的技术知识足够满足生产需要。可选择使用的技术，主要是通用性技术，这种知识大多以显性的编码知识存在，附着于机器设备、生产工艺等产业传递环节之中，且具有竞争均衡的特征。这种知识不同于发达国家内部的垄断性新增知识流，此外由于服务业的可贸易性相对较低，大量隐性知识也不可能被后发经济体获得。

生产者技术选择的行为，决定了整体生产模式规模效率递减的特性：第一，资本效率的持续递减不可避免。通用技术的标准化和竞争性特征与规模经济是相辅相成的，在后发国家中，主要表现为压低要素成本，尤其是劳动力工资获得利润空间，其后果有两个：一是为了获得较多利润，需要更多的资本投资，结果引致资本收益递减；二是由于通用技术导向竞争均衡，为了保持利润必须长期压制工资。因此，一旦遇到劳动力成本显著上升的趋势，现有技术选择下的生产模式势必崩溃。第二，外生的"干中学效应"下降且与资本效率递减相互叠加，进一步压缩增长空间。通用技术的标准化、规模化意味着资本驱动的生产（不论是轻工业还是重化工业）基本特征是老板兑资金、兑机器，劳动者兑自己的劳动力，劳动者只需要学习必要的操作规程即可。"干中学"过程实际上是半熟练劳动力的培训，因为技术含量高的知识过程，已经隐含在设备和工艺中了。规模经济可以提高"干中学效应"，但是规模经济衰减时，"干中学"也会跟着衰减，至少中国现阶段已经出现了上述苗头。结构性减速的发生，很容易打破生产者的高增长幻觉，即高增长伴随高效率，一旦认识到规模经济下高效率外生性这种问题，并进一步认识到通用技术使用对国内知识过程的替代的长期危害，那么就需要对转型时期的新动力给予思考。

后发国家与发达国家的差异还表现在消费模式上，这种差异源于生产模式对消费的反作用，因此如何认识消费在理论中的地位，成为结构减速阶段的重要问题。不同增长阶段消费的经济含义和经济功能不同，发达经济与不发达经济中，消费不是一个同质的数量或规模的概念，同一国家不同增长阶段的消费动机也不一样。从经济事实的比较看，发达经济阶段消费表现出知识创造的特征，不发达经济阶段更多显现为劳动力再生产特征。前一种情景是本文理论模型的重点分析所在。

现阶段关于国内消费需求不足问题的讨论（方福前，2009；徐朝阳，2014），本质上是模式选择问题，根源于大规模工业化时期"规模化供给"生产方式的生成，及相应增长理论对消费的态度。前文述及，再劳动密集型生产技术的选择和生产规模扩张过程中，存在隐含的外部知识和创新过程对国内知识过程的替代，这种替代不仅表现在生产过程中，更重要的是体现在消费过程中基本不存在知识创造动力，具体表现为，由于大众消费模式基本上处于生产模式的主导之下，消费功能集中于为现有生产模式所需要的低素质、低成本劳动力再生产服务，消费者只是被动吸收物质产品生产。但是，受消费弹性和效用最大化的制约，消费者物质产品（包括传统工业品和传统服务品）的需求规模存在边界，最终反作用于现有生产模式，加剧经济减速趋势。

这种减速循环的进一步分析如下。从生产和消费关联角度看，工业化大生产主导的经济增长本身也蕴含着减速趋势。传统农业社会转型为工业社会的动力，来源于通用技术的大规模使用，目的主要是物质需求的满足；但是，如果再实现工业社会向后工业社会的持续跃迁，单纯依赖资本驱动就行不通了，因为城市化时代物质需求得到满足之后，消费者选择的主导作用将会凸显，主要体现在居于消费模式高端的消费项，如科教文卫、杂项等，需求弹性变大、比重上升，这些需求直接构成了广义人力资本，并与经济内生动力直接关联。规模化供给的经济模式对内生性动力的抑制，表现为通用技术对研发、新知识流创造等知识过程的替代，在消费从属于规模生产的状态下，消费模式中的广义人力资本价值得不到体现，被迫转化为过度储蓄——或者被再投资于效率递减的通用技术，或者投入到泡沫性资产中，或者闲置起来。

（二）减速的突破

结构性减速困境的突破点，不能在现有生产、消费结构中寻求，需要知识生产部门这种新的增长力量的培育。

从追赶经济成功经验来看，增长阶段呈现两个并行的路径，即生产模式的两步跨越和消费模式的两步跨越，每一步跨越都是模式特征的重新塑造和效率增进方式的再调整：①生产模式的两步跨越。正如前述，以通用技术为核心的"规模化供给"模式，目的是实现规模效率、摆脱贫困陷阱，这是第一步的生产跨越；第二步跨越是为了突破中等收入陷阱，达成"知识—技术创造型"的效率模式。②消费模式的两步跨越。第一步跨越是在消费从属于通用技术生产模式的情况下，通过生产扩张满足基本物质品和服务需求；第二步跨越是通过广义人力资本积累，带动消费主导增长路径的生成，满足高质量物质品和高层次服务品需求。

在实现第二步跨越时，生产模式与消费模式因为都强调知识过程的重要性，两者一体化趋势日渐明朗。新部门的产生直接来自消费结构中高端项目活力的激发，反映在广义人力资本中的消费项目，对价值创造直接发生作用并促进独立的知识部门的形成。独立的知识部门以其外溢性，提升通用技术水平、过滤掉低层次产业结构，促进整体经济结构的优化升级，内生过程由此建立。这种知识过程直接与新卡尔多事实相对应，新要素包括知识、教育、信息、创意、制度、范围等，成为报酬递增的有力支撑。

三、通用技术与知识生产的两部门模型

上述分析为把握经济追赶过程的一些关键环节提供了基础。这些环节包括：①大规模工业化最终要受到消费需求的制约而减速，各类物质商品的数量消费存在饱和点，相应效用水平总有达到最高的时候。②物质商品（包括传统服务品）的消费对于知识商品消费的较高替代，只是发生在经济发展水平较低阶段，当物质商品消费效用达到最大化，其对知识、精神商品的替代性越来越小，物质商品消费成为知识、精神商品的互补品。③知识、精神商品的消费被看作与物质商品同等重要，必不可少。④在这种情况下，消费的性质发生了变化，很大一部分消费行为本身变为人力资本积累和知识过程，生产过程与消费过程合为一体。⑤在服务经济阶段，经济增长由知识生产部门主导，而不是像在过去高增长时期由物质部门主导。知识生产部门与传统物质生产部门和传统服务部门并列存在，前者自身创造价值并以其外部性促进传统部门优化升级。消费结构从此一分为二：一部分消费倾向于物质和传统服务业，目的是为了劳动力（L）再生产，典型如衣食住行等；另一部分是直接参与知识过程形成并创造出价值，典型如科教文卫等消费。我们需要建立新的思维框架，重新思考经济进入城市化、服务化时代的时候，如何应对要素回报率下降所导致的结构性减速，以及供给结构无法满足需求结构升级需要的问题。为此，需要考虑知识过程接替物质资本驱动主导增长的路径选择。

（一）在结构上定义生产函数

基于发达国家增长经验和成功追赶国家工业化向城市化演替的典型化事实，可以发现，至少在重化工业化向深加工度化持续推进的结构优化升级时期，就有一个独立的知识生产部门快速发展。在这个过程中，农业、工业产出份额越来越小但是效率越来越高，知识生产部门越来越大同时保持了高生产率和对实体经济的正向外溢性，经济整体越来越依赖知识部门的增长导向。结果是，大众消费的发达城市化阶段，消费需求主导了供给，生产与消费一体化过程成为经济活动背景，因此完全不同于大规模工业化时期供给主导消费、消费从属于生产过程的景象。为了解释这种现象，需要一种基于消费模式、生产模式变化及其相互联系的新的生产函数，我们在这里暂且称之为定义在结构上的生产函数，即除了具备传统生产函数的要素、技术特征外，新的生产函数更多是考虑到了要素变化于其中的生产结构或生产模式，并且与消费结构关系密切。对于这种在结构上定义的生产函数的特征及内涵，有如下逻辑表述，如图 8 所示：

1. 生产部门和要素的几个定义

定义 1：通用技术部门。我们把从工业化阶段向城市化阶段过渡时期日渐缩小，但是更有效率的传统物质产品生产部门和传统服务业部门，定义为"通用技术部门"，包括第一产业部门、第二产业部门以及传统服务业部门，特征是物质商品（包括传统服务品）的消费弹性越来越低，需求逐步趋向于饱和状态。

定义 2：知识生产部门。我们把从工业化阶段向城市化阶段过渡时期日渐扩大，并最终主导城市化发展的科教文卫等部门，定义为"知识生产部门"。知识生产部门有两个基本特征：第一，知识生产部门自身的创新活动外溢到"通用技术部门"并提高其技术进步水平，完成基于中间品生产到最终产品生产的横向和纵向技术进步过程，即熊彼特技术进步过程；第二，知识生产部门直接满足知识消费需求，随着收入的提高，人们精神消费、品质体验性消费等占比不断上升，其消费收入弹性大于 1，这些消费需求抽象出来体现为"知识消费"，即消费者消费的是凝聚在服务和商品中的知识质量，而不是商品本身，如消费者购买手机，消费的是手机的服务功能而非手机这个形体。基于这种认识，目前我国服务业部门 12 个一级分类中，属于知识部门的有地质勘查业、水利管理业，金融保险业，卫生、体育和社会福利业，教育、文化艺术及广播电影电视业，科学研究和综合技术服务业。①

定义 3：知识消费与知识生产一体化。知识生产的均衡约束条件是知识生产与知识消费一体化，通过互动生产与共同分享完成，互联网是知识生产与消费的互动生产与匹配媒介，并不一定按现有的生产与消费分离方式来供给与消费，而且其更多地采用分享模式（互相交换）来实现。

定义 4：广义人力资本 H(C)。我们依据知识生产过程将劳动生产要素重新定义，根据不同消费者在消费结构中所处的位置或消费档次不同，把消费者抽象为极端的两类：第一类作为劳动力（L）存在，活在衣食住行的再生产世界里。第二类在完成第一类基础上进行人的素质提升的消费，即作为广义人力资本的消费 H(C) 存在，活在由教育、文化娱乐、体育、情趣等知识或精神的再生产世界里。显然，在现实世界中，每个消费者都是作为劳动力存在和作为广义人力资本存在的集合体。因此，我们的合理抽象进一步假设为：如果消费者消费结构中第一类占较大比重，那么属于劳动力那一类作为通用技术部门的要素投入存在，与物质资本（K）在生产过

---

① 这里，我们征引许宪春（2004）对服务业分类的分析：1994 年以后，根据国家技术监督局颁布的《国民经济行业分类和代码》和我国资料来源的实际情况，国家统计局对服务业生产核算的分类进行了调整。调整后的产业部门包括 12 个一级分类和 18 个二级分类。这 12 个一级分类是：1. 农林牧渔服务业。2. 地质勘查业、水利管理业。3. 交通运输、仓储及邮电通信业。4. 批发和零售贸易、餐饮业。5. 金融保险业。6. 房地产业。7. 社会服务业。8. 卫生、体育和社会福利业。9. 教育、文化艺术及广播电影电视业。10. 科学研究和综合技术服务业。11. 国家机关、政党机关和社会团体。12. 其他行业。目前仍采用的是这一分类。

程中相联结。相应地，如果消费者消费结构中第二类占较大比重，那么属于广义人力资本那一类，生活在同样能够创造价值的知识和精神世界里。

我们把消费的国际分类 6~12 项中的四项——即：6. 健康、9. 文化娱乐、10. 教育、12. 杂项定义为广义人力资本，余下的消费项定义为劳动力或劳动力再生产——即：1. 食品饮料，2. 酒精、烟草、麻醉品，3. 服装、鞋类，4. 住房、水电、燃料，5. 家具及住房维护，7. 交通，8. 通信，11. 餐饮住宿。

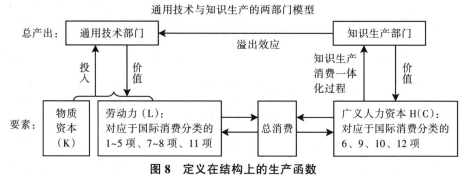

图 8　定义在结构上的生产函数

注：消费的国际分类：1. 食品饮料；2. 酒精、烟草、麻醉品；3. 服装、鞋类；4. 住房、水电、燃料；5. 家具及住房维护；6. 健康；7. 交通；8. 通信；9. 文化娱乐；10. 教育；11. 餐饮住宿；12. 杂项。分类来源于 UNDATA。

2. 知识生产部门在新生产函数中的地位

知识生产部门是为了有效开发利用广义人力资本的部门，这个部门有内生性、外溢性、主导性的特点，替代通用技术部门成为增长的动力源泉。类似于突破传统农业社会贫困陷阱需要物质资本大推动，形成工业化主导之下的经济增长，为了突破中等收入陷阱和结构性减速困境，城市化时代的经济增长同样需要一个龙头部门带动，鉴于城市化阶段大众消费主导增长的特征，这个龙头部门必然要与大众消费模式最有活力的部门（广义人力资本）有密切相关联系。易于观察的是，广义人力资本 H(C) 的相互作用形成知识过程，具体表现为知识生产与消费的一体化，这个过程自身蕴含了价值创造螺旋，且具有知识外溢性。

举例：从通用技术部门看，随着收入增加，该部门消费支出比重同食品支出比重一样不断下降，而真正消费比重不断提高的是广义人力资本消费比重，广义人力资本消费本质上有现代服务业的供给过程，更一般化的理解就是知识生产与消费一体化的过程。如，你写书现在被定义为知识生产，读者看你的书就是消费过程，而且看你书的同时提高了读者的人力资本，也因此互动写了本书，你消费等。尤其是在互联网时代，生产者与消费者更趋于一体化，模糊了工业化时期的分割。

（二）新生产函数的性质

1. 知识部门自身的增值和扩张

基于上述定义，我们给出知识部门自身价值创造的内生机制，即广义人力资本越多，作为抽象个体的广义人力资本之间的互动联系越大，知识部门扩张的动力就越大。与物质商品（包括传统服务品）的消费性质不同，广义人力资本消费不是"消费掉"，而是体现为知识创造，因为人力资本消费不是排他性的物品消费，而是互动性的"人对人"的消费"增进"（共享而非排他），通过交流互换和增进各自知识。消费的本身即生产就是从这个意义上来说的。

因此，当广义人力资本之间的这种互动存在时，由于消费过程中生产性的存在，相应的知识部门的产出已经不再是人力资本的简单加总，而是大于人力资本的增值。引申的含义是：虑及经济社会中存在动态消费结构的变动，当消费模式越来越趋向于知识、精神这种较高层次时，知识部门扩张的动力就越大，其增值潜力也就越大。对于消费者的创造性动机，Korkotsides（2009）等文献认为消费者也像生产者那样，其行为的创造性源自于寻求跻身于较高消费等级以获得消费利益的愿望，就像生产者在逐利本能驱使下追逐利益一样。

2. 知识部门对于通用部门有溢出效应和过滤作用

假定不存在知识部门的外溢效应，那么通用技术部门主要使用物质资

本 （K） 和劳动力 （L） 生产，具有传统的 $Y = AF(K，L)$ 生产函数特征，A 为 "干中学效应"。从消费与生产的关系看，消费者对物质产品 （包括传统服务品） 的消费具有饱和性，资本边际效率递减和生产规模刚性约束不可避免。这是传统资本驱动增长的特征，为了保持增长不得不持续增加物质资本 （K），压缩消费数量 （C），并导致结构性的增长失衡，消费数量越被压低，广义人力资本的产生越不可能，消费模式就越来越陷入低层次之中。

知识部门的外溢效应，典型如创新动力的注入，在抵消资本效率递减的负向冲击的同时，不仅有助于提升资本质量，而且有助于提高劳动力的消费和再生产能力，促使更多劳动力转换为广义人力资本。其结果是，一方面通用技术生产部门结构升级优化，另一方面知识部门因为新的人力资本的加入，具有更大的增值潜力。知识部门的外溢效应，从这种意义上来说对生产模式具有 "过滤效应" 和优化功能，知识过程在提升通用技术结构时，过滤掉了低层次生产环节。

3. 推论

基于上述部门关系及因素动态的分析，我们可以得出以下结论：

（1） 必须有新的知识要素供给和市场制度激励，才能突破传统生产过程中的结构性减速，条件是，新的知识创新部门自身具有规模收益递增的特点，并通过横向联系和纵向促进通用技术部门技术进步。

（2） 新的消费需求满足，需要知识生产与知识消费一体化过程，消费中的广义人力资本是破除消费投资障碍的核心。

（3） 长期增长过程中存在生产模式升级与消费模式升级的协同性。

（三） 雁阵增长模式呈现在新生产函数中的情景

结合以上理论分析，我们从通用技术部门和知识生产部门的动态变化角度，拓展雁阵增长模式，核心是把雁阵增长序贯看作知识过程。

拓展 1：国际分工中的雁阵模式。含义是，发达国家知识生产部门和溢出效应扩大的同时，逐步淘汰掉了效率低下的通用技术部门的生产环节，这些低效环节漂移到工业化后发国家并与劳动力结合。由此，在发达和不发达国家之间，国际分工日益呈现发达国家通过知识生产部门垄断的差异，一方面强化了传统生产方式和有形商品市场竞争力，另一方面层出不穷的知识、精神产品市场也向世界各地拓展。被动适应于发达国家的垄断，后发国家只能在低层次通用技术环节上生存。

拓展 2：国内产业升级的雁阵模式。工业化向城市化阶段的转型伴随着生产模式的序贯升级，在大规模工业化阶段，标准化产品生产主要倾向于使用物质资本和劳动力。但是，在重化工业化向深加工度化转换的过程中，知识部门作为独立部门的特征逐渐明朗。

拓展 3：以消费结构升级引领生产模式优化。包括两点：第一，与高级化的消费结构相匹配的知识部门的存在，其自身具有价值创造的生产特征，因此它的出现是打破传统资本驱动的生产方式的重要表征；第二，消费结构升级对物质产品质量的升级也提出了要求，要求生产模式升级。直观来看，在理想的演替条件下，消费模式存在"劳动密集产品消费—耐用消费品消费—知识技术产品消费"的消费升级，生产模式应当与这种要求相一致。消费结构与生产结构对称性的直观案例，可由图 9 中的产品组合点（a，b，c）表示。

（四）广义人力资本和知识部门的再解释

知识部门赖以生成的广义人力资本的一些变化状况简要分析如下：

（1）作为消费模式居于高端的那一部分，广义人力资本较大的份额或其相应的消费倾向[1]，在发达国家或发达经济阶段总是比不发达经济更加引人注目。归纳起来，如图 10 所示，第一种情景是知识部门最发达的美国，1990 年以来广义人力资本比重已经超过衣食住和家居消费比重，表征

---

[1] 为方便起见，图 10 中，我们把平均消费倾向约等于消费结构。

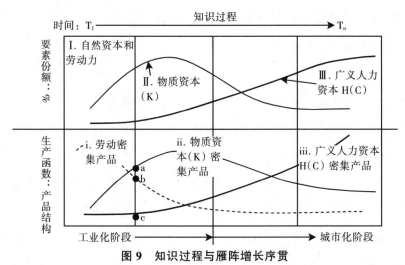

图 9　知识过程与雁阵增长序贯

资料来源：中国经济增长前沿课题组（2012，2013）和 Ozawa（2005）。

了消费模式中知识消费的典型跨越；第二种是以韩国为代表的跨越中等收入陷阱的国家，广义人力资本表现出持续的提升；第三种是拉美中等收入陷阱的情景，可以看出，广义人力资本在消费中的比重处于长期压抑的状态（尽管弹性很大）。

（2）图 10 直观显示了生产模式雁阵传递和消费模式雁阵传递的协同性。无论从发达经济体与追赶经济体的对比中，还是从各类经济体各自生产、消费模式的演化中，都可以深切感受到知识消费及其"过滤效应"，从可持续增长的意义上说，通过广义人力资本和知识部门的生成，整体经济效率不断得以改进。

（3）作为图 10 及其经济含义的数据补充，图 11 显示了与广义人力资本 H（C）的普遍收入弹性≥1。这种情景的经济含义是，发达国家成功利用了这种性质并使得知识部门的作用得到了有效发挥，中等收入陷阱中的国家却压抑了这种"资源"，就像贫困陷阱中的国家压抑自己的劳动力资源而不知道如何使用。

（4）显然的推论是，经济追赶国家中，当消费模式升级趋势出现，如大学教育消费需求扩大但国内又不能提供足够供给时，教育的"海购"或出国潮将会出现。

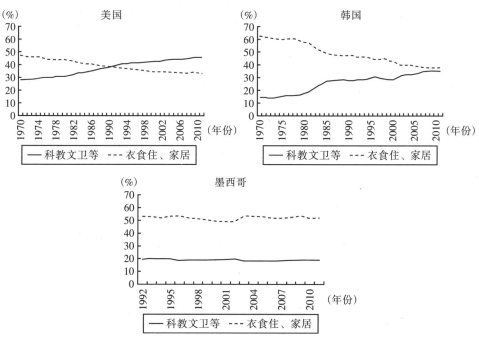

图 10 总消费中劳动力再生产和广义人力资本 H（C）的比重
资料来源：UNDATA，WDI。

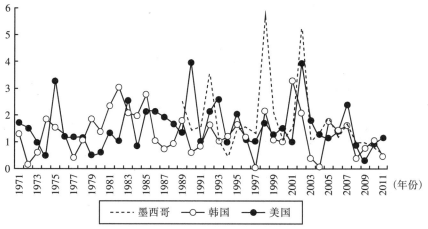

图 11 广义人力资本 H（C）变化的收入弹性（绝对值）
资料来源：UNDATA，WDI。

四、资源配置制度与新要素供给障碍

我们继续把发展中国家的经济增长过程中关键性制度因素纳入分析，拓展第三部分的理论分析并将其运用到更加具体的现实问题。基本认识是，中国经济追赶过程中政府干预的必要介入及退出滞后，不断强化通用技术的使用和扩散，以至于最终导致对资本驱动模式的路径依赖，由此产生消费抑制和人力资本结构升级的压力，迫使经济在转型阶段徘徊于投资扩张—效益递减的怪圈，这种无效率增长削弱了未来发展潜力。为此，需要顺应新阶段的可持续增长要求，把资源有序配置到需求弹性高的知识部门，本质上是要可持续的质量还是要不可持续的速度问题。

在 2013 年的上海研究报告中，我们已经就政府主导的工业化及其分割问题进行了分析，指出政府行为及与之相关的投资活动，在工业化阶段居于主导地位，且劳动力的使用和技能积累服从于工业化发展需要。换言之，从效率角度看，贯穿资本驱动的生产模式的主线，是政府干预下的规模经济或规模效率的追求。物质资本边际收益递减之所以被看成一个重要问题，是因为它发生在中国经济从工业化向城市化过渡的关键时期中，这个"关键"的经济意义是：原有大规模工业化框架下的激励制度和生产模式，日渐成为创新要求和转型要求的结构性、系统性障碍，如果这个障碍不被消除，将会加剧中国所面临的结构性减速趋势。

（一）资源过度向低效率部门配置，形成通用技术部门对新要素供给的挤出

可以立足于经济部门的横向和纵向关联，细化这种认识。[1]

（1）从纵向的部门或行业梯度看，现阶段上海工业正处于重化工业化向深加工度化演替的过渡时期，相对于日本和韩国的快速转型而言，上海

---

[1] 经济部门纵向与横向关系及其问题的分析，请参见中国经济增长前沿课题组（2014）。

资本驱动的增长方式历时较长，且工业化的外部技术依赖程度较高，因此纵向结构优化的内生动力先天不足。这种问题的发生，显然与工业化过程中的资本配置方式和资源使用方式有关：政府对工业化的超强干预使得大量资源向低效率的国有经济部门配置，资源使用方式表现出强烈的"重视物质资本、轻视人力资本"特点。

（2）从横向的部门或行业联系看，作为工业化向城市化过渡的重要现象，现阶段中国全社会固定资产投资的一半以上涌入传统（低效率）服务业部门，尤其是基础设施和房地产投资，承担了投资的主要部分，处于这种经济大环境中的上海也不例外。从转型时期的物质资本效率来看，我们倾向于认为，全社会总体物质资本效益的下降，不论是短期波动还是长期趋势，均与这种发生在过渡时期的投资配置方式有关。这种认识隐含的一个假设是，服务业部门的投资及规模扩张，如果仍然像大规模工业化阶段那样，只注重物质资本数量的配置，就不能为生产提供足够的效率补偿。再者，受其本身可贸易性的限制，传统服务业部门规模扩张能力有限，相应规模效率和"干中学"的池子较浅，因此服务经济主导之下投资增速不可能很快。由此，现有以政府为主导的资本驱动模式，在经济趋向于服务化过程中将面临更大的发展阻碍。

（二）低层次人力资本壅塞，形成对知识过程的挤出

从投资与消费相联系的角度看，消费从属于规模扩张的生产需要，大致包括两个阶段：第一，低消费、初等人力资本充斥的工业化初期阶段。这个阶段对物质资本积累的强调无可厚非，它不是基于理论假设而是基于经济现实，投资的目的是开发人口红利，并通过"干中学"过程培育学习能力。此时，以压低消费换取物质资本增长的可能性在于，消费结构仅仅囿于吃穿住等简单的劳动力再生产，效率改进也只能建立在投资基础上。第二，恩格尔系数降低、中等人力资本比重提高的工业化中期阶段。此时，物质资本积累建立在产品多样化和规模经济之上，增长过程对半熟练劳动

力的需求增加，"干中学效应"逐渐趋于最大化，经济走出贫困化。这个阶段物质资本积累的快速增长，基于这样的假设：投资对消费的替代，能够实现更高的追赶速度，与低消费水平相应的中等人力资本积累，也能够满足外部技术运用的需要。在这种假设下，虽然恩格尔系数大幅降低，但消费依然被压低在再生产半熟练劳动力的水平上。

到第二阶段后期，工业化规模扩张的体制模式和生产模式已经基本定型，前述资本驱动的效率递减问题将会发生，政策和增长路径也将面临再次选择，投资与消费的关系需要重新审视。这个阶段，消费不足所导致的人力资本不足问题将会凸显出来，在上海的经济现实中，人力资本总量充足，但人力资本结构扭曲（包括人力资本配置扭曲和中低层次人力资本壅塞）。再者，从效率改进角度看，主要表现为垄断下人力资本流动的负向激励效应：一方面，低效率的垄断生产性部门比竞争性生产部门集聚了更多的高等人力资本；另一方面，非生产性的行政事业单位吸引了大部分高端人才。理想情境下，如果类似人力资本在竞争性领域得到有效使用，经济效率改进的前景可能更加具有确定性。

第三部分　现实中的上海：绩效评估

一、人力资本指标体系及与全国的对比

目前人力资本的测算方法主要是收入、受教育年限和人力资本内涵三个方面的测度方法。基于教育产生的知识是人力资本的核心内容，很多学者都选择使用教育指标来测度人力资本水平。目前应用到的教育指标有成人识字率、学校入学率和受教育年限。早期新经济增长理论的代表人物罗默等（1990）使用成人识字率（一般指 15 岁及以上人口识字人数所占比例）指标代表人力资本，这种方法的局限性在于，成人识字率指标仅能反映最基础层次的人力资本，忽略了更高层次的人力资本以及为形成更高层次的人力资本所进行的投资对经济增长的作用。在巴罗（1991）的研究中，使用了学校入学率指标代表人力资本，而事实上学校入学率仅能反映人力资本投资流量中的一个部分，所以其缺陷更为显著。目前最为流行、被学者们广泛采用的人力资本教育指标是受教育年限。基于受教育年限测度人力资本存量的方法认为，人力资本存量的实质是人力资本水平与劳动力数量的乘积。基于受教育年限越长，劳动力工作技能越熟练，人力资本水平越高的假定，以接受正规教育的年限作为衡量人力资本水平的指标，巴罗和李（1993）提出了以受教育年限为载体的测算人力资本的方法。具体的测算方法如下：

$$H = \sum_i h_i L_i, \quad h_i = e^{\phi(E_i)}$$

其中，H 代表整体人力资本存量，h_i 代表根据受教育年限分类对劳动力进行分类中第 i 类劳动力的平均人力资本水平，L_i 则表示第 i 类劳动力的数量，E_i 代表受教育年限，$\phi(E_i)$ 代表教育的回报函数，即各类劳动力的

平均人力资本水平受其受教育年限所影响。

实证中，学者们往往使用平均受教育年限指标代表平均人力资本水平。该方法由于数据较易获得，也容易在不同国家和区域间进行比较，因而被广泛采用。如国内学者蔡昉等（1999）采用分省 6 岁及以上人口的受教育程度来代表各省的人力资本存量水平。他划分了不同受教育程度并设定与其相对应的受教育年限：文盲为 0 年，小学为 6 年，初中为 9 年，高中为 12 年，中专为 13 年，大专为 14 年，大学为 16 年。以受教育年限为权数对各省不同受教育程度的人口进行加权平均，得到各省以平均受教育年数表示的人力资本存量，具体计算方法为：人力资本存量=（小学程度人口×6 年+初中程度人口×9 年+高中程度人口×12 年+中专程度人口×13 年+大专程度人口×14 年+大学程度人口×16 年）/总人口。本文借鉴其做法，其公式为：平均受教育年限=大学文化程度人口比重×16 年+高中文化程度人口比重×12年+初中文化程度人口比重×9 年+小学文化程度的人口比重×6 年，数据来源于 CEIC 和第六次全国人口普查数据。具体计算结果见表 4。

表 4　各地区六岁及以上人口平均受教育年限

年份 ＼ 地区	全国	北京	天津	上海
1997	7.01	9.50	8.38	8.89
1998	7.09	9.75	8.12	8.97
1999	7.18	9.98	8.71	9.27
2000	7.11	9.59	8.56	8.96
2001	7.62	9.99	8.99	9.30
2002	7.73	10.26	9.15	9.59
2003	7.91	10.35	9.25	10.13
2004	8.01	10.56	9.64	10.11
2005	7.83	10.69	9.51	10.03
2006	8.04	10.95	9.73	10.44
2007	8.19	11.09	9.81	10.45

续表

年份　地区	全国	北京	天津	上海
2008	8.27	10.97	9.88	10.55
2009	8.38	11.17	10.05	10.65
2010	8.21	11.01	9.73	10.12
2011	8.85	11.55	10.40	10.48
2012	8.94	11.84	10.51	10.65

从表 4 和 5 中我们发现，北京的人均受教育年限最高，上海次之，综合而言虽然三地人均受教育年限都有稳步的提高，但上海相对北京存在的问题主要表现在：第一，分层次看，上海人口受教育年限构成中高中和初中比例最高，高于北京，低层次人力资本聚集虽然满足了上海规模化工业赶超阶段的人力资本需求，但却不利于经济进入服务业和知识密集型社会的转型需求。第二，受大专及以上教育程度的平均年限偏低的影响，上海人均受教育年限低于北京平均水平，这说明上海人力资本结构存在扭曲，低层次人力资本聚集甚至壅塞，这就构成了上海进入服务业驱动经济社会能够转型成功的主要障碍。近年来，随着互联网等新经济新业态的出现，人们对上海为什么没有出现 BAT 之类的讨论甚嚣尘上，这其中的原因就是以 BAT 为代表的互联网经济具有高人力资本聚集的特征。传统工业时期标准化、规模化的特征，低层次人力资本就能满足追赶的效应，而进入知识消费的服务业驱动时期，消费的个性化、定制化需求使产品的知识含量大幅提高，知识生产要求的人力资本投资也会大大提高。

表 5　不同层次人口受教育年限差异

受教育程度　年份　地区	小学		初中		高中		大专及以上	
	2000	2010	2000	2010	2000	2010	2000	2010
全国	2.54	1.81	3.62	3.94	1.58	1.90	0.68	1.61
北京	1.11	0.64	3.39	3.00	3.04	2.71	2.95	5.36

续表

受教育程度	小学		初中		高中		大专及以上	
地区　　年份	2000	2010	2000	2010	2000	2010	2000	2010
天津	1.68	1.10	3.48	3.68	2.80	2.66	1.61	3.00
上海	1.27	0.87	3.69	3.53	3.08	2.71	1.95	3.78

资料来源：根据历年《中国统计年鉴》中"各地区每十万人拥有的各种受教育程度人口比较"估算而得。

二、消费结构指标体系及与全国的对比

考察上海消费结构体系一个重要的方面就是比较上海居民消费结构与全国平均消费结构的收入弹性差异，这样比较的意义一方面可以看出上海产出结构调整的积极方面，另一方面可以从真正意义上发现经过三十年的大规模工业化时期后上海是否已进入由投资驱动过渡到消费驱动模式的新阶段。为此，我们使用 Deaton 等（1980）提出的几乎理想的需求系统（AIDS 模型）来对消费者行为进行建模并计算各类消费品的价格弹性和收入弹性。AIDS 模型其基本思想是在给定的价格体系和一定的效用水平前提下，消费者如何以最小的支出成本（支出费用）获得既定的效用水平。由此，AIDS 模型的支出函数可表示为如下形式：

$$\log C(u,\ p) = \alpha_0 + \sum_{k=1}^{n} \alpha_k \log p_k + \frac{1}{2} \sum_{k=1}^{n} \sum_{j=1}^{n} \gamma_{kj}^* \log p_k \log p_j + u\beta_0 \prod_{k=1}^{n} p_k^{\beta_k} \qquad \text{式（1）}$$

其中，u 代表效用，p 代表价格向量，可表示为 p_1，p_2，…，p_n。根据高级微观经济学中 Sheppard 引理，可得到：

$$\frac{\partial \log C(u,\ p)}{\partial \log p_i} = \frac{p_i q_i}{C(u,\ p)} = w_i = \alpha_i + \sum_{j=1}^{n} \gamma_{ij} \log p_j + \beta_i u\beta_0 \prod_{k=1}^{n} p_k^{\beta_k} \qquad \text{式（2）}$$

其中，w_i 为消费品 i 的消费份额，即消费品 i 的支出占总支出的份额；$\gamma_{ij} = \frac{1}{2} (\gamma_{ij}^* + \gamma_{ji}^*)$，一个消费者在给定收入的情形下追求效用最大化，其总

的支出 X 就等于 C(u，p)，经过转换可以变为 P 和 X 的函数，将 AIDS 模型做相同转换并代入上式中可得：

$$w_i = \frac{p_i q_i}{X} = \alpha_0 + \sum_{k=1}^{n} \alpha_k \log p_k + \frac{1}{2} \sum_{k=1}^{n} \sum_{j=1}^{n} \gamma_{kj} \log p_k \log p_j + u\beta_0 \prod_{k=1}^{n} p_k^{\beta_k} \qquad 式（3）$$

其中，价格指数 P 为：

$$\log P = \alpha_0 + \sum_{k=1}^{n} \alpha_k \log p_k + \frac{1}{2} \sum_{k=1}^{n} \sum_{j=1}^{n} \gamma_{kj} \log p_k \log p_j \qquad 式（4）$$

由于式（4）为非线性模型，直接估计比较困难，因此 Deaton 等提出可以运用 Stone 价格指数进行线性化近似估计，Stone 价格指数可表示为：

$$\log p^* = \sum_{k=1}^{n} w_k \log p_k \qquad 式（5）$$

然而直接采用 Stone 价格指数进行实证分析可能导致 LA/AIDS 模型近似性质受到显著影响，本文将采用 Moschini 提出的修正的 Stone 价格指数进行分析，p_0 为基期价格。

$$\log p^* = \sum_{k=1}^{n} w_k \log \frac{p_k}{p_0} \qquad 式（6）$$

为了得到需求的自价格弹性（e_{ii}）和收入弹性（u_i），可将式（6）看成是关于商品支出份额的非补偿性（Marshallian）需求函数。通过弹性的定义，我们推导出以下关系式：

$$e_{ii} = \frac{\gamma_{ii}}{w_i} + w_i - 1 \qquad 式（7）$$

$$u_i = \frac{\beta_i}{w_i} + 1 \qquad 式（8）$$

研究的数据使用历年上海和全国的消费支出结构及各项的消费结构指数，目前上海和全国细分的消费支出结构分为八类：食品、衣着、家庭设备用品与服务、居住、医疗保健、交通通信、教育文化娱乐服务和杂项商品与服务，由于上海和全国数据中都没有杂项商品与服务的消费指数，我们使用总支出消费价格指数来进行处理。数据来源于历年《上海统计年鉴》与《中国统计年鉴》，需要指出的是，目前笔者搜集到连续的全国消费支出结构数据为1995~2014年，上海连续的消费支出结构数据为1985~2013年，由于上海消费支出结构各项价格指数从1991年开始，因此本计算中全国的样本为1995~2014年，上海为1991~2013年。

我们将食品、衣着和家庭设备用品与服务等消费支出归为大规模工业化时期的主要消费产品，即为一般消费，而将医疗保健、交通通信、教育文化娱乐服务和杂项商品与服务归为后工业化时期或服务业驱动发展时期的主要消费用品与特征。进入21世纪以来，上海房价突飞猛进，房价的快速上涨对居民生活造成了巨大影响，其对一般消费和知识消费的挤出效用值得关注，此外居住具有一定的公共品性质，政府应当在其中发挥作用以保证普通居民的住房需求，为此我们将单独列出居住的收入弹性和价格弹性，以反映房价高涨背景下居住消费的特征及与一般消费和知识的关系。作为对比，我们分别加入北京和天津的样本进行比较分析，计算结果见表6：

表6 一般消费、居住与知识消费的收入弹性与支出弹性

北京	一般消费	居住	知识消费
收入弹性（u_i）	0.594	1.967	1.659
自价格弹性（e_{ii}）	−0.433	−0.682	−0.965
天津	一般消费	居住	知识消费
收入弹性（u_i）	0.704	1.469	1.483
自价格弹性（e_{ii}）	−0.497	−1.301	−1.163
上海	一般消费	居住	知识消费
收入弹性（u_i）	0.618	1.930	1.528
自价格弹性（e_{ii}）	−0.513	−0.571	−1.178
全国	一般消费	居住	知识消费
收入弹性（u_i）	0.817	1.121	1.372
自价格弹性（e_{ii}）	−0.582	−1.272	−1.289

商品价格的升高必然带来消费的下降，这从表6的结果可以得到验证。我们着重关注随着人们收入水平的提高，人们消费的变化，特别是知识消费的变化程度。通过表6可以得出如下结论：

（1）各地一般消费收入弹性都显著为正，说明收入的提高会带来衣食住行等一般消费水平的提升。

（2）随着近年来房价特别是以北京、上海等一线城市房价的快速上涨，相对于全国平均水平，住房的收入弹性不仅为正而且大于知识消费的收入弹性，因此房价的上涨在一定程度上挤出了人们对于广义人力资本投资的支出，因此房价的快速上涨不仅会影响居民的日常生活，还会对人力资本投资形成不利影响。

（3）无论从全国还是其他三个地区的结果看，知识消费的收入弹性都大于一般消费，这种利好一方面反映了人们需求的品质正在发生根本性的变化倒逼产业结构的转型，另一方面也提示知识消费和生产将会成为未来的创新发源地。

三、产业结构对比

产业结构变迁不仅体现为产业间份额比例的变化，还体现为产业间劳动生产率的差异所引致的资源优化配置。因此，研究上海产业结构变迁不仅要观察劳动力的流动趋势，还要关注劳动力流动后产业劳动生产率和技术创新是否得到了提高。为此通过使用share-shift分析方法，把上海产业结构服务业化的结构变迁效应和生产率效应分割开来分析，将这一方法应用于新兴工业经济和转型经济的结构变迁效应的研究主要有Fagerberg（2000）、Peneder（2003）和Timmer等（2009）等。

令经济总体的劳动生产率为P_t，其中P_i^t是指各个产业部门的劳动生产率，上角标t表示时期，下角标i表示不同的产业部门，i = 1、2、3，分别代表第一产业、第二产业和第三产业，P_i^t表示产业i的t期的劳动生产率，

S_i^t 是 t 期产业 i 的劳动力所占份额。总体劳动生产率可以表示成：

$$P^t = \frac{Y^t}{L^t} = \sum_{i=1}^{n} \frac{Y_i^t}{L_i^t} \frac{L_i^t}{L^t} = \sum_{i=1}^{n} P_i^t S_i^t \qquad \text{式（9）}$$

根据式（9）可以推知 t 期的总体劳动生产率相对于 0 期（基期）的增长率为：

$$\frac{P^t - P^0}{P^0} = \frac{\sum_{i=1}^{n}(S_i^t - S_i^0)P_i^0 + \sum_{i=1}^{n}(P_i^t - P_i^0)(S_i^t - S_i^0) + \sum_{i=1}^{n}(P_i^t - P_i^0)S_i^0}{P^0} \qquad \text{式（10）}$$

上述式（10）分解成如下三项：

$$\sum_{i=1}^{n}(S_i^t - S_i^0)P_i^0 / P^0$$

Ⅰ：上式右边第一项被称为静态结构变迁效应，它度量的是劳动要素从劳动生产率较低的产业流向劳动生产率较高的产业所引起的总体劳动生产率的净提升。如果劳动要素流向相对劳动生产率较高的产业 i，则该产业在 t 期内的份额变化值大于 0，我们对其赋予的权重也较大，因此产业 i 的静态结构变迁效应较大。

$$\sum_{i=1}^{n}(P_i^t - P_i^0)(S_i^t - S_i^0) / P^0$$

Ⅱ：上式右边第二项被称为动态结构变迁效应，它和第一项有所不同，它表现了劳动要素移动引起的动态效应，度量的是从劳动生产率增长较慢的产业流向劳动生产率增长较快的产业所引起的总体劳动生产率的净提升。如果劳动要素流向劳动生产率较高的产业 i，则该产业在 t 期内的份额变化值大于 0，我们对其赋予的权重也较大，因此产业 i 的动态结构变迁效应也较大。

$$\sum_{i=1}^{n}(P_i^t - P_i^0)S_i^0 / P^0$$

Ⅲ：上式右边第三项被称为生产率增长效应，它是由各个产业内部的技术效率变化和技术进步等因素导致的各个产业内劳动生产率的增长。

我们根据公式并使用 2003~2013 年的"三产"增加值及就业人数等数据计算出上海经济总体和三次产业的静态结构变迁效应、动态结构变迁效应和生产率增长效应，数据来源于 CEIC 数据库，详见表 7 结构变迁效应矩阵。这里为了形成对比，我们加入天津、深圳及北京的数据进行对比分析。从表中我们可以发现如下两个典型化事实：

（1）第一产业的结构变迁效应（静态结构变迁效应与动态结构变迁效应之和）都为负，这与中国工业化时期农村劳动力转移的趋势是一致的。此外，北京、天津、深圳等一线城市第二产业的结构变迁效应为负，说明过去十年上述城市的第二产业就业人口也正逐渐转移至第三产业，产业结构不断服务业化的特征明显。而上海的第二产业结构变迁效应仍为正，这提示上海第二产业部门壮大依然是促进劳动生产率提高的主要解释因素。

（2）从产业内增长效应看，北京、上海的第三产业增长效应要大于第三产业的结构变迁效应，说明上述城市服务业的增长更多地依赖服务业内部的技术效率改进和技术进步。换言之，对于上海、北京、深圳三地，对于服务业而言，产业内的技术效率变化、技术进步导致的劳动生产率的增长大于因为结构变迁导致资源配置效率提高而引起的劳动生产率的提升。也就是说，上述地区第二产业和第三产业劳动生产率的提高不仅源于劳动力在部门间流动所带来的丰厚的"结构红利"；而且通过进入更高效率的生产部门，落后部门剩余劳动力以积累经验、模仿技术等"干中学"方式不断创造出更高的价值。作为内生动力，这极大地提高了区域资源的配置效率。从产业内增长效应看，四地的第三产业增长效应要大于第二产业增长效应，说明第三产业正成为上述四城市经济增长的主要驱动力。

表 7 中的数值只具有相对意义。我们将表 7 换算成百分比形式（分母都是总体的劳动生产率增长率），就更易于理解了（见表 8）。结论是显而易见的。从表 8 中可以看到，第三产业对劳动生产率的贡献率从高到低依

次为上海、北京、深圳、天津。北京、上海和深圳第三产业的贡献率都超过了 50%，并且这些城市服务业内增长效应的贡献率都超过了 50% 以上，说明是服务业自身效率改善而非产业结构变迁导致了劳动生产率的提高，服务业成为名副其实的驱动经济增长主要推动力，此外与北京、天津和深圳不同，上海第二产业的动态结构变迁效应为正，说明上海不仅是服务业效率的提升促进了经济总体效率的提升，制造业劳动生产率的提高也在推动着总体劳动生产率的提高。从产业内增长效应发展趋势也能发现这点，北京、上海和深圳产业生产率提高都在 50% 以上，并且第三产业产业内增长效应大于结构变迁效应，但天津产业内增长效应还主要体现在第二产业上，这从侧面证明了天津作为国内重要的制造业中心之一的地位。通过上述分析对比我们能够发现：第一，上海近十年服务业发展不断壮大，服务业成为驱动经济增长的最重要动力；第二，不同于北京、天津、深圳等地，上海制造业流入人口比重依然为正，并且制造业动态结构变迁效应为正，说明在上海服务业快速发展的同时先进制造业的劳动生产率改善也较大。

表 7　结构变迁效应矩阵

北京		静态结构变迁效应	动态结构变迁效应	产业内增长效应
行加总	9.971	0.513	−0.413	9.872
第一产业	0.022	−0.054	−0.064	0.141
第二产业	1.700	−0.897	−1.914	4.511
第三产业	8.249	1.465	1.565	5.220
天津		静态结构变迁效应	动态结构变迁效应	产业内增长效应
行加总	12.170	0.342	0.708	11.120
第一产业	0.046	−0.088	−0.134	0.269
第二产业	6.149	−0.068	−0.178	6.395
第三产业	5.975	0.498	1.021	4.456

续表

上海		静态结构变迁效应	动态结构变迁效应	产业内增长效应
行加总	11.690	0.586	0.938	10.166
第一产业	0.019	−0.050	−0.077	0.146
第二产业	3.395	0.209	0.172	3.014
第三产业	8.277	0.427	0.843	7.006
深圳		静态结构变迁效应	动态结构变迁效应	产业内增长效应
行加总	9.265	−0.027	0.078	9.214
第一产业	−0.033	−0.038	−0.368	0.373
第二产业	2.921	−0.601	−0.608	4.129
第三产业	6.377	0.612	1.053	4.712

表 8　结构变迁效应矩阵（百分比形式）

北京		静态结构变迁效应	动态结构变迁效应	产业内增长效应
行加总	1.000	0.051	−0.041	0.990
第一产业	0.002	−0.005	−0.006	0.014
第二产业	0.170	−0.090	−0.192	0.452
第三产业	0.827	0.147	0.157	0.523
天津		静态结构变迁效应	动态结构变迁效应	产业内增长效应
行加总	1.000	0.028	0.058	0.914
第一产业	0.004	−0.007	−0.011	0.022
第二产业	0.505	−0.006	−0.015	0.525
第三产业	0.491	0.041	0.084	0.366
上海		静态结构变迁效应	动态结构变迁效应	产业内增长效应
行加总	1.000	0.050	0.080	0.870
第一产业	0.002	−0.004	−0.007	0.012
第二产业	0.290	0.018	0.015	0.258
第三产业	0.708	0.037	0.072	0.599
深圳		静态结构变迁效应	动态结构变迁效应	产业内增长效应
行加总	1.000	−0.003	0.008	0.994
第一产业	−0.004	−0.004	−0.040	0.040

续表

深圳		静态结构变迁效应	动态结构变迁效应	产业内增长效应
第二产业	0.315	−0.065	−0.066	0.446
第三产业	0.688	0.066	0.114	0.509

四、服务业外部性指标体系及与全国的对比

上述从产业结构变迁驱动劳动生产率变化的角度分析了四个地区产业结构变迁的方向以及产业结构变迁的"质量"。但上述研究主要集中于产业层次，并没有从产业内进行剖析，这里我们主要使用服务业外部性的几种测算方法对上海服务业内部的创新能力和外溢效应进行评价。我们考察以下种类的外部性：

（一）专业化指数——Mar 外部性

Mar 外部性，即 Marshall–Arrow–Romer 外部性，该观点认为外部性主要来源于同一产业内，同一产业内大量企业集聚，即专业化生产有利于知识、创新的外溢和扩散，成为推动产业发展和经济内生增长的源泉。Mar外部性的测算指数为：

$$S_{i,k} = \frac{l_{i,k}/l_k}{l_{i,n}/l_n} \qquad \text{式（11）}$$

其中，S 代表专业化指数，k 代表某省市，n 代表全国，i 代表服务业中某一产业。$l_{i,k}$ 代表某省市 i 产业的城镇单位就业人数，l_k 代表某省市城镇单位服务业的总就业人数。$l_{i,n}$ 代表全国 i 产业的城镇单位就业人数，l_n 代表全国城镇单位服务业总就业人数。当 S > 1 时，说明专业化现象存在，而当 S < 1 时，说明去专业化现象存在（如表 9 所示）。

专业化反映了该部门在本地区的集聚程度，根据新地理经济学，要素的集聚有利于专业化分工的开展和外溢效应的发挥，促进了部门的技术进步和创新能力的提高。专业化指数大于 1 说明该部门专业化现象存在，若

小于 1 说明该部门不存在专业化集聚现象。根据表 9 的计算结果，可以发现如下典型化事实：越是市场竞争充分的管制较少的行业，越有利于市场专业化分工和集聚，专业化指数也相对较高。譬如住宿餐饮、批发零售等行业等非管制部门市场竞争较为充分，资源配置主要依靠市场，而教育、社保、公共组织等非市场化部门的专业化指数多小于 1，反映了以上部门资源配置以公共需求为导向，布局相对市场竞争充分的行业呈现出较为分散的特征，专业化分工现象不存在，胡霞（2009）采用熵指数测度了中国城市服务业及其各行业的集中度，结果表明服务业的集聚度明显高于工业，并且这种趋势在进一步增强。商业化程度越高的服务行业集聚程度越高，而公益化程度越高的服务行业集聚程度越低。上述事实说明上海市服务业创新能力主要集中于传统的服务业部门，而现代服务业部门例如金融、商业服务和科教文卫等的创新能力较弱，究其原因主要是垄断和管制导致资源配置不合理，纵向分割现象严重，创新所需的网络化效应不能有效发挥，人力资本流动壁垒深厚，这种现状对经济增长向消费导向和创新驱动形成了危害。

（二）多样化指数——Jacob 外部性

不同于 Mar 外部性和 Poter 外部性的观点，该理论认为企业的创新主要来源于区域内不同产业的集聚，即多样化生产能够使经济主体间的多样化和差异化需求形成互补，促进知识的碰撞和产生，从而促进经济增长。Jacob 外部性的测算指数为：

$$V_{i,j,t} = \frac{1/\sum_{k \neq i}\left(\dfrac{L_{k,j}}{L_j - L_{i,j}}\right)^2}{1/\sum_{k \neq i}\left(\dfrac{L_{k,l}}{L_n - L_{i,n}}\right)^2} = \frac{j \text{ 地区其他行业的 HHI 指数的倒数}}{\text{全国其他行业的 HHI 指数的倒数}}$$

式（12）

其中，V 代表多样化指数，HHI 指数是指除 i 产业外所有其他产业在 j 地区的服务业从业人数（除 i 产业外的）中的份额的平方和的倒数。该指数越大说明产业分布越多样（如表 10 所示）。

表9 专业化指数

北京	1	2	3	4	5	6	7	8	9	10	11	12	13	14
2003 年	1.19	2.15	1.72	2.89	0.56	2.21	2.98	2.32	0.50	3.71	0.33	0.49	1.35	0.34
2004 年	1.02	2.77	1.72	2.28	0.48	2.33	3.32	1.83	0.49	5.23	0.31	0.41	1.47	0.28
2005 年	1.12	1.87	1.86	2.50	0.46	2.06	3.08	1.48	0.42	4.76	0.29	0.41	1.94	0.27
2006 年	1.21	2.47	1.08	2.06	0.81	2.46	3.46	2.33	0.68	2.51	0.42	0.54	1.80	0.42
2007 年	1.25	2.96	1.11	1.98	0.81	2.34	3.43	2.24	0.65	2.35	0.40	0.51	1.77	0.41
2008 年	1.24	3.03	1.19	1.90	0.79	2.34	3.34	2.28	0.62	1.67	0.39	0.50	1.73	0.40
2009 年	1.21	2.85	1.28	1.88	0.78	2.11	3.44	2.22	0.60	1.73	0.38	0.48	1.69	0.42
2010 年	1.23	3.02	1.36	1.77	0.79	1.98	3.46	2.14	0.56	1.61	0.36	0.46	1.59	0.41
2011 年	1.32	3.19	1.25	1.51	0.91	1.92	2.82	2.37	0.55	1.41	0.38	0.47	1.69	0.43
2012 年	1.33	3.10	1.15	1.31	1.01	1.81	2.83	2.32	0.56	0.75	0.40	0.47	1.73	0.44
2013 年	1.15	2.27	1.03	1.12	1.13	1.58	2.26	2.36	0.61	0.65	0.44	0.51	1.82	0.48
天津	1	2	3	4	5	6	7	8	9	10	11	12	13	14
2003 年	1.44	0.83	1.07	1.10	0.92	0.95	1.38	1.51	1.24	3.42	0.76	0.91	1.06	0.75
2004 年	1.43	0.83	1.07	1.02	0.89	1.09	1.43	1.42	1.42	3.27	0.72	0.97	0.97	0.73
2005 年	1.32	1.11	1.08	0.90	0.92	0.92	1.61	1.52	1.32	2.50	0.76	0.99	0.85	0.73
2006 年	1.30	1.02	1.26	1.12	0.87	0.87	1.69	1.43	1.22	4.84	0.71	0.94	0.93	0.70
2007 年	1.30	0.96	1.46	1.12	0.86	0.88	1.68	1.46	1.13	5.64	0.69	0.91	0.90	0.66
2008 年	1.31	0.93	1.49	1.10	0.87	1.02	1.57	1.47	1.10	6.40	0.67	0.90	0.83	0.65

续表

天津	1	2	3	4	5	6	7	8	9	10	11	12	13	14
2009年	1.34	0.88	1.36	1.22	0.92	0.98	1.56	1.35	1.11	7.17	0.69	0.90	0.84	0.64
2010年	1.38	0.74	1.39	1.40	0.93	1.04	1.42	1.39	1.04	6.81	0.68	0.91	0.84	0.63
2011年	1.24	0.64	1.37	1.64	1.01	1.07	1.45	1.18	0.98	6.19	0.69	0.88	0.77	0.66
2012年	1.41	0.84	1.28	1.23	0.92	1.18	1.09	1.55	0.96	4.11	0.63	0.78	0.84	0.66
2013年	1.18	0.59	1.08	1.00	0.99	1.50	0.83	1.80	1.08	3.25	0.76	0.81	0.97	0.69
上海	1	2	3	4	5	6	7	8	9	10	11	12	13	14
2003年	1.78	1.08	1.14	1.28	1.26	2.00	2.45	1.41	0.98	2.08	0.54	0.91	1.14	0.47
2004年	1.86	0.86	1.19	1.31	1.19	1.81	2.02	1.56	0.90	1.31	0.56	0.97	1.14	0.48
2005年	1.43	1.05	2.12	1.11	1.02	1.53	2.41	1.36	0.67	2.84	0.41	0.73	0.86	0.36
2006年	1.77	0.97	1.23	1.23	1.42	1.50	2.18	1.85	0.89	1.77	0.54	0.94	1.11	0.45
2007年	1.75	1.01	1.27	1.27	1.46	1.64	2.13	1.91	0.84	1.86	0.53	0.90	1.05	0.44
2008年	1.75	1.01	1.29	1.42	1.43	1.71	1.92	2.04	0.86	2.00	0.53	0.84	1.01	0.41
2009年	1.79	1.07	1.35	1.49	1.38	1.67	1.77	2.20	0.88	1.82	0.51	0.82	1.02	0.40
2010年	1.84	1.03	1.37	1.56	1.45	1.47	1.75	2.30	0.79	1.50	0.49	0.78	1.04	0.40
2011年	1.83	1.03	1.82	1.68	1.50	1.64	1.73	1.12	0.75	0.90	0.48	0.72	1.03	0.38
2012年	1.70	0.98	1.96	1.61	1.55	1.45	1.55	1.03	0.72	0.56	0.49	0.69	1.01	0.39
2013年	2.06	3.06	0.50	1.24	1.37	1.48	2.28	1.27	0.80	0.57	0.44	0.61	0.94	0.34

续表

深圳	1	2	3	4	5	6	7	8	9	10	11	12	13	14
2003 年	1.41	1.71	1.20	2.00	1.23	4.99	2.23	0.65	1.00	0.27	0.34	0.75	1.05	0.72
2004 年	1.39	1.77	1.31	2.22	1.21	5.13	1.60	0.87	0.85	0.39	0.32	0.70	0.93	0.67
2005 年	1.41	1.80	1.21	1.96	1.18	4.74	2.58	1.01	0.73	0.57	0.30	0.62	0.84	0.60
2006 年	1.38	1.81	1.45	2.06	1.11	4.82	2.80	1.02	0.68	1.02	0.27	0.57	0.90	0.57
2007 年	1.37	1.67	1.55	2.16	1.17	4.37	2.77	1.05	0.66	1.73	0.27	0.52	0.85	0.54
2008 年	1.32	1.71	1.56	2.09	1.29	3.99	2.46	1.06	0.71	1.72	0.29	0.54	0.83	0.56
2009 年	1.54	1.60	1.50	2.03	1.23	3.88	2.38	1.01	0.69	1.79	0.30	0.54	0.84	0.53
2010 年	1.69	1.62	1.45	1.93	1.37	3.43	2.38	1.10	0.50	1.81	0.30	0.51	0.77	0.51
2011 年	1.89	1.42	1.29	1.64	1.48	2.96	2.35	1.08	0.46	1.57	0.33	0.50	0.70	0.53
2012 年	1.87	1.26	1.14	1.52	1.40	2.71	3.19	1.07	0.34	0.87	0.32	0.46	0.81	0.55
2013 年	1.48	1.76	1.36	1.27	1.11	2.33	2.63	1.12	0.27	0.49	0.32	0.43	0.84	0.53

注：为列示方便起见，本部分数据计算表中第一栏的数字 1~14 分别代表以下服务业行业：1 为交通运输、仓储和邮政业；2 为信息传输、计算机服务和软件业；3 为批发和零售业；4 为住宿和餐饮业；5 为金融业；6 为房地产业；7 为租赁和商务服务业；8 为科学研究、技术服务和地质勘查业；9 为水利、环境和公共设施管理业；10 为居民服务其他服务业；11 为教育；12 为卫生、社会、保障和社会福利业；13 为文化、体育和娱乐业；14 为公共管理和社会组织。表 10 同。

表 10　多样化指数

北京	1	2	3	4	5	6	7	8	9	10	11	12	13	14
2003 年	1.55	1.46	2.53	1.56	1.42	1.46	1.55	1.53	1.43	1.45	0.77	1.40	1.44	1.09
2004 年	1.55	1.55	2.49	1.57	1.48	1.54	1.74	1.55	1.49	1.59	0.80	1.45	1.51	1.12
2005 年	1.39	1.35	2.39	1.41	1.31	1.36	1.57	1.35	1.33	1.41	0.72	1.29	1.35	0.98
2006 年	2.16	2.00	2.08	2.02	1.95	2.02	2.55	2.12	1.94	1.95	1.09	1.90	1.96	1.47
2007 年	2.16	2.02	2.04	1.98	1.92	2.00	2.51	2.08	1.91	1.92	1.08	1.86	1.93	1.44
2008 年	2.00	1.92	1.95	1.87	1.81	1.89	2.44	1.98	1.80	1.81	1.04	1.76	1.82	1.33
2009 年	1.89	1.84	1.90	1.79	1.73	1.80	2.43	1.89	1.73	1.74	1.03	1.68	1.75	1.25
2010 年	1.79	1.78	1.84	1.70	1.66	1.72	2.36	1.80	1.65	1.66	0.98	1.60	1.67	1.19
2011 年	1.87	1.86	1.92	1.72	1.70	1.75	1.96	1.86	1.67	1.68	1.03	1.61	1.69	1.23
2012 年	1.69	1.71	1.74	1.58	1.57	1.61	1.79	1.72	1.54	1.54	1.00	1.48	1.56	1.14
2013 年	1.41	1.48	1.41	1.35	1.36	1.38	1.55	1.50	1.33	1.33	0.93	1.27	1.34	1.03
天津	1	2	3	4	5	6	7	8	9	10	11	12	13	14
2003 年	1.59	1.36	1.45	1.37	1.37	1.37	1.38	1.39	1.37	1.38	1.05	1.37	1.37	1.23
2004 年	1.67	1.44	1.53	1.44	1.44	1.44	1.46	1.46	1.45	1.47	1.06	1.46	1.44	1.29
2005 年	1.56	1.41	1.51	1.41	1.42	1.41	1.45	1.44	1.42	1.43	1.11	1.43	1.41	1.25
2006 年	1.72	1.56	1.69	1.56	1.56	1.55	1.60	1.58	1.56	1.59	1.16	1.58	1.55	1.35
2007 年	1.75	1.58	1.80	1.58	1.58	1.58	1.63	1.61	1.58	1.62	1.14	1.60	1.58	1.33
2008 年	1.75	1.59	1.82	1.59	1.59	1.59	1.64	1.62	1.59	1.64	1.14	1.60	1.58	1.32

续表

天津	1	2	3	4	5	6	7	8	9	10	11	12	13	14
2009 年	1.77	1.60	1.76	1.61	1.61	1.60	1.65	1.63	1.60	1.66	1.21	1.62	1.60	1.30
2010 年	1.77	1.58	1.77	1.60	1.60	1.59	1.63	1.62	1.59	1.65	1.20	1.61	1.58	1.28
2011 年	1.59	1.48	1.72	1.52	1.51	1.49	1.51	1.50	1.48	1.53	1.13	1.49	1.48	1.22
2012 年	1.56	1.41	1.65	1.44	1.42	1.43	1.42	1.46	1.42	1.53	1.05	1.40	1.41	1.17
2013 年	1.34	1.25	1.36	1.27	1.27	1.30	1.26	1.33	1.27	1.35	1.07	1.25	1.26	1.07
上海	1	2	3	4	5	6	7	8	9	10	11	12	13	14
2003 年	2.20	1.51	1.69	1.53	1.56	1.53	1.59	1.54	1.51	1.52	0.92	1.53	1.52	1.19
2004 年	2.14	1.46	1.63	1.48	1.49	1.48	1.52	1.49	1.46	1.46	0.90	1.48	1.46	1.14
2005 年	1.24	1.13	2.47	1.13	1.14	1.14	1.21	1.14	1.13	1.15	0.63	1.11	1.13	0.84
2006 年	2.27	1.65	1.80	1.67	1.75	1.67	1.77	1.72	1.65	1.66	1.00	1.68	1.66	1.26
2007 年	2.26	1.67	1.83	1.69	1.79	1.70	1.79	1.75	1.67	1.67	1.02	1.70	1.67	1.26
2008 年	2.22	1.66	1.82	1.68	1.78	1.69	1.77	1.77	1.66	1.66	1.04	1.67	1.66	1.22
2009 年	2.21	1.65	1.82	1.67	1.76	1.68	1.73	1.78	1.65	1.65	1.05	1.65	1.65	1.17
2010 年	2.13	1.60	1.77	1.63	1.73	1.62	1.68	1.76	1.60	1.60	1.01	1.59	1.60	1.14
2011 年	1.66	1.32	1.88	1.35	1.42	1.34	1.36	1.33	1.32	1.32	0.83	1.29	1.32	0.94
2012 年	1.24	1.09	1.92	1.12	1.16	1.10	1.11	1.09	1.09	1.09	0.71	1.06	1.09	0.78
2013 年	1.63	1.30	0.97	1.09	1.11	1.10	1.21	1.09	1.07	1.07	0.74	1.03	1.07	0.80

续表

深圳	1	2	3	4	5	6	7	8	9	10	11	12	13	14
2003 年	1.90	1.60	1.86	1.65	1.64	1.79	1.66	1.59	1.59	1.59	0.86	1.58	1.59	1.44
2004 年	1.80	1.57	1.87	1.63	1.60	1.85	1.59	1.56	1.55	1.55	0.83	1.54	1.55	1.35
2005 年	1.82	1.59	1.81	1.63	1.61	1.88	1.77	1.58	1.57	1.57	0.86	1.54	1.57	1.30
2006 年	1.96	1.72	1.99	1.76	1.74	2.06	1.94	1.71	1.69	1.70	0.88	1.66	1.70	1.38
2007 年	1.96	1.73	2.05	1.78	1.77	2.04	1.96	1.72	1.71	1.71	0.90	1.66	1.71	1.36
2008 年	1.93	1.74	2.06	1.78	1.81	1.99	1.94	1.73	1.71	1.72	0.93	1.67	1.71	1.36
2009 年	2.00	1.68	1.92	1.72	1.74	1.94	1.87	1.67	1.66	1.66	0.94	1.61	1.66	1.26
2010 年	2.00	1.63	1.82	1.66	1.72	1.84	1.81	1.62	1.60	1.61	0.92	1.55	1.60	1.21
2011 年	1.93	1.46	1.62	1.49	1.57	1.61	1.57	1.46	1.44	1.45	0.87	1.39	1.45	1.10
2012 年	1.68	1.34	1.44	1.37	1.41	1.46	1.58	1.33	1.32	1.33	0.83	1.27	1.33	1.02
2013 年	1.25	1.14	1.32	1.11	1.11	1.21	1.32	1.10	1.09	1.09	0.73	1.04	1.10	0.85

与专业化指数相反，多样化指数反映了本地服务业各部门分布的多样性，多样化意味更多的竞争和产业间的横向合作，产业间的横向合作有利于外溢和网络效应的发挥，从而促进技术进步和创新。观察多样化指数，除教育外各个行业多样化指数都大于 1，并且纵向看各地区分部门的多样化从 2003 年以来基本经历了下降的趋势，这说明十年间产业分布更加集中，这虽然有利于产业内分工但却不利于产业间的竞争合作。

为了分析外部性对服务业增长的长期效应，建立如下计量模型：

$$\log\left(\frac{l_{i,t}}{l_{i,t-1}}\right) = \alpha + \beta\log(l_{i,t-1}) + \gamma S_{i,t} + \varphi V_{i,t} + \varepsilon_{i,t} \qquad \text{式 (13)}$$

其中，i 为服务业各部门，i = 1，2，…，14，t 为时间，l 为城镇单位就业人数，S 为 Mar 外部性，V 为 Jacob 外部性，ε 为服从正态分布的随机误差项。回归结果见表 11。

表 11   回归结果

	(1) POOL	(2) FE	(3) RE
$\log(l_{i,t-1})$	−0.967*** (−48.75)	−0.965*** (−57.43)	−0.937*** (−40.13)
S (专业化)	0.362*** (3.53)	0.630*** (5.94)	0.428*** (6.33)
V (多样化)	−1.032*** (−5.47)	−0.872*** (−7.89)	−0.656*** (−4.69)
常数项	8.814*** (9.81)	5.396*** (8.09)	7.523*** (25.45)
N	112	112	112
R^2	0.999	0.998	0.999

注：①括号内数值为回归系数的 t 值，R^2 在混合回归中是调整后的 R^2，在固定和随机效应情况下为 within-R^2；②* 代表 p<0.1，** 代表 p<0.05，*** 代表 p<0.01。

根据表 11 的回归结果，就业滞后一期的系数为负，说明服务业增长具有收敛现象。专业化指数 S 和多样化指数 V 能够促进服务业增长。专业化作用于服务业就业增长的主要机制是通过产业的聚集作用将要素按专业化分工的要求进行配置，而多样化的作用是将区域产业分布更加多样化，促进产业之间的竞争，竞争的加剧不仅有利于外溢效应的发生，也更加激励了企业进行创新活动以提高自身的市场生存能力。

五、整体效率模式指标体系及与全国的对比

我们使用 DEA 分析上海和全国整体及其他地区的产出效率，其中投入使用各地资本存量 K 和就业人口数量，产出使用 GDP。效率分析的技术效率（TE）、纯技术效率（PTE）、规模效率（SE）计算使用投入导向的 CCR-效率（θ_C）或 TE，以及投入导向的 BCC-效率（θ_B）或 PTE 的规划求解模型（Cooper et al., 2007），令：

$$o = 1, 2, \cdots, n; \ \lambda = (\lambda_1, \lambda_2, \cdots, \lambda_n)^T$$

$$(CCR_O)\min_{\theta_C, \lambda} \theta_C \qquad (BCC_O)\min_{\theta_B, \lambda} \theta_B$$

$$\theta_C x_o - X\lambda \geq 0 \qquad \theta_B x_o - X\lambda \geq 0$$

$$s.t. \quad Y\lambda \geq y_0 \qquad s.t. \quad Y\lambda \geq y_0$$

$$\lambda \geq 0 \qquad\qquad \lambda \geq 0$$

$$\qquad\qquad\qquad\qquad e\lambda = 1$$

$$SE = \frac{TE}{PTE} = \frac{\theta_C^*}{\theta_B^*} \qquad\qquad\qquad 式（14）$$

1. TE、PTE、SE

经济意义上，技术无效率表示被测度单元距离效率前沿的差距，即无效率单元的技术进步跟不上最佳实践的技术进步步伐，原因在于无效率单元的知识、技术积累和运用能力无法实现对最佳实践技术前沿的充分利用。表 12 提供了 TE、PTE 和 SE 的测度。从中我们能发现上海一直是我国的技术前沿，TE、PTE 和 SE 自改革开放以来各区段都为 1，从区域看，东部地区的 TE 最高，中部地区次之，西部地区最差，说明东部地区离技术前沿的上海最近，反映了东部地区经济发展水平较高。从 SE 看，除上海

表 12　资本、劳动投入产出（子系统）效率分析

年份	1980~1985			1985~1990			1990~1995			1995~2000		
	TE	PTE	SE	TE	PTE	SE	TE	PTE	SE	TE	PTE	SE
北京	0.82	0.85	0.96	0.79	0.82	0.96	0.78	0.82	0.95	0.75	0.82	0.92
天津	0.86	0.91	0.95	0.79	0.84	0.93	0.76	0.85	0.90	0.82	0.95	0.86
河北	0.60	0.61	0.99	0.61	0.62	0.98	0.62	0.64	0.97	0.60	0.62	0.97
辽宁	0.77	0.77	0.99	0.79	0.80	0.99	0.74	0.75	0.98	0.71	0.74	0.96
上海	1.00	1.00	1.00	1.00	1.00	1.00	1.00	1.00	1.00	1.00	1.00	1.00
江苏	1.00	1.00	1.00	1.00	1.00	1.00	1.00	1.00	1.00	1.00	1.00	1.00
浙江	0.77	0.78	0.98	0.87	0.89	0.98	0.90	0.93	0.97	0.91	0.94	0.98
福建	0.72	0.76	0.94	0.79	0.85	0.93	0.90	0.98	0.92	0.79	0.86	0.93
山东	0.67	0.67	1.00	0.68	0.68	1.00	0.69	0.69	0.99	0.74	0.75	0.99
广东	0.72	0.73	0.99	0.82	0.82	1.00	0.97	1.00	0.97	1.00	1.00	1.00
海南	0.67	0.97	0.69	0.70	1.00	0.70	0.70	1.00	0.70	0.60	1.00	0.60
东部平均	0.78	0.82	0.95	0.80	0.85	0.95	0.82	0.88	0.94	0.81	0.88	0.93
山西	0.65	0.69	0.95	0.59	0.63	0.94	0.52	0.58	0.91	0.53	0.60	0.87
吉林	0.69	0.73	0.94	0.72	0.77	0.94	0.63	0.70	0.90	0.61	0.70	0.87
黑龙江	0.74	0.76	0.98	0.65	0.66	0.97	0.59	0.62	0.95	0.53	0.58	0.91
安徽	0.64	0.66	0.97	0.74	0.77	0.97	0.72	0.78	0.93	0.77	0.83	0.93
河南	0.63	0.64	0.99	0.72	0.74	0.98	0.74	0.77	0.97	0.73	0.76	0.96

续表

年份	1980~1985			1985~1990			1990~1995			1995~2000		
	TE	PTE	SE	TE	PTE	SE	TE	PTE	SE	TE	PTE	SE
湖北	0.69	0.70	0.98	0.75	0.77	0.98	0.74	0.78	0.95	0.65	0.69	0.95
湖南	0.67	0.69	0.97	0.69	0.71	0.97	0.63	0.67	0.93	0.58	0.63	0.93
江西	0.94	0.97	0.97	0.94	1.00	0.94	0.87	0.98	0.89	0.81	0.92	0.88
中部平均	0.71	0.73	0.97	0.73	0.76	0.96	0.68	0.73	0.93	0.65	0.71	0.91
重庆	0.99	1.00	0.99	0.89	0.98	0.91	0.79	0.92	0.86	0.67	0.79	0.85
四川	0.59	0.60	0.99	0.58	0.59	0.98	0.51	0.53	0.96	0.46	0.49	0.95
贵州	0.58	0.65	0.88	0.73	0.83	0.88	0.72	0.91	0.79	0.66	0.87	0.76
云南	0.54	0.60	0.90	0.67	0.72	0.92	0.67	0.77	0.87	0.60	0.70	0.86
陕西	0.61	0.65	0.94	0.67	0.72	0.93	0.67	0.76	0.89	0.72	0.82	0.88
甘肃	0.59	0.65	0.91	0.64	0.72	0.90	0.68	0.82	0.83	0.73	0.89	0.82
青海	0.51	0.96	0.54	0.43	0.99	0.44	0.37	1.00	0.37	0.32	1.00	0.32
宁夏	0.66	1.00	0.66	0.64	1.00	0.64	0.52	1.00	0.52	0.45	1.00	0.45
新疆	0.66	0.74	0.88	0.68	0.77	0.87	0.66	0.78	0.85	0.56	0.73	0.76
广西	0.75	0.76	0.98	0.63	0.69	0.91	0.55	0.64	0.86	0.44	0.51	0.86
内蒙古	0.71	0.77	0.92	0.76	0.83	0.91	0.66	0.78	0.84	0.65	0.77	0.84
西部平均	0.65	0.76	0.87	0.66	0.80	0.85	0.62	0.81	0.79	0.57	0.78	0.76

续表 12 资本、劳动投入产出（子系统）效率分析

年份	2000~2005			2005~2010			2010~2013		
	TE	PTE	SE	TE	PTE	SE	TE	PTE	SE
北京	0.70	0.77	0.91	0.65	0.71	0.92	0.59	0.65	0.91
天津	0.82	0.95	0.86	0.79	0.89	0.90	0.68	0.77	0.89
河北	0.55	0.58	0.96	0.52	0.54	0.96	0.46	0.47	0.97
辽宁	0.70	0.73	0.95	0.65	0.68	0.97	0.54	0.56	0.98
上海	1.00	1.00	1.00	1.00	1.00	1.00	1.00	1.00	1.00
江苏	1.00	1.00	1.00	0.96	1.00	0.96	0.88	1.00	0.88
浙江	0.81	0.83	0.97	0.75	0.77	0.98	0.71	0.72	0.98
福建	0.68	0.74	0.91	0.64	0.70	0.92	0.59	0.64	0.93
山东	0.66	0.67	0.99	0.64	0.64	1.00	0.58	0.60	0.97
广东	1.00	1.00	1.00	1.00	1.00	1.00	1.00	1.00	1.00
海南	0.56	1.00	0.56	0.57	1.00	0.57	0.57	1.00	0.57
东部平均	0.77	0.84	0.92	0.74	0.81	0.92	0.69	0.77	0.91
山西	0.53	0.61	0.86	0.50	0.57	0.87	0.42	0.49	0.86
吉林	0.59	0.71	0.84	0.56	0.65	0.86	0.48	0.55	0.87
黑龙江	0.51	0.57	0.89	0.50	0.55	0.90	0.44	0.49	0.90
安徽	0.67	0.75	0.90	0.46	0.51	0.90	0.39	0.43	0.91
河南	0.62	0.66	0.95	0.46	0.48	0.95	0.40	0.42	0.96

续表

年份	2000~2005			2005~2010			2010~2013		
	TE	PTE	SE	TE	PTE	SE	TE	PTE	SE
湖北	0.57	0.61	0.93	0.56	0.60	0.94	0.53	0.56	0.95
湖南	0.48	0.54	0.90	0.40	0.44	0.90	0.39	0.42	0.92
江西	0.62	0.73	0.84	0.42	0.49	0.86	0.38	0.44	0.87
中部平均	0.57	0.65	0.89	0.48	0.54	0.90	0.43	0.47	0.91
重庆	0.48	0.60	0.80	0.39	0.47	0.83	0.40	0.47	0.85
四川	0.40	0.43	0.93	0.37	0.39	0.94	0.38	0.40	0.95
贵州	0.48	0.69	0.69	0.38	0.54	0.70	0.33	0.49	0.68
云南	0.49	0.62	0.80	0.39	0.49	0.79	0.35	0.46	0.77
陕西	0.67	0.79	0.84	0.54	0.63	0.86	0.55	0.62	0.88
甘肃	0.63	0.82	0.77	0.53	0.69	0.77	0.46	0.60	0.77
青海	0.28	1.00	0.28	0.27	1.00	0.27	0.25	1.00	0.25
宁夏	0.37	1.00	0.37	0.34	1.00	0.34	0.31	1.00	0.31
新疆	0.49	0.67	0.73	0.46	0.63	0.73	0.41	0.58	0.72
广西	0.35	0.44	0.81	0.27	0.33	0.83	0.25	0.30	0.84
内蒙古	0.62	0.75	0.83	0.61	0.69	0.89	0.52	0.57	0.91
西部平均	0.48	0.71	0.71	0.42	0.63	0.72	0.38	0.59	0.72

和东部少数省份外，其他地区投入和产出都没有达到最优规模，说明在给定的 TE 条件下这些地区还能够加大投入来换取产出的增加，这在西部地区表现最为明显，西部地区的优势还有待充分发掘，这也提示我们在东部发达地区规模逐渐达到最优经济进入新常态减速背景下，大力发展中西部地区使得我国经济还能保持在较高增长水平上。

2. 投入冗余

改革开放以来各地区投入产出效率的下降，与中国要素驱动增长的工业化模式有关。表 13 列出了各地区资本、劳动投入冗余状况。以上海、江苏、广东为比较基准，1980 年至今，无论是东部地区还是中西部地区，资本、劳动投入冗余均呈现出增加趋势，中西部地区比东部地区更加明显。1980~1985 年、1985~1990 年、1990~1995 年、1995~2000 年、2000~2005 年、2005~2010 年、2010~2013 年这 7 个时间段中，东部地区要素投入冗余率为 24%、22%、19%、21%、32%、31%、38%；中部地区为 29%、27%、32%、35%、43%、52%、57%；西部地区为 35%、34%、38%、43%、52%、58%、62%。

表 13　资本、劳动投入冗余分析

单位：%

地区 ＼ 年份	1980~1985	1985~1990	1990~1995	1995~2000	2000~2005	2005~2010	2010~2013
北京	−17.59	−21.46	−21.98	−24.65	−30.13	−34.94	−40.68
天津	−14.29	−21.35	−23.60	−17.69	−18.40	−20.51	−31.51
河北	−39.86	−38.91	−38.41	−39.70	−44.71	−47.68	−54.38
辽宁	−23.17	−20.93	−26.02	−28.95	−30.34	−34.58	−45.68
上海	0.00	0.00	0.00	0.00	0.00	0.00	0.00
江苏	0.00	0.00	0.00	0.00	0.00	−3.92	−11.79
浙江	−23.42	−12.53	−9.68	−8.66	−19.43	−25.16	−29.37
福建	−28.33	−21.23	−10.43	−20.69	−32.25	−36.06	−40.73
山东	−33.44	−32.42	−31.16	−26.13	−33.84	−36.43	−41.56

续表

地区＼年份	1980~1985	1985~1990	1990~1995	1995~2000	2000~2005	2005~2010	2010~2013
广东	−27.59	−18.36	−2.59	0.00	0.00	0.00	0.00
海南	−32.95	−29.70	−29.75	−40.47	−43.52	−43.03	−43.49
东部平均	−24	−22	−19	−21	−32	−31	−38
山西	−34.58	−40.66	−47.52	−47.47	−47.50	−50.49	−57.51
吉林	−30.77	−27.89	−36.93	−38.90	−40.64	−43.75	−52.03
黑龙江	−25.60	−35.36	−41.03	−46.84	−49.35	−50.01	−56.01
安徽	−36.13	−26.05	−27.93	−22.80	−32.88	−53.89	−60.60
河南	−6.17	−5.71	−12.55	−18.60	−38.40	−57.87	−62.25
湖北	−37.12	−27.56	−25.88	−27.08	−37.60	−54.49	−59.82
湖南	−30.91	−24.56	−25.56	−34.71	−42.73	−43.74	−47.14
江西	−32.90	−31.13	−37.12	−41.75	−51.54	−59.90	−61.27
中部平均	−29	−27	−32	−35	−43	−52	−57
重庆	−0.92	−11.13	−20.99	−32.65	−52.17	−60.66	−60.33
四川	−40.58	−42.40	−49.36	−53.59	−60.19	−62.88	−62.07
贵州	−42.32	−27.05	−27.68	−33.90	−51.94	−61.92	−66.96
云南	−45.92	−33.46	−33.38	−40.25	−50.57	−60.82	−64.94
陕西	−38.67	−33.06	−32.69	−27.99	−33.12	−45.57	−45.17
甘肃	−40.62	−35.52	−32.00	−27.39	−36.77	−46.81	−53.77
青海	−48.50	−56.53	−63.05	−67.92	−71.72	−72.65	−75.17
宁夏	−33.74	−36.29	−48.11	−54.98	−63.01	−65.81	−68.71
新疆	−34.43	−32.47	−34.10	−44.32	−51.29	−54.25	−58.66
广西	−25.14	−36.88	−44.53	−56.26	−64.82	−72.63	−74.97
内蒙古	−28.86	−24.16	−34.25	−35.19	−37.50	−38.52	−48.19
西部平均	−35	−34	−38	−43	−52	−58	−62

第四部分　上海的未来：迈向高端的瓶颈及对策

一、上海处于人力资本结构梯度升级的加速时期，应重视高端人力资本模式的打造

根据经济成功经验（如韩国），人均 GDP 突破 1 万美元（名义价格）并且向更高收入水平快速迈进的时期，也是人力资本结构梯度加速升级的时期。如韩国在 20 世纪 90 年代中期人均 GDP 达到 1 万美元的水平，劳动力的教育素质迅速提高：①20~34 岁年轻劳动力的高等教育比重，从 1990 年的 28%提高到 2000 年的 52%，再到 2010 年的 80%。②35~49 岁青壮年劳动力的高等教育比重，从 1990 年的 15%提高到 2000 年的 27%，再到 2010 年的 43%。③35~54 岁主要储蓄者的高等教育比重，从 1990 年的 14%提高到 2000 年的 25%，再到 2010 年的 38%。人力资本结构的快速升级，带动人均收入水平比以往更快的提高。

近年来上海人力资本结构的显著变化是：中等文化程度劳动力比重下降拐点开始出现，高等教育劳动力比重显著。根据统计年鉴数据，2013 年，上海就业人员受教育程度构成中，中等文化程度比重为 58%，高等教育文化程度比重为 35%。尽管如此，与国际追赶成功经验比较起来，上海人力资本结构升级的节奏稍显缓慢。未来几年内，上海人均 GDP 将突破 2 万美元，达到发达阶段水平，相应的高端人力资本模式打造是持续增长的重要保障，包括：

（1）R&D 人力资本方面：利用上海独特的文化、经济地位和吸引力，注重科研精英层人力资本的构建，建立与国际接轨的科研能力认证体系，保持上海在知识创造领域的活力。

（2）借鉴德国、英国等发达国家经验，完善教育体系，建立职教与普

教、职教内部各层次间的衔接机制，使学习者能根据自己的意愿和社会需求，构建学习途径和成长道路，把年轻劳动力的技能培养和知识更新放在重要地位。

（3）借鉴发达国家经验，建立熟练工人职级晋升的激励系统。如法国通过资质通道的建设，使得资质认证人员与从下级上升到本层的自学雇员相互竞争，职业竞争削弱各层次人力资本的身份特征，增强职业能力在就业评价中的权重。

二、上海处于消费模式高端化的快速整合时期，应重视消费主导经济增长作用的发挥

近年来，上海人均消费支出有了显著提高，但是消费模式依然囿于传统物质品和服务品，消费模式整体处于低端，这与上海作为发达城市和国际化大都市的定位不相称。2013 年，上海食品衣着消费支出比重仍占到 40%左右，家庭设备和交通通信支出比重为 25%，消费模式中体现广义人力资本提升的科教文卫娱乐只有 25%且上升缓慢。

从国际经验看，经济向发达阶段收敛时期，除了人力资本结构梯度快速升级外，消费模式快速高端化也是一个重要标志。立足于服务业发展的大城市，增长动力将会出现生产主导向消费主导的显著变化。原因是，如果大城市增长仍然处于生产主导之下，那么服务业通常被当作制造业的附属分工部门存在，进而影响更加有益于服务业升级的其他高级业态的发展，诸如休闲娱乐、文化教育等高级业态是与消费意愿和经济环境直接相关的。

在城市化快速发展时期，消费模式的高级化过程中本身蕴含了新的经济机会和增长点。旧消费模式，尤其是以物质品消费为主的消费模式，因其自身存在的边际递减倾向，迟早会遇到边界约束问题，反过来也会对生产供给规模扩张带来约束，因此，消费模式长期低端化不利于增长

的可持续性。

与消费愿望密切相关的高端服务业的发展，需要宽松的经济环境。为此应该切实推进政府自身的改革，转变职能，尤其是在政府权力集中的垄断性领域，要彻底推行政企分开；打破人力资源流动尤其是高层次人力资本流动的制度障碍，解决资本市场、要素流动、基础设施、信息等领域的割裂问题；打破行政干预所导致的横向、纵向经济分割，切实发挥经济网络的集聚、关联效应，增强城市化的空间配置效率，疏通知识部门和知识过程的分工深化、创新外溢渠道。

三、上海处于知识过程重构效率模式的转型时期

经过三十多年的发展，上海已经基本完成经由"干中学"整合生产过程的工业化阶段，而转向后工业化和成熟城市化时期。紧接着这个过程的动力机制，是通过消费模式的高端化，增进广义人力资本积累，并带动科教文卫娱乐等产业的发展，新的增长点即蕴含于这样的经济过程。其中，与广义人力资本提升相关的知识过程的兴起，将担负起重构新时期效率模式的重任，这是上海不同于以往发展阶段的特征。

知识重构过程效率的重要性，在于原有依靠资本驱动的增长方式，越来越受到物质资本投资边际收益递减的制约，而这种资本收益的递减，在没有广义人力资本积累的效率补偿下，只能引致结构性减速。因此，转型时期的上海，面临的后续增长问题，主要是在两种投资可能性之间进行选择：是要更多的物质资本投资以获取高增长速度，还是要更多的消费以获取长期的效率改进，尽管后一种选择是以牺牲增长速度为代价的。根据发达阶段的经验，大城市的增长不可能长期依赖于单纯的物质资本，以知识过程统摄人财物流、以知识生产带动创新和人财物流，才是正常的发展方式。

四、国际化大都市节点功能培育的制度变革

上海自贸区成立伊始，承载着国家制度改革、经济二次腾飞的伟大历史使命。作为深化改革的试验田，从加快政府职能转变、扩大投资领域开放、推进贸易发展方式转变、深化金融领域创新、完善法制领域制度保障以及营造监管和税收制度环境七大核心领域，在国家战略层面予以明确。

经过一年多的实践，上海自贸区已经取得了一系列卓有成效的改革成果，奠定了持续创新的基调，夯实了稳定改革的基础，实现了向"服务型政府"转变的同时，更好地服务于企业，激发市场活力的既定目标。中国政府通过自贸区建设向世界证明了其愿意构建在市场主导下的市场经济承诺，并在更大的范围内引入成功的自贸区政策，与国际通行标准对接，培育国际化和法制化的营商环境。与此同时，依托于"立足上海，服务全国"的模式，根据"先行先试，风险可控，分步推进，逐步完善"的原则，上海自贸区形成了便于向全国推广的"可复制、可推广"经验，其他地区借此分享到改革与创新所释放的制度红利。

未来自贸区应更加重视私营部门的参与和意见，确保政策符合各类企业业务发展的实际需要。在不涉及国家安全、核心利益和国计民生的前提下，营造自由贸易、通航、投资、经营、外汇和人员流动的市场环境，构建顺畅运行的市场机制。同时，法律体系构成了完善市场自由竞争的规则，自贸区应重视立法，系统化地建立良好营商环境的政策法规，为维护自由、平等、有序的市场运行提供法律制度保障，提升上海作为全球资源配置中心的竞争力。

上海作为中国的经济中心，目前正处于经济结构调整的关键时期，政府从干预市场转向激发市场活力和社会创造力。在这个过程中，企业所扮演的角色会越来越重要，发展中暴露出的问题也会越来越突出。我们在调研中发现，如何突破融资制约已经成为影响上海市小企业发展壮大的关键。

上海的小企业以科技型企业为主，由于知识产权和技术限制等原因，其股权分布相对比较集中，控股股东对企业具有绝对的控制权。但是，这些企业的创始人往往属于中青年高学历技术型人才，本身的资本积累难以满足企业发展的需求，普遍存在资金匮乏的情况。

从金融角度来看，银行贷款是企业外部融资的重要渠道。虽然小企业试图与上海本地金融机构建立较为稳定的合作关系，但由于其规模相对较小、经营变数多、风险大、信用能力较低等原因，使得其外部融资约束强于大企业。从资本市场来看，股票上市等融资方式门槛比较高，一般小企业很难跨过上市的门槛。另外，上市评估对企业的资产负债率有要求，而小企业难以获得银行贷款的现实情况使得其资产负债率较低，进一步降低了企业通过股市融资的可行性。

当前的融资困境，不是小企业加强自身修炼就可以解决的，而是需要构筑一个由政府、金融机构和企业共同组成的对话机制和资金平台，才能彻底解决小企业融资难的问题。政府的引导和支持作用主要体现在提供财政支持、完善信用担保和探索监管模式改革三个方面。上海目前的问题不是缺资金，缺的是资金的针对性、功能性和覆盖性，因此，专项扶持资金应用于重点支持小企业的创立、担保、技术研发和配套服务机构建立。信用担保制度是发达国家小企业使用率最高且效果最佳的一种金融支持制度，政府应设立专门的贷款担保基金帮助小企业提高信誉，从而改善贷款环境。管理职能机构的混乱和政策性金融机构的缺失导致资源配置效率低，建立起符合小企业发展需要的管理部门和政策性金融机构，将改善小企业的法制和政策环境。此外，中小企业板和创业板为小企业创造了良好的融资环境，符合规模、盈利能力、信息披露和外部审计等条件的企业应该抓住这个机会争取外源性资金。达不到上市标准的企业，可以委托证券公司进行"小公募"，省略路演等环节，降低融资成本。

第五部分　案例分析

调研报告一　小支付有大前景——雪球科技公司案例分析

随着手机的普及，人们对手机的依赖程度越来越深。只要口袋里揣着手机，出门不用带钱包，就可以坐公交、乘地铁，也可以在便利店、超市、商场、餐厅等地刷卡购物消费，甚至还可以在办公室门口刷门禁……这样的场景，我们已经畅想了好多年。在上海的雪球科技公司，我们真正体验了一次这样的生活。只要在手机里装一张支持 NFC 的手机卡，开通手机钱包业务，就能把钱包里的银行卡、公交卡等全部"装进"手机，在手机里实现各类卡片的支付功能。

一、创立背景

雪球科技公司于 2013 年 12 月 13 日在深圳注册成立，由于目前业务主要集中于上海及周边地区，故公司将办公地点设置在上海。其创始人为 Ciaran Fisher 和姜波，二人都曾就职于 NXP 公司（原飞利浦半导体，NFC 技术发明者，几乎垄断国内公交卡、银行卡和相关受理读卡器市场），在 NXP 公司任职期间，他们分别担任 NXP 公司全球 NFC 应用服务和大中华区销售市场总监和 NXP 公司大中华区 NFC 应用服务高级经理。Fisher 和姜波各有所长：Fisher 来自英国，常驻上海和深圳多年，曾服务过多家高科技初创企业，经营管理能力出众；姜波从事智能卡和 NFC 相关技术和市场工作十几年，技术过硬，熟悉市场。

2013 年 NXP 公司因经营范围调整，决定退出中国移动支付市场。与 NXP 公司协商后，Ciaran Fisher 和姜波正式服务于新注册公司雪球科技。同时，NXP 公司和雪球科技签署顾问合同，Ciaran Fisher 和姜波以顾问身份继续为 NXP 服务，并担任其之前在 NXP 公司的原有职位。雪球科技成为 NXP 公司 NFC 移动支付产品方面的系统集成合作伙伴，并主要集中拓展中国大陆地区客户。NXP 大中华区 NFC 应用服务团队全部全职加入到雪球科技。雪球科技继续履行 NXP 公司在过去几年里拓展的 NFC 服务合同和相关项目。目前，NFC 应用团队已经进行相关业务超过 3 年，和众多手机厂商和应用合作伙伴建立了广泛的合作关系。

二、发展历史

尽管雪球科技公司成立至今不足两年，但公司已经取得了极大的发展。2013 年底注册成立 100% 内资公司。2014 年第一季度，雪球科技公司和 NXP 签署 NFC 应用战略合作协议，承接 A 手机项目应用开发和测试认证工作，开始迁移原来由 NXP 牵头的 NFC 服务，继续服务 NXP 原有客户。2014 年第二季度，公司和支付宝在移动公交领域达成战略合作；和腾讯在可穿戴设备商进行战略合作；华为荣耀 6Plus 正式上线；和招商银行达成合作。2014 年第三季度，公司获得了第一轮来自腾讯的投资。2014 年第四季度，公司完成了原 NXP 的 NFC 应用团队往雪球科技公司的人事迁移。2015 年第一季度，三星选择雪球科技公司作为 Samsung Pay 银行接入合作伙伴；和高通公司合作开发基于 Trustzone 的智能手机安全解决方案（如图 12 所示）。

目前，雪球科技公司的合作伙伴已经超过 13 家，公司致力于发展最安全的手机钱包解决方案。

三、公司定位

雪球科技公司提供和运营一站式安全、易用的手机钱包解决方案。雪球科技公司为移动支付提供安全支持，保障支付安全和秘钥安全。通过雪球科技公司的 DEX 三重保护、so 文件加密、定制保护和渠道监测可以有效保障用户的安全性。

雪球科技公司的保护涉及六方面内容：第一，对 DEX 加壳保护，防止被工具反编译破解；第二，对代码进行混淆处理，降低逆向分析的风险；

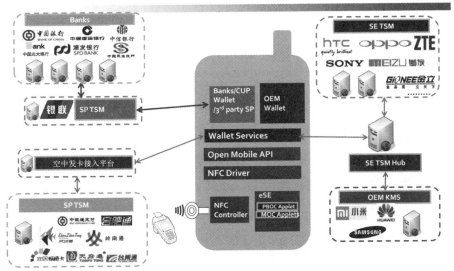

图 12　雪球科技应用平台构架

第三，防止 APK 被拆包后二次打包；第四，服务端自动加密，支持 API 调用；第五，对软件进行自校验，保证自身的完整性；第六，任何密钥都应该分散存储，防止被直接读取。

　　保护方案主要涉及漏洞分析、应有保护和渠道监测三方面内容。其中，漏洞分析主要是反编译分析、二次打包分析、代码混淆分析和支付安全分析；应用保护包括 DEX 加壳、源码混淆、防二次打包保护、自动加密支持、对软件进行自校验和密钥分散存储；渠道监测包括监测渠道版本信息和正盗版分析（如图 13 所示）。

四、发展前景

　　随着智能手机的日益普及、互联网和移动技术的发展，移动支付业务的发展逐渐进入了信息化的快车道，手机刷卡、声波支付、指纹支付等移动支付产品也呈现出井喷式增长，各种创新型的移动支付产品令人目不暇接。移动支付可以简单理解为用户通过移动终端如智能手机和平板电脑等移动设备，配合网络或者通信技术完成资金交付的过程，而这个过程通常不受时间和地点的约束，以虚拟货币的形式达到支付资金的目的。业界通

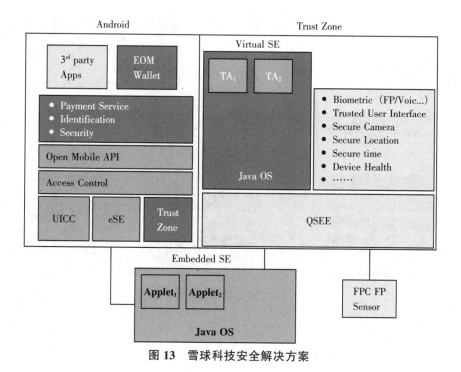

图 13　雪球科技安全解决方案

常将移动支付按通信方式分为远程支付（如通过网络实现支付交易）和近场支付（如直接用手机刷卡的方式完成资金的支付）。

在第三方支付机构、电信运营商和银行金融机构等各界纷纷对移动技术加以开发和应用的现阶段，无论是手机秒捐平台还是刷手机购物，无疑都占领着科技支付的制高点，移动支付对商业市场具有强大的推动力，其广阔的发展前景不言而喻。

国家也积极出台政策支持发展移动支付业务。发改委联合商务部、工信部、央行等多部门下发的《关于进一步促进电子商务健康快速发展有关工作的通知》中指出，要求以金融 IC 卡应用为基础，推动移动支付技术创新应用试点。这表明，政府看好移动支付领域的发展前景，并倡导支持和推动移动支付业务的创新应用，布局试点应用更将刺激电子商务、金融机构等各界积极挖掘移动支付市场价值，一股移动支付的热浪即将袭来。

中国未来将成为移动支付最大的市场之一。2012 年中国移动支付市场交易规模达 1511.4 亿元，同比增长 89.2%。2016 年，中国移动支付市场交易规模将突破万亿，达到 13583.4 亿元。庞大的网购群体也成为培育移动支付市场的温床。中国网购市场发展迅猛，2012 年仅手机网购用户就增长 136.5%，达 5550 万人，手机网上支付用户增长 80.9%，达 5531 万人。在智能手机的推动下，支付机构正在向移动互联网等多渠道综合支付发展，业务范围深度和广度不断扩展。

移动支付的出现顺应了个性化发展的时代需要。不同支付方式的出现其实都是为了满足个人或企业的各种支付需求，为个人提供快捷、安全的支付方式，为企业用户提供综合支付业务解决方案，从而实现自身盈利，总而言之，不论何种支付方式，都需要与用户群的消费习惯相适应。用户的需求是随时间和事态的变化而变化的，不同时段、不同背景、不同环境下表现出来的需求是不一样的。而移动自由的支付方式有着多元性、高技术性、虚拟性和跨时间地域性等特点，恰好可以迎合不同用户的不同需求。

五、雪球科技公司发展的关键

就目前而言，移动支付的用户数量规模与其技术革新速度是不同步的，应用范围还远未达到普及的状态，雪球科技公司要想在这个大市场上分得一杯羹，要实现真正意义上移动支付行业的规模化发展，就需要从保障用户安全风险方面发功助力，以实现其移动支付业务健康、有序的可持续发展。

移动支付的便捷性毋庸置疑，但随着业务范围及用户规模的不断扩大，还不够成熟的移动支付市场虽然很大程度上简化了传统烦琐的支付方式，但仍然避免不了用户对信息安全、资金安全、账号安全、个人隐私等问题的顾虑。移动支付带来便捷性的同时也潜藏着安全隐患，日常生活中资金被盗刷、资金账户被盗用等问题经常发生。雪球科技公司应该利用其现有的技术优势，通过不断的技术革新，如声波支付、语音支付、脸谱支付和指纹支付等技术手段实现安全性与便捷性的兼得。

如何突破融资制约也是雪球科技公司发展壮大的关键。从金融角度来看，银行贷款是企业外部融资的重要渠道。虽然雪球科技公司与上海本地金融机构之间普遍建立起了较为稳定的合作关系，但由于其规模相对较小、经营变数多、风险大、信用能力较低等原因，使得其外部融资约束强于大企业。资本市场融资也是雪球科技公司可以考虑的融资渠道。不过证券市场的门槛较高，上市成本较高，市场风险大，即使可以通过获得资金，也要注意控制比例不可过高。目前，正在推出的创业板将为中小企业创造良好的融资环境，雪球科技公司应该抓住这个机会争取外源性资金。

调研报告二　整合线上线下资源，创新志愿填报服务新模式
——上海亿阁信息科技有限公司（优志愿）案例分析

人力资本作为推动经济增长的源泉已被各界所共知。通过在各级教育特别是大学以上教育获得的资质认证向市场发出信号，从而成为人们接受更高教育获得更高人力资本的激励。然而，当个体在接受中小学等基础阶段教育后，通过高考这一相对公平的途径来获得进入大学的"入门券"进行深造而并非都能如愿以偿。由于考生和高校之间存在信息不对称，考生填报志愿常常发生分数高于或低于所报高校的录取分数线，造成考生考不进理想高校、高校招不到最优考生。由于数以万计的普通高考考生数量，单个考生无法知道全部考生成绩的分布，从而无法判断个人所在的分位点，即使在知晓大学录取人数的情况下仍然存在低分高报或高分低报的现象，使得考生之间、考生与高校之间存在"撞车"现象。上海亿阁信息科技有限公司（优志愿）通过建立优志愿服务平台，有效整合包括考生、专家和高校志愿者等各类信息，通过使用大数据、云计算等先进的互联网技术，为考生填报志愿提供了参考，减少了志愿填报过程中的不同分数考生的误配现象，这从个人际遇方面而言对考生可能意味着人生的重大转折，

从国家整体而言可能伴随着越来越多人进入理想高校，提高了专业和考生的相符度，减少复读等消耗考生精力、教育资源浪费现象，促进全社会整体人力资本的提高。

优志愿是一款国内最大规模和最专业的高考志愿填报系统，获得由海通基金主投的数千万级投资，成为行业中数据最全面、内容最丰富、功能最强大的高考志愿填报平台之一。优志愿基于大数据分析，依托"互联网+"，采用先进的云计算技术，云端涵盖 2800 多所院校近 5 年的院校、专业录取数据和最新的招生计划，数据总量超 2000 万条。优志愿依据各省考试院校填报规则，利用独创的"省控线差值法"、"位次修正法"、"专业就业率排比法""断档征集志愿修正法"，0.1 秒内就能推荐出所有适合考生填报的院校及专业。考生还可以根据自己的性格喜好、院校距离远近、所在地区就业竞争力和气候情况、院校专业优劣排名、未来专业就业等维度分析参考，用最经济的分数上最理想大学和专业。目前优志愿系统平台能够为中国提供便捷的志愿填报服务，成为考生填报志愿的重要参考。

作为志愿填报平台，优志愿包括院校查询、专业查院校、在线专家一对一服务、优志愿讲堂（联合志愿专家、高考学霸、大学在校生等优秀人群，推出 1000 部学长学姐讲专业、300 部专家讲志愿、100 部提分的视频，不同主题的在线视频讲座，助力考生高效地备考冲刺，科学地填报高考志愿）、一键完成填志愿服务，并根据考生需求推出了个性化的性格测试、以性格定专业、体检测试等内容，上述过程极大地提高了志愿填报的成功率。优志愿平台涵盖了志愿填报服务的需求方和供给方，作为需求方的考生由于人生经验不足、对高校和专业的特色掌握不明朗、对人生缺少合理的规划，填报志愿过程中常常伴随盲目性，不能根据个人特征准确判断职业规划和定位。现实中，相当多的考生志愿填报参考了父母、亲友、同学和老师的建议，偶尔从网络或媒体获取的资源也是碎片化和不完整的，甚至这些碎片化的信息对个人的职业规划产生一定的误导作用，其主要原因是由于中国教育更多注重对考生应试能力的培育，高考分数高低成为应试教育成果的唯一衡量标准，对关系考生未来的职业规划的志愿填报过程存在一定的轻视、短视行为，因此，在这种环境下考生选择的时间和空间是极其有限的，在风险规避的情况下只能随大溜儿选择很多热门专业填报或者选择上年分数较低且学校知名度高的学校进行填报，造成很多专业填报冷门和高校录取大小年之分，不能有效合理地引导考生流和专业流、高校库的有效匹配。优志愿服务平台的创新之处主要体现在以下两点：

第一，以"互联网+"推动高考经济升级。随着互联网应用的普及，互联网上的资源充斥考生视线，如何从海量信息中获取对个人有用的有价值信息成为重大挑战。优志愿利用"互联网+新机遇"，将服务的需求方和供给方集中在优志愿平台，大数据资源的在线服务，不仅提高了志愿填报的成功率，也使累计的大数据为未来高考经济的挖掘提供了支持，从而提升高考经济产业的发展空间和市场空间。

第二，充分利用大数据和云计算技术，结合先进的算法，将平台数据转化为志愿填报决策的科学依据，减少了信息不对称。受制于信息传输成本和信息供需不匹配的特征，信息的需求者和供给者常常是不衔接的，优志愿的专家库和讲堂服务充分利用了大数据和云计算的特征，利用平台优势将内容汇聚于平台内，以专家一对一和优志愿讲堂为例，上述两大服务集中了志愿填报领域的优秀专家和比考生掌握更多信息的高校在校生，以他们更为专业的知识对考生进行服务，优志愿再结合自身创新的算法系统，将考生信息和院校信息进行整合，一键就能将原来烦琐的志愿程序完成。

公司未来发展方面：

（1）资本持续青睐，多层次资本市场支持初创企业融资难融资贵的问题得到一定程度缓解。2014 年，资本对整个科教文卫领域热捧。2015 年，随着"互联网+"的推动，资本对在线教育持续地加大投入。2016 年，面对供给侧改革和去产能、去库存和去杠杆的传统行业举步维艰的压力，资本市场将会向推动代表先进生产力发展方向的教育、医疗、文化等领域迈进。但风险资本将更集中于发展成熟的项目以及产品，企业如何将巨大的客户流转为现金流是很多初创企业能否获得 B 轮、C 轮投资的关键。

（2）产业的联合越来越多：一是强强联合，越来越多的在线服务机构面临着产品同质化或资本流难以维持等困境。在线填报志愿可以与在线教育、在线旅游等内容开展联合、并购等方式，以打造垂直领域的霸权，有利于平台行业生态有望得到进一步的完善。二是线上与线下的联合，"互联网+"的推动对行业产生了重要的影响，在国家政策的支持下越来越多的学校会尝试在线填报志愿参考，也会鼓励更多的高校专业老师和在校学生利用平台优势享受体制外红利的好处。而线上企业也将顺应趋势，探索出可行的在线服务新模式。

调研报告三　依托"互联网+"优势，完善数字出版平台系统生态
——上海精灵天下科技有限公司（精灵网）案例分析

随着中国经济从规模供给转向价值创造阶段（张平等，2014），传统制造业和服务业依靠规模扩张、价格和数量求生存的模式日渐式微，传统行业面临着大洗牌、大置换。传统行业只有吸收互联网等第三次科技革命新成果，创新商业发展模式才能在激烈的市场竞争中生存下来。以出版业为例，传统的出版行业出版发行一本书籍通常要经历选题、选题报批、组稿和编辑、审稿、确定印数和定价、排版和印刷以及发行和销售等步骤，烦琐的流程从出版社自身而言不仅延长了书稿与读者见面的时间，而且整个出版过程涉及的成本也会不断提高，加剧了图书作者的出版成本。特别值得一提的是，出版后的图书能否适应市场需求、符合广大读者的品位成为考量图书发行成功的关键。近年来，随着移动互联网的浪潮席卷全球，互联网已由过去的"奢侈品"下嫁进入千家万户，人们通过网络获取新闻、

知识的途径逐渐增多，在此背景下，文化与科技深度融合而诞生了数字出版业这一新兴业态，并在中国取得了迅猛发展。

上海精灵天下科技有限公司，是威客科技控股的互联网公司，注册资金 1000 万元人民币，2011 年 12 月入驻张江高科技园区国家数字出版基地，与中国新闻出版研究院联合运营精灵网（中国数字内容版权保护与分销平台），该平台拥有国内最先进的数字版权保护技术体系、数字内容分销体系与最佳商业模式，为张江国家数字出版基地重点项目，并参与 2012~2014 年上海市科委文化创意产业 6 个亮点工程之一。公司致力于成为国内的数字内容分销商、数字内容发行系统解决方案提供商。

精灵网是一家新锐移动数字出版公司，旗下拥有全线数字出版平台产品，包括广泛应用于大型出版集团的全媒体数字出版平台、中小型出版机构和自媒体的云出版平台，以及全球领先的 ME 掌上 html5 微杂志平台。随着大型客户与终端用户数量的高速增长，精灵网以其卓越的数字出版技术，不断引领与推进我国新闻出版产业的深刻变革。2015 年，ME 微杂志获得海通创意资本、芒果基金、新华社基金等机构亿级投资。

一、精灵网主要业务对象

2011 年，新闻出版总署在其《新闻出版业"十二五"时期发展规划》中第一次明确将电子书研发工程列入"十二五"重大工程项目。"十二五"期间，中国大力研究开发以网络环境为依托，由移动终端设备、电子教学服务平台、资源加工出版支撑体系以及教育教学数字内容共同构建的电子书服务体系平台。精灵网是这一领域发展较为成功的典型，目前该平台的产品服务包括：电子书转档加工服务、版权保护、汇聚存储服务、授权服务、内容库管理、数字内容分销网络等内容。服务对象涵盖知微书屋、医通无忧网书店等分销商以及中信出版社、经济管理出版社等全国大型供应商和很多热门畅销图书作者。这一完整的服务体系涵盖作者、图书出版商、销售商和读者等各类服务对象，从作者的内容库管理、知识产权保护到分销商的汇聚存储、数字内容分销，再到读者书友会等交流平台，构建了完善的数字出版服务交流生态系统。这一做法的意义在于既降低传统出版业务的成本，更集中体现了坚持以市场化为导向，以读者的需求为中心，使传统出版中以编辑判断为主，由市场中读者的需求做决定，这有效地挖掘了市场中的小众市场，使传统出版达到饱和的情况下仍能差异化生存并能获取较为丰厚的利润。

二、精灵网数字出版业务的理论解释

根据长尾理论，当商品生产成本和销售成本急剧下降，以致个人可以进行生产和销售时，任何需求极低的产品只要进入市场，都会有人对其进行消费，而海量、销量并不高的产品所占据的共同市场份额，可以与热销主流品市场份额相当乃至更大。因此，企业需要关注的不仅是头部的畅销品，也应关注长尾的冷门。在信息技术快速发展的今天，内容信息的产生和传播成本大幅下降。如以前需要花百万元制作一张唱片（写歌、录制、后期等）并花费更多的费用进行发行、营销，而现在可以通过个人录音棚，乃至简单的录音设备就可以完成制作并通过互联网媒体平台等渠道进行快速发布；网络文学的盛行使成为当红作家的门槛大为降低，一个人，一台电脑，一个知名网络文学平台的账号即可完成作品的写作和发布并获得收入；传统的出版业务与网络、数字技术结合后，使得书籍的销售由线下转为线上，电子书不仅获取方便、易于携带且可以进行内容检索，而且容量大、节省空间，此外，降低了图书价格，方便了知识更广的传播，还节省纸张、环保低碳。因此，精灵网平台不仅有效降低了图书馆、出版社的知识传播成本，同时依赖于平台还能充分发掘市场的小众需求，通过网络渠道将小众化人群集合在一起，并通过现金的技术措施提供便捷的发布和变现渠道，既为传统出版的大众市场找到了生存之道，又将小众市场内容呈现于众多提供者面前，加速知识变现和提高人民群众的文化精神需求。

从规模经济和范围经济理论看，相对于传统出版业，数字出版业规模经济特征显著。首先，数字出版业的发展所需要的基础设施建设已经相对完备，不仅是硬件端的网络设施和软件端的信息技术日趋成熟，还包括用户对于数字出版物的接受度相对较高。其次，在基础设施完备，技术标准统一的前提下，数字版权内容产业链上聚集了大量参与者，不同企业集群所从事的产业分工不断细化、标准化，奠定了数字版权内容制造和分发的基础，有助于进一步降低其生产和销售成本。显然，精灵网为数字出版行业相关参与者提供了聚集的平台，并研发出困扰数字出版的版权保护等先进的防火墙，整个产业链参与者的生产成本都将逐步下降，促进了更多更好的作品推向市场。

不仅如此，数字出版业的范围经济特征也十分显著，即一家企业同时生产多种产品的费用低于多家企业分别生产每种产品的费用。这主要是因为不同类型数字版权作品之间具有较强的相关性，例如同一作品（如角色设定、故事梗概、具体内容等）可以有小说（如网络文学、电子书等）、音乐、电影和电视、游戏等多种表现形式，而某一产品产生的粉丝和关注者可以直接注入另一种形式的产品中，以降低营销成本，提升销售收入。如某些动漫作品可以同时推出书籍、电视、电影等周边产品，通过不同渠道获取收益。

参考文献

［1］Aghion, P., Boustan, L., Hoxby, C., et al. The Causal Impact of Education on Economic Growth: Evidence from US［J］. Unpublished Paper, 2009.

［2］Aghion, P. & P. Howitt. A Model of Growth Through Creative Destruction［J］. Econometrica, 1992, 60（2）: 323-351.

［3］Becker, G. S. Investment in Human Capital: A Theoretical Analysis［J］. The Journal of Political Economy, 1962: 9-49.

［4］Barro, R. J. & Lee. J. W. International Comparisons of Educational Attainment［J］. Journal of Monetary Economics, 1993, 32（3）: 363-394.

［5］Barro, R. J. A Cross-country Study of Growth, Saving, and Government［M］//National Saving and Economic Performance. University of Chicago Press, 1991: 271-304.

［6］Brandt, L., Tombe, T. & X. Zhu. Factor Market Distortions Across Time, Space and Sectors In China［J］. Review of Economic Dynamics, 2013, 16（1）: 39-58.

［7］Cooper, W. W., Seiford, L. M., Tone K. Data Envelopment Analysis: A Comprehensive Text with Models, Applications, References and DEA-solver Software［M］. Springer Science & Business Media, 2007.

［8］Deaton, A., Muellbauer, J. An Almost Ideal Demand System［J］. The American Economic Review, 1980: 312-326.

［9］Eichengreen, B., Park, D. and K. Shin. Growth Slowdowns Redux: New Evidence on the Middle-Income Trap［D］. NBER Working Paper, 2013.

［10］Fagerberg, J. Technological Progress, Structural Change and Productivity Growth: A Comparative Study［J］. Structural change and economic dynamics,

2000, 11（4）: 393-411.

　　[11] Grossman, G. M. & E. Helpman. Quality Ladders and Product Cycles [J]. The Quarterly Journal of Economics, 1991, 106（2）: 557-586.

　　[12] Im, F. G. & D. Rosenblatt. Middle-Income Traps: A Conceptual and Empirical Survey [D]. World Bank Policy Research Working Paper, 2013.

　　[13] Korkotsides, A. S. Against Utility-Based Economics: On a Life-Based Approach [M]. Routledge, 2013.

　　[14] Korkotsides, A. S. Consumer Capitalism [M]. Routledge Frontiers of Political Economy, 2009.

　　[15] Nelson, R. R. Phelps, E. S. Investment in Humans, Technological Diffusion, and Economic Growth [J]. The American Economic Review, 1966: 69-75.

　　[16] Ozawa, T. Institutions, Industrial Upgrading, and Economic Performance in Japan: The "Flying-Geese" Paradigm of Catch-up Growth [M]. Edward Elgar Publishing, 2005.

　　[17] Peneder, M. Industrial Structure and Aggregate Growth [J]. Structural Change and Economic Dynamics, 2003, 14（4）: 427-448.

　　[18] Pritchett, L. & L. H. Summers. Asiaphoria Meets Regression to the Mean [D]. NBER Working Paper, 2014.

　　[19] Romer, P. M. Endogenous Technological Change [J]. Journal of Political Economy, 1990, 98（5）: S71-S102.

　　[20] Schultz, T. W. Investment in Human Capital [J]. The American economic Review, 1961: 1-17.

　　[21] Timmer, M. P. & de Vries, G. J. Structural Change and Growth Accelerations in Asia and Latin America: A New Sectoral Data Set [J]. Cliometrica, 2009, 3（2）: 165-190.

[22] World Bank. China: Structural Reforms for a Modern, Harmonious, and Creative High Income Society [J]. Supporting Report 1 to China 2030, 2012.

[23] 蔡昉. 理解中国经济发展的过去、现在和将来——基于一个贯通的增长理论框架 [J]. 经济研究, 2013 (11).

[24] 蔡昉. 靠切实的改革延续人口红利 [N]. 经济日报, 2015-06-04.

[25] 方福前. 中国居民消费需求不足原因研究——基于中国城乡分省数据 [J]. 中国社会科学, 2009 (2).

[26] 方福前. 中国居民消费需求不足原因研究 [J]. 中国社会科学, 2009, 2: 68-82.

[27] 刘世锦, 刘培林, 何建武. 把提高生产率作为新常态发展主动力 [N]. 人民日报, 2015-03-31.

[28] 徐朝阳. 供给抑制政策下的中国经济 [J]. 经济研究, 2014 (7).

[29] 许宪春. 中国服务业核算及其存在的问题研究 [J]. 经济研究, 2004 (3).

[30] 许宪春. 中国服务业核算及其存在的问题研究 [J]. 经济研究, 2004, 3: 20-27.

[31] 袁富华, 张平, 陆明涛. 长期经济增长过程中的人力资本结构——兼论中国人力资本梯度升级问题 [J]. 经济学动态, 2015 (5).

[32] 中国经济增长前沿课题组. 中国经济长期增长路径、效率与潜在增长水平 [J]. 经济研究, 2012 (11).

[33] 中国经济增长前沿课题组. 中国经济转型的结构性特征、风险与效率提升路径 [J]. 经济研究, 2013 (10).

[34] 中国经济增长前沿课题组. 中国经济增长的低效率冲击与减速治理 [J]. 经济研究, 2014 (12).

知识生产、现代服务与上海转型战略研究报告

袁富华　张　平[*]

[*] 课题组负责人张平、刘霞辉、袁富华。本文执笔人楠玉、张平、刘霞辉、袁富华、张自然。参加本项目调研的人员有王宏淼、陈昌兵、张小溪、张鹏、付敏杰、钟阳等。

摘　要 / 089

第一章　城市化和知识创新的一般理论事实 / 095

一、服务业的比较优势 / 095

二、工业过程以物质产品生产配置为重心，城市化以知识要素生产

配置为重心 / 096

三、劳动生产率的持续增长 / 096

第二章　上海发展阶段与创新潜力 / 098

一、发展阶段及方向 / 098

二、结构调整和要素配置 / 098

第三章　上海市与国内发达城市现代服务业知识创新发展比较 / 102

一、知识创新指标设计 / 102

二、发达城市知识创新发展情况 / 103

（一）发达城市知识创新发展得分及排名 / 103

（二）发达城市知识创新发展综合得分图 / 104

（三）发达城市知识创新发展指数图 / 104

三、发达城市知识创新发展一级指标情况 / 107

（一）发达城市知识生产情况 / 107

（二）发达城市知识配置情况 / 110

（三）发达城市知识效率情况 / 113

四、发达城市知识创新发展的影响因素分析 / 117

（一）一级指标 / 117

（二）发达城市知识创新发展雷达图 / 118

五、小结 / 122

第四章　上海市与典型发达经济体相关指标的比较 / 123

一、人均 GDP（现价美元） / 123

二、人均 GDP 增长率 / 123

三、第三产业增加值（占 GDP 的比重）/ 124

四、工业增加值（占 GDP 的比重）/ 125

五、高科技出口占比 / 126

六、教育公共开支总额（占 GDP 的比重）/ 126

七、研发支出（占 GDP 的比重）/ 127

八、R&D 研究人员（每百万人）/ 128

九、互联网用户（每百人）/ 128

第五章　政策建议 / 130

附录 1　中国发达城市具体指标分析（按权重顺序）/ 133

一、第三产业劳动生产率 / 133

二、人均 GDP 增长率 / 134

三、第三产业贡献率 / 135

四、专利授权量 / 136

五、最终消费率 / 137

六、知识密集型服务业固定资产投资占比 / 138

七、互联网普及率 / 139

八、R&D 经费投入强度 / 140

九、R&D 人员数 / 141

十、知识密集型服务业增加值占比 / 143

十一、移动电话普及率 / 144

十二、城镇居民人均消费支出中知识消费占比 / 145

十三、劳动力受教育程度 / 146

十四、劳均资本存量 / 147

十五、职工平均实际工资指数 / 148

十六、每十万人高等教育平均在校学生数 / 149

附录 2　研究方法说明 / 151

一、层次分析法介绍 / 151

二、权重估计结果 / 154

摘　要

以下几组数据表明上海市正在步入城市化成熟期，朝着发达国际化大都市收敛趋势正在显现。

（1）上海正在步入城市化成熟期的事实。第一，服务业与制造业的增加值分别为 0.7 和 0.3，意味着上海服务业主导增长的现状和趋势。第二，居民家庭平均消费倾向和科教文卫消费支出比重分别为 0.7 和 0.3，意味着上海消费主导增长的现状和趋势。

（2）上海朝着发达国际化大都市收敛趋势。第一，上海市高新技术产品进口和出口比重分别约为 0.45 和 0.45，高新技术产品的大进大出，意味着技术进步和结构高级化的趋势正在形成。第二，上海国际节点和知识配置的城市定位，意味着科教文卫消费支出比重至少应达到 0.45~0.50（以美国平均水平为标杆），也意味着至少有 20% 或近一倍的高端提升空间。这个巨大的结构优化空间背后，是生产函数的重建，即劳动要素份额与资本份额的比重为 0.7∶0.3。消费支出中科教文卫相关的高端消费比重的上升与知识过程和创新的构造密切相关，即知识和人力资本要素的积累创造，这同时意味着生产函数的本质改变。

工业化和城市化不断塑造着上海的生产函数，并因此促进生产要素和比较优势的更新。改革开放以来，上海顺利达成了由生产中心向生产要素配置中心的转变，金融、信息和物流等生产性服务功能有效发挥，在促进上海生产供给主导经济增长的同时，也推动上海生活水平向国际发达大都市收敛。但是，收敛的最终达成还需要借助上海消费主导和经济结构服务化过程。这个阶段，要素质量的提升具有本质的重要意义。为此，上海现代化国际大都市目标的最终实现，需要一个新的高端引领，即以消费结构升级和知识要素创造为核心的现代服务业的发展。这也是中国未来实现可持续的路径选择。

1. 高生活质量目标和知识过程建设，是现代城市化发展的两大创举，也是产业雁阵序贯线性演进的必然结果

第二次世界大战以后，尤其是 20 世纪 70 年代以后，发达国家经济中出现了两大创举：一是提高生活质量运动；二是由传统上劳动密集型服务业向知识技术密集型服务业转变，彻底改变了服务业的特性和功能。两个举措建立在工业化的效率基础上，在城市化时期成效显著。这些事件都与城市化和生产要素的变化有关，它们既是产业升级的结果，也是其进一步升级的条件和动力。

可持续的城市化是产业结构演进趋于高端化的结果。按照发达国家产业结构雁阵升级的逻辑和实践，城市化是建立在工业化巨大生产力之上的新的高级演化阶段。因此，当把工业化雁阵模型的线性思维延伸到服务业，自然的假设和推论是，作为增长的主导性动力源之一，与制造业相比，服务业应该表现出显著的比较优势，否则就没有必要从高端工业结构向服务业演化的经济意义了。服务业是教育发展到一定程度的产物，如教育、休闲、保健、文娱等行业，以其专门服务提高现代生活质量。

大城市的功能被雁阵趋势重新塑造，从工业化时期的产品生产配置中心，转向知识要素创造中心。发达城市化阶段的服务业是以知识生产配置为重心建立起来的，越来越多的服务行业表现出人力资本创造和知识创造这种"新的要素禀赋"生产配置特征，服务业发展的要素化趋势越来越显著，它改变甚至逆转了消费结构，多样化的专门服务不断涌现和增长，与广义人力资本有关的消费份额显著增长。因此，如果说工业化雁阵是以工艺和产品改变分工格局的话，那么服务业的发展是以知识要素改变分工格局。

大城市可持续的表现，是知识技术的租金创造效应，以及消费和服务业的生产率补偿、促进效应。发达城市化阶段，消费需求多样性使得要素

专用性的作用凸显，以非标准化、异质性和租金创造为特征的要素服务，提供了不同于规模扩大和成本下降的报酬递增形态，这是服务业与工业的另一个重要不同，尽管知识的生产分配同时对制造业效率改进具有溢出效应。

2. 上海初步具备了理想的产业结构线性雁阵演进的基础，已经出现关键增长条件或增长门槛突破的趋势

消费结构中与科教文卫相关的支出项目比重超过 30%。拉美大规模工业化结束之后的半个世纪里，经济增长长期徘徊和震荡的原因，主要是消费结构升级和相应服务业结构升级的潜力受到了根本抑制，消费结构中科教文卫相关支出比重一直徘徊在 20%~30%。韩国在 20 世纪 90 年代之后，伴随着劳动生产率持续提高，消费结构中科教文卫支出比重突破 30%。上海出现类似线性雁阵序贯趋势。

生产结构中出现高科技产品大进大出的局面，这是生产供给过程创新潜力持续释放的征兆。作为知识生产配置的中心，上海市 2015 年用于研究与试验发展（R&D）经费支出为 925 亿元，相当于上海市生产总值的 3.7%。值得注意的是，上海 R&D 经费支出 2008 年以来一直处于增长态势，而且增长也保持稳步提升，与现代化大城市科技进步提升的要求和国际化相一致。在国际化的大背景下，工商业内部和外部知识生产配置联动，是推动结构升级和技术竞争优势建立的前提，尤其是后进的追赶经济体，总有某个历史时期，其高新技术进口大于出口，形成或长或短的贸易逆差时期，这个时期通常被称作技术进步潜力的培育时期，是未来高新技术核心竞争优势确立的必要代价。等到进口技术运用和开发成熟了，也就具备了技术出口能力。在一定程度上，技术进出口也是衡量一个经济体竞争实力的指标。2012 年以来，上海市高新技术产品进口表现出较快的增长现象，但是高新技术出口却下降了，这两个对比鲜明的趋势，却符合技术进步的经济逻辑。

信息化稳步发展。信息化作为连接制造业和服务业的节点，也是现代城市发展的标志，信息化一方面体现了知识过程的生产配置成果，另一方面也是发挥服务业高端化知识要素创造功能和实现服务业外溢性的体现。信息化在现代发达城市阶段，既有利于制造业结构升级与服务业高端化协同演进的形成，也有利于生产结构升级和消费结构升级协同的形成，它体现了现代城市结构化的新型方式和效率新模式的建设，而不仅仅是一种简单的收益和效率概念。近年来上海信息产业以较高速度增长，在国际竞争激烈的前沿产业和技术领域，已经培育出了比较优势，推动和巩固信息技术研发的本土技术仍有巨大潜力。

3. 结论和建议

现代城市化大发展时期，制度完善乃至大调整，是为了适应新的经济发展要求。无论是老牌发达国家 20 世纪 50 年代末期之后持续多年的公共政策建设大讨论，还是日本 20 世纪 90 年代关于制度改革的大争论，其重要启示就是：适应工业化规模扩张时期的生产性制度安排，在消费和服务业主导时期，需要进行重大调整。关注重心从速度转换为分布（如收入分配、网络化效应、参与和权力诉求等），以注重分配、机会公平、效率激励为重心的公共政策建设，是城市化良好运作的保证。

发挥上海作为国际化大都市和城市节点的优势，以消费结构升级和服务业结构升级，重塑效率模式。鉴于上海现阶段消费结构高端化的向好趋势，未来一定时期凭借科教文卫的发展培育增长潜力的空间巨大。从发展的角度看，消费结构升级和产业演进的经济条件的持续变化，意味着上海生产函数也在面临调整优化，分别达到国际发达大都市劳动、资本份额的 0.7 和 0.3 的目标（即知识驱动和创新驱动），仍然是城市化的艰巨任务。

顺应消费主导增长的大趋势，放松知识技术密集的高端服务业的管制，有效动员消费的生产率潜力。第一，改变消费者被动适应生产的大规模工业化和大众消费时代的传统理念，注重消费主导的大城市发展中"积极的"消费者的促进作用（这与消费者主导的经济意义一致）。以较高收入支撑、追求生活的积极消费者，表现出口味的多样性和挑剔，这种品质被看作促进产品质量升级的重要动力，如日本企业研究文献中，消费者的挑剔经常视为产品高质量和效率改进的关键变量。第二，积极的消费者偏好多样性和口味挑剔，是城市化时期分工促进的重要力量。由于消费者偏好多样化和挑剔，效用递减规律对知识技术密集产品消费的制约降低，从而有利于消费者时间资源的结构化。时间作为要素不仅体现在生产过程的劳动力投入，而且同样重要地体现在消费过程当中，城市化实际上从生产和消费两方面拓展了效率空间。

加强教育与研发投入，完善和建设区域创新系统。受到发展阶段的影响，包括上海这样的大都市，多少也带有初级要素驱动增长的外生性色彩，但是当大城市步入成熟阶段后，为了维持城市的稳健运行，区域创新系统的建设成为重要支撑。第一，内部化。就是注重人的发展，把发展成果通过人力资本保留住，教育和研发无疑是最重要的抓手，政府的公共形象的建立也是根植在这里。第二，建立大学—企业—政府三方合作机制，促进内部化和知识过程，这也是城市化成熟阶段的重要课题。第三，重视城市空间转型过程中创新效能的发挥。强调城区的重要性，形成城市化的科技园区，推动创新、创意产业与各城区发展的有效结合。

专利保护和技术基础的建设。第一，随着制造业结构升级和知识技术密集服务业的发展，专利保护对于创新激励越来越重要。这个问题与创新路径和性质的变化（即由实用性技术创新为重心向基础性创新为重心转变）有关。不同于特定技术的公关和研发，当制造业进入零部件密集装配和知识驱动阶段后，以单个企业研发为主的封闭创新模式越来越朝着开放创新系统发展，企业间（尤其是跨国企业间）的技术联盟、专利互换、交叉授权等，对产权保护的要求越来越严格。第二，无论采用什么样的创新路径，归根结底都是为了培育本土企业的核心技术竞争力。技术基础的建设与知识过程建立一道，是城市化效率持续改进的支点。

发挥"互联网+"在产业协同中的作用，增强效率改进能力。"互联网+"是一种经济组织方式，作为城市化网络中众多联系的一个环节，互联网既是知识过程建设和技术创新的载体，也是连接其他网络的嵌入环节。作为内部经济实现和外部效应开发的一个渠道，"互联网+"代表了城市现代化发展的程度和能力。应充分利用互联网络对信息、知识、教育、思想和创意等有显著规模收益递增效应要素的传递功能，加速这些新增要素的积累和扩散，使得科教文卫等体制内的创新要素得到一定程度释放，激发整个社会的创新灵感。以互联网为载体的经济模式打造，除了可以直接获得收益的产品研发外，信息技术在更多的时候表现为一种中间投入要素。如何通过网络联系环节的拓展，促进分工和产业协同，进而达成有层次的租金创造机制，可能是更需要关注的课题。

第一章　城市化和知识创新的一般理论事实

根据理想的产业结构雁阵演进理论，以高服务业比重为标志的现代服务业，是在工业化基础上演化而来的，以工业化的巨大生产力作为其支撑，并与其形成良性反馈。现代城市化的核心特征是经济结构服务化、服务业以其知识和人力资本的要素创造功能居于产业链条高端、知识过程的建立不仅连接了制造业和服务业发展协同，而且连接了生产与消费的协同，最终带来了城市的高生活质量和发展稳定性。

一、服务业的比较优势

当把雁阵模型的线性思维延伸到服务业，自然的假设和推论是，作为增长主导性动力源之一，（与制造业相比）服务业应该表现出显著的比较优势，否则就没有必要从高端工业结构向服务业演化的经济意义了。对于这种假设，显然的争论之处在于：制造业的高端化及相应劳动生产率螺旋上升压力，导致城市化高成本，除了租金之外，主要是劳动力高成本。对于后者的说明是，城市化阶段劳动力成本的提高，是国民收入水平提高的标志，发达国家服务业扩张和成本上升是好事情，即生活质量的提高。正如休斯和凯恩对"二战"后美国服务业所做出的评价：由制造业生产率的巨大提高滋养起来的美国服务业，来源于各种类型教育的发展；与农业和工业不同，服务业是教育发展到一定程度的产物——教育、休闲、保健、文娱等行业为其专门服务，提高现代生活质量。总体来看，这些认识与马克卢普的观点一致，即服务业是居于产业雁阵序贯高端的效率创造部门。

二、工业过程以物质产品生产配置为重心，城市化以知识要素生产配置为重心

上述分析有助于我们改变看待服务业的态度。大多数文献基本上类比于工业部门的分析方法，把服务业的增长看成为了促进分工和专业化所付出的"必要的"成本，本质上是工业化过程的辅助环节。但从产业结构线性演进角度看，发达城市化阶段的服务业是以知识生产配置为重心建立起来的，越来越多的服务行业表现出人力资本创造和知识创造这种"新的要素禀赋"生产配置特征，服务业发展的要素化趋势越来越显著。以知识为代表的要素生产，之所以被分离出来作为独立演化的高层次产业结构，并形成对制造业份额的替代，是由于它改变甚至逆转了消费结构，多样化的专门服务不断涌现和增长，与广义人力资本有关的消费份额显著增长。因此，如果说工业化雁阵是以工艺和产品改变分工格局的话，那么服务业的发展是以知识要素改变分工格局。

三、劳动生产率的持续增长

经济过程的演化和要素积累，最终体现在生活水平的追赶和提高上。规模报酬递增是工业化和劳动生产率追赶的主要动力。发达城市化阶段，消费需求多样性使得要素专用性的作用凸显，以非标准化、异质性和租金创造为特征的要素服务，提供了不同于规模扩大和成本下降的报酬递增形态。我们认为，这是服务业与工业的另一个重要不同点，尽管知识的生产分配同时对制造业效率改进具有溢出效应。

由于加入了服务部门知识生产和创造这种特殊功能，知识生产行业直接具有了专用要素的垄断性质，它基于自己的专用属性收取报酬，而不像普通产品生产那样通过竞争获得利益。一个自然的推论是，如果服务业的要素化趋势不存在或者知识创造的功能消失，那么服务业增长替代制造业

的过程必然是一种低素质劳动力规模扩张的过程。其间，如果制造业部门劳动生产率的增长，不足以覆盖服务业的相对价格提高，"鲍莫尔成本病"就会发生。

从长期增长的角度来看，发达国家知识和人力资本要素导向的服务业的增长，更加具有未来收益预期的特征，教育既可以被作为对未来的储蓄或投资，也可以看成为了实现未来预期收益年复一年支付的沉淀成本。或许，也正是基于这种规划，使得发达国家始终保持了竞争优势。通常被认为是劳动密集的服务业，却被它们发展成为高级要素供给的新源头。

第二章 上海发展阶段与创新潜力

一、发展阶段及方向

结合上海专家的研究，我们前三期上海研究报告对以下问题给出了一些认识：第一，上海经济已经步入结构性减速的通道，随着经济结构服务化的成熟，上海正在经历消费和主导的增长阶段。第二，上海国际化大都市和城市节点的定位，意味着城市化成熟期的主要功能是知识生产和配置功能，这与产业演进的经济逻辑一致。第三，生活质量提高和创新功能是上海经济演化的去向。正在步入城市化成熟的上海经济，将在以下方面体现其现代化：

（1）生活质量提高的稳定性与城市化知识要素创造的发挥。保持生活质量的稳步提高，是所有发达国家或发达城市化阶段致力的事情。就城市的良好运作而言，劳动生产率长期持续改进是生活水平稳步提高的保证，这与城市化功能的升级和知识要素的创造能力有关。

（2）消费结构升级与人力资本生产，即通过总消费中科教文卫项目支出占比的提高，形成人力资本的未来储蓄或投资。

（3）在服务业与制造业的协同发展过程中，促进应用技术创新和基础性创新机制的形成。

二、结构调整和要素配置

2016 年，上海市服务业比重达到 70%，服务业与制造业的比重基本是三七开。城市结构调整中，金融、信息技术服务等体现服务业知识密集化、高端化的行业发展迅速，城市现代化和成熟度提高。一些衡量城市发展稳定性和生活质量改进的指标，从 2008~2015 年的情况看：

（1）投资结构基本稳定但高端化和优化空间较大。随着城市发展趋于成熟和制造业结构调整，物质资本投资增长速度下降是可预期的现象，这个减速过程伴随着投资结构的优化，包括制造业少而强、服务业知识技术密集化。上海作为制造业发达城市，转型时期已经具备基于制造业高生产力的集约型服务业发展能力，投资流向也是朝着科教文卫这些有助于知识和人力资本要素创造行业的发展。近 10 年来，上海知识密集型服务业（包括交通运输仓储和邮政、信息传输计算机服务和软件、租赁和商务服务业、科研技术服务、教育、文化体育和娱乐业）投资比重一直徘徊在 20%的水平上，鉴于信息、科教文卫的发展空间较大，将有利于投资结构的继续升级。

（2）服务价格上升，是城市化的典型特征。城市化过程也是价值重估过程，其中最重要的重估就是人力资本价值，即对知识技术要素的真实定价的再发现。与高效率人力资本和知识要素相匹配的高价格和高收入，是现代城市化过程的基本逻辑之一。以国际城市节点定位的上海，不应该走服务业规模扩张的（传统）初级劳动力密集型服务业发展路子，规模化扩张而非集约型发展，只能导致效率最终无法弥补城市化总成本的"城市病"，这种例子在后发工业化国家城市化过程中并不鲜见。2008 年以来，上海市娱乐教育文化用品及服务消费价格指数增长较快，对此也不应该感到惊讶。

（3）高新技术产品大进大出，是结构优化的向好调整路径。高效率增长过程和现代城市化的基本逻辑之二，是高技术产品的大进大出。在国际化的大背景下，工商业（主要是制造业）内部和外部知识生产配置联动，是推动结构升级和技术竞争优势建立的前提——国际上制造业企业之间的专利交叉授权、基础科学开发联盟建立以及专利研发交易。尤其是后进的追赶经济体，总有某个历史时期，其高新技术进口大于出口，形成或长或短的贸易逆差时期，这个时期通常被称作技术进步潜力的培育时期，是未来高新技术核心竞争优势确立的必要代价。等到进口技术运用和开发成熟了，也就具备了技术出口能力。在一定程度上，技术进出口也是衡量一个经济体竞争实力的指标。2012 年以来，上海市高新技术产品进口呈现较快的增长态势，但是高新技术出口却下降了，这两个对比鲜明的趋势，却符合技术进步的经济逻辑。

（4）研发和教育支出扩大，是城市发展可持续的基础。作为知识生产配置的中心，上海市 2015 年用于研究与试验发展（R&D）经费支出为 925 亿元，相当于上海市生产总值的 3.7%。值得注意的是，上海 R&D 经费支出 2008 年以来一直处于增长态势，而且增长也保持稳步提升。截至 2015 年末，全市有效发明专利达 69982 件。全市科技小巨人企业和小巨人培育企业共 1427 家，高新技术企业 6071 家，技术先进型服务企业 253 家。2015 年内全市认定和复审高新技术企业 2089 家。2015 年内认定高新技术成果转化项目 603 项，其中电子信息、生物医药、新材料等重点领域项目占 83.4%。2015 年末，共认定高新技术成果转化项目 10500 项。2015 年经认定登记的各类技术交易合同 2.25 万件，比 2014 年下降 10.8%；合同金额 707.99 亿元，增长 6.0%。

（5）外商直接投资。就经济实现追赶成功的国家和地区而言，在工业化阶段一般采取抑制外国直接投资、激励国内或地区内本土企业竞争的措施。其原因很简单，就是为了防止国内工业技术基础被外资冲垮。这实际上是一种保护主义策略，在技术基础培育和保护时期，一般是采取引进技术专利、国内开发的做法，日本是典型的例子，它们把这个过程称为"增量的技术进步"，也就是说，既然还没有原创性的创新能力（基础性创新能力不足），那么就借助别人的创新，来进行实用性专利的研究。直到 20 世纪 90 年代以后，日本才大力推进"增量的技术进步"向基础性创新的转型，也就是从这时开始，日本开始引进外国 FDI，原因：一是此时日本的国内技术基础和核心竞争能力已经建立起来，不畏惧外资技术对本土技术基础的侵蚀了；二是借助外国投资的力量，加强本土基础性创新的能力；

三是借助外资力量推动国内体制改革。上海市拥有自己的工业技术路线，相比全国其他省市，其增量创新能力较为强大。但国际化发展到今天，跨国公司之间的合作与竞争，大多是在基础性创新领域展开的，促进本土的核心竞争力建设仍然是根本。从引资情况来看，截至2015年末，在上海市投资的国家和地区达165个；在上海市落户的跨国公司地区总部达到535家，投资性公司312家，外资研发中心396家；2015年新增跨国公司地区总部45家，其中亚太地区总部15家；投资性公司15家；外资研发中心15家，这些绩效还是不错的。

（6）信息化的发展及其功能。信息化作为连接制造业和服务业的节点，也是现代城市发展的标志和经济逻辑之三，信息化一方面体现了知识过程的生产配置成果，另一方面也是发挥服务业高端化知识要素创造功能和实现服务业外溢性的体现。信息化在现代发达城市阶段，既有利于制造业结构升级与服务业高端化协同演进的形成，也有利于生产结构升级和消费结构升级协同的形成，它体现了现代城市结构化的新型方式和效率新模式的建设，而不仅是一种简单的收益和效率概念。作为一个发达城市，上海市在现阶段对信息化技术的应用已经普及，如全市第四代移动通信（4G）网络已基本全覆盖，各类互联网数据中心（IDC）机架数总量达6万个。2015年信息产业增加值2747.64亿元，比2014年增长9.8%，信息服务业增长12%。作为国际竞争激烈的前沿产业和技术，如何依托既有优势，推动和巩固信息技术研发的本土技术是一个重要课题。

（7）生活水平和消费能力是衡量城市现代化的重要指标。2015年上海市居民家庭平均消费倾向为0.7，消费支出中科教文卫项目比重约为30%，带有了向发达水平收敛的消费特征。发达国家普遍表现出了高比重的科教文卫支出消费，如美国科教文卫支出消费比重接近50%。作为现代化大都市，上海在现有消费模式向发达模式收敛过程中，这20%的差距也就是知识过程建设能力和建设水平的差距。

第三章　上海市与国内发达城市现代服务业知识创新发展比较

一、知识创新指标设计

为了研究上海市现代服务业知识创新问题，并和国内发达城市比较，本研究在国内外知识创新指标的基础上，结合中国发达城市实际情况，将中国发达城市知识创新发展分为三个一级指标，并选取了 16 个具体指标（如表 1 所示），利用 2008~2015 年数据采用层次分析法对上海市现代服务业知识创新指标进行研究。层次分析法及权重具体结果见附录。

表 1　中国发达城市知识创新发展指标

一级指标	具体指标
知识生产	第三产业劳动生产率
	人均 GDP 增长率
	第三产业贡献率
	知识密集型服务业固定资产投资占比
	知识密集型服务业增加值占比[①]
知识配置	最终消费率
	互联网普及率
	移动电话普及率
	人均消费支出中知识消费占比[②]
	职工平均实际工资指数
知识效率	专利授权量
	R&D 人员数
	R&D 经费投入强度
	劳动力受教育程度
	每十万人高等教育平均在校生数
	劳均资本存量

注：①知识密集型服务业包括：交通运输仓储和邮政、信息传输计算机服务和软件、租赁和商务服务业、科研技术服务和地质勘探业、教育、文化体育和娱乐业。深圳、广州依据以上进行测算。北京、上海、天津知识密集型服务业包括：交通运输仓储和邮政、其他两类。②城镇居民人均消费支出中知识消费包括：交通通信、教育文化娱乐、医疗保健、其他用品及服务。

通过对知识创新发展指标的测算，我们发现，上海市知识创新发展排名经历了先上升后下降，而后又逐渐上升的过程。自 2008 年以来，上海市知识创新发展情况逐渐改善，2010 年在五大发达城市中排名第一位，随后随着经济结构调整和转型的不断深入，为优化经济结构而暂时牺牲掉了一些宏观增长指标的速度表现，因此 2011~2013 年知识创新发展表现较差。随后又逐渐表现出向好的迹象，2015 年上海市知识创新发展在五大城市中排名第二位。就知识生产、知识配置和知识效率的表现来看，自 2008 年以来，上海市知识生产情况整体呈现向好趋势，而知识配置和知识效率则表现出未来有较大的提升空间，尤其是 2008~2011 年上海市知识效率情况在五大城市中均排名第一位，而后几年则表现得较为逊色。就各细分指标的变化情况来看，主要呈现以下特征：

（1）整体经济和服务业发展指标均表现较好，2008 年经济危机以来也呈现逐渐改善的趋势，知识密集型服务业增加值占比及固定资产投资占比等有待改善。

（2）上海最终消费率比例不断上升，但人均消费支出中知识消费占比还有较大的提升空间。

（3）研发创新指标表现较好，R&D 研发经费投入和研发人员数在五大发达城市中排名均靠前，但人均教育水平指标则与其他发达城市相比表现较弱。

二、发达城市知识创新发展情况

（一）发达城市知识创新发展得分及排名

上海市知识创新发展综合排名情况为：2008~2011 年知识创新发展情况较好，排名有所提升，从第三名上升至第一名；2011~2013 年排名较低，均为第四位；2014 年排名第三位，2015 年排名第二位。五大城市知识创新发展平均排名较为接近。2008~2015 年五大发达城市知识创新发展排名对应的年份分别为：北京市（2008 年、2015 年）、天津市（2009 年、2011 年）、上海市（2010 年）、广州市（2012 年、2013 年、2014 年），具体如表 2 所示。

表 2　2008~2015 年发达城市知识创新发展排名

城市＼年份	2008	2009	2010	2011	2012	2013	2014	2015
北京市	1	4	4	3	5	3	2	1
天津市	2	1	2	1	3	5	5	4
上海市	3	2	1	4	4	4	3	2
广州市	5	5	5	2	1	1	1	3
深圳市	4	3	3	5	2	2	4	5

（二）发达城市知识创新发展综合得分图

图 1 至图 3 分别反映了 2008 年、2011 年和 2015 年五大城市知识创新发展综合得分情况。

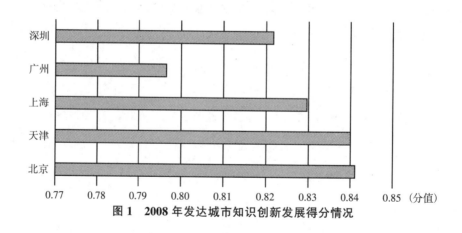

图 1　2008 年发达城市知识创新发展得分情况

（三）发达城市知识创新发展指数图

表 3 和图 4 反映了五大发达城市 2009~2015 年知识创新发展指数（上一年=100）情况，表 4 和图 5 反映了 2008~2015 年五大发达城市以 2008 年为基期的知识创新发展指数情况。较上一年的知识创新发展增长情况看，除个别城市、个别年份（2011 年的上海市；2014 年的天津市、广州市、深圳市）

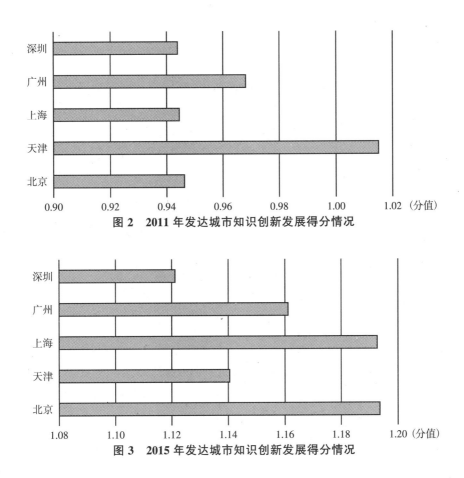

图 2　2011 年发达城市知识创新发展得分情况

图 3　2015 年发达城市知识创新发展得分情况

表现出下降特征外，其他均表现出知识创新发展的增长特征。从以 2008 年为基期的知识创新发展指数变动情况看，各年均呈现出较明显的增长。

表 3　2009~2015 年发达城市知识创新发展指数（上一年=100）

城市 ＼ 年份	2009	2010	2011	2012	2013	2014	2015
北京市	102.08	105.82	104.17	109.05	105.15	104.51	105.26
天津市	104.34	107.46	107.76	102.62	103.45	98.94	107.01
上海市	105.51	110.38	97.76	107.33	105.79	102.94	108.03
广州市	102.04	106.56	111.78	114.16	105.56	96.12	103.55
深圳市	106.11	106.21	101.93	116.72	100.91	98.93	101.92

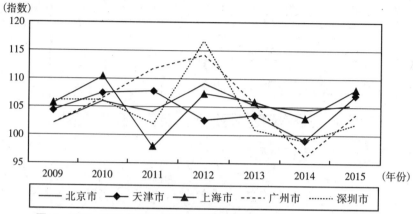

图 4　2009~2015 年发达城市知识创新发展指数图（上一年=100）

表 4　2008~2015 年发达城市知识创新发展指数（以 2008 年为基期）

城市＼年份	2008	2009	2010	2011	2012	2013	2014	2015
北京市	100	102.08	108.02	112.52	122.71	129.02	134.84	141.93
天津市	100	104.34	112.12	120.82	123.98	128.26	126.90	135.79
上海市	100	105.51	116.47	113.86	122.20	129.27	133.07	143.76
广州市	100	102.04	108.72	121.54	138.74	146.46	140.77	145.76
深圳市	100	106.11	112.70	114.88	134.09	135.32	133.87	136.44

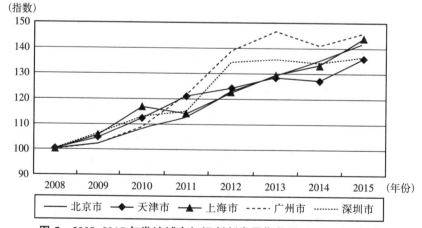

图 5　2008~2015 年发达城市知识创新发展指数图（2008 年=100）

三、发达城市知识创新发展一级指标情况

(一) 发达城市知识生产情况

1. 发达城市知识生产排名

上海市知识生产综合排名情况为：2008~2010 年知识生产情况表现出逐渐改善的趋势，从排名第五上升至排名第二；2011~2012 年排名垫底，均为第五位；2013 年排名第三位，2014~2015 年上升至第一位。上海市 2008~2015 年知识生产平均排名较低。2008~2015 年五大发达城市知识生产排名对应的年份分别为：天津市（2008 年、2009 年、2010 年、2011 年）、上海市（2014 年、2015 年）、广州市（2012 年、2013 年），具体如表 5 所示。

表 5　2008~2015 年发达城市知识生产排名

年份 城市	2008	2009	2010	2011	2012	2013	2014	2015
北京市	2	2	4	4	4	4	2	2
天津市	1	1	1	1	3	5	5	5
上海市	5	4	2	5	5	3	1	1
广州市	4	5	5	2	1	1	3	3
深圳市	3	3	3	4	2	2	4	4

2. 发达城市知识生产综合得分图

图 6 至图 8 分别反映了 2008 年、2011 年和 2015 年五大城市知识生产综合得分情况。

3. 发达城市以 2008 年为基期的知识生产指数图

表 6 和图 9 反映了五大发达城市 2009~2015 年知识生产指数（上一年=100）情况，表 7 和图 10 反映了 2008~2015 年五大发达城市以 2008 年为基期的知识生产指数情况。较上一年的知识生产增长情况看，表现出下降特征的城市较多，分别包括天津市（2012 年）、上海市（2011 年）、广州市

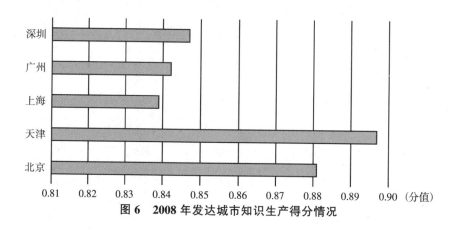

图 6 2008 年发达城市知识生产得分情况

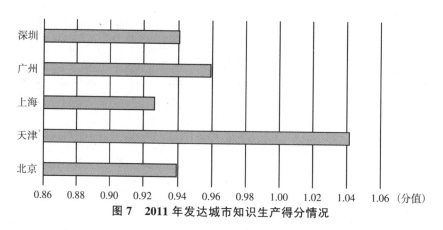

图 7 2011 年发达城市知识生产得分情况

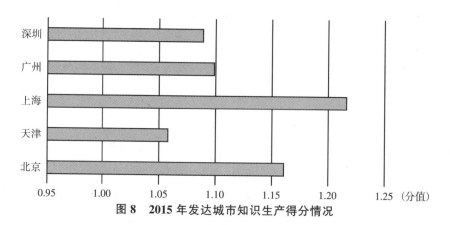

图 8 2015 年发达城市知识生产得分情况

（2009 年、2014 年、2015 年）、深圳市（2014 年），其他均表现出知识生产的增长特征。就以 2008 年为基期的知识生产指数变动情况看，除广州市 2009 年表现出下降特征外，其他城市各年均表现出较明显的增长态势。

表 6 2009~2015 年发达城市知识生产指数（上一年=100）

城市＼年份	2009	2010	2011	2012	2013	2014	2015
北京市	101.10	103.46	101.93	109.03	104.67	103.63	104.51
天津市	103.02	104.64	107.71	99.49	101.48	97.48	103.27
上海市	103.06	110.77	96.76	108.61	106.69	103.81	109.11
广州市	99.74	102.91	110.99	116.37	105.47	93.60	99.71
深圳市	104.05	105.42	101.26	118.56	100.01	96.89	100.74

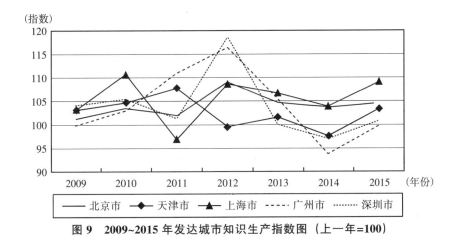

图 9 2009~2015 年发达城市知识生产指数图（上一年=100）

表 7 2008~2015 年发达城市知识生产指数（以 2008 年为基期）

城市＼年份	2008	2009	2010	2011	2012	2013	2014	2015
北京市	100	101.10	104.60	106.62	116.24	121.67	126.09	131.78
天津市	100	103.02	107.80	116.11	115.53	117.23	114.27	118.01
上海市	100	103.06	114.17	110.47	119.98	128.01	132.88	144.99
广州市	100	99.74	102.64	113.92	132.57	139.82	130.87	130.49
深圳市	100	104.05	109.69	111.08	131.69	131.70	127.61	128.55

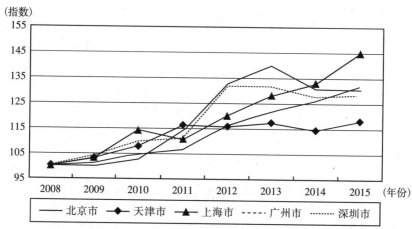

图 10　2008~2015 年发达城市知识生产指数图（2008 年=100）

（二）发达城市知识配置情况

1. 发达城市知识配置情况排名

上海市知识配置综合排名情况为：2008~2010 年知识配置情况较好，2008 年、2009 年均排名第一位，2010 年排名为第二位；2011~2012 年排名较低，分别为第四位和第五位；2013~2015 年也表现出逐渐恶化的趋势，从第三位逐渐滑落至第五位。上海市 2008~2015 年知识配置平均排名处于中间位置。2008~2015 年五大发达城市知识配置排名对应的年份分别为：天津市（2010 年、2012 年）、上海市（2008 年、2009 年）、广州市（2011年、2012 年、2013 年、2015 年）、深圳市（2014 年），具体如表 8 所示。

表 8　2008~2015 年发达城市知识配置情况排名

年份 城市	2008	2009	2010	2011	2012	2013	2014	2015
北京市	2	4	3	3	3	4	3	4
天津市	4	3	1	2	1	5	5	2
上海市	1	1	2	4	5	3	4	5
广州市	5	5	4	1	1	1	2	1
深圳市	3	2	5	5	4	2	1	3

2. 发达城市知识配置综合得分图

图 11 至图 13 分别反映了 2008 年、2011 年和 2015 年五大城市知识配置综合得分情况。

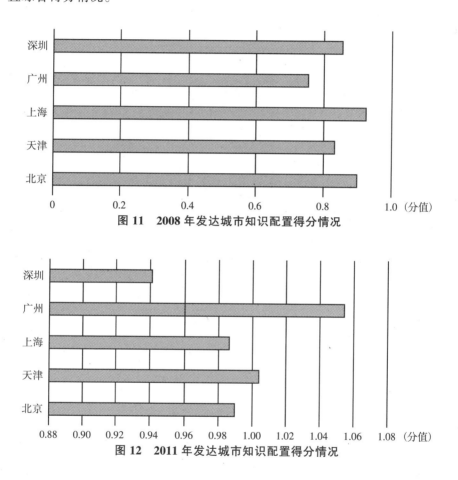

图 11　2008 年发达城市知识配置得分情况

图 12　2011 年发达城市知识配置得分情况

3. 发达城市以 2005 年为基期的知识配置指数图

表 9 和图 14 反映了五大发达城市 2009~2015 年知识配置指数（上一年=100）情况，表 10 和图 15 反映了 2008~2015 年五大发达城市以 2008 年为基期的知识配置指数情况。较上一年的知识配置增长情况看，表现出下降特征的城市较多，分别包括北京市（2009 年、2015 年）、天津市（2011 年、2014 年）、上海市（2014 年）、广州市（2014 年）、深圳市（2010 年、

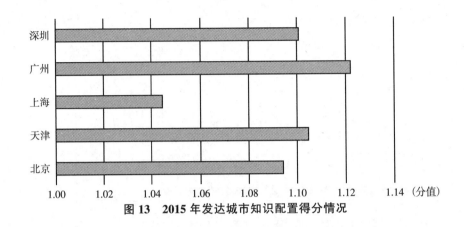

图 13　2015 年发达城市知识配置得分情况

表 9　2009~2015 年发达城市知识配置指数（上一年=100）

城市＼年份	2009	2010	2011	2012	2013	2014	2015
北京市	96.73	109.68	103.54	104.70	102.07	103.46	99.99
天津市	107.44	113.96	98.46	103.96	101.34	98.62	105.90
上海市	102.67	103.89	99.8	100.98	106.77	98.18	100.04
广州市	101.95	120.70	113.49	104.91	104.28	96.305	101.01
深圳市	110.92	97.38	101.84	106.27	107.39	107.76	95.13

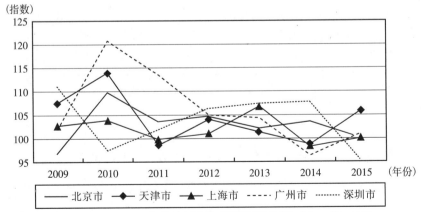

图 14　2009~2015 年发达城市知识配置指数图（上一年=100）

表 10　2008~2015 年发达城市知识配置指数（以 2008 年为基期）

年份 城市	2008	2009	2010	2011	2012	2013	2014	2015
北京市	100	96.73	106.09	109.84	115.01	117.39	121.45	121.44
天津市	100	107.44	122.44	120.55	125.32	127.0	125.25	132.64
上海市	100	102.67	106.67	106.45	107.50	114.77	112.68	112.73
广州市	100	101.95	123.06	139.66	146.51	152.78	147.14	148.62
深圳市	100	110.92	108.02	110.00	116.90	125.54	135.29	128.70

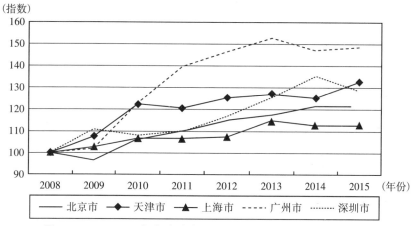

图 15　2008~2015 年发达城市知识配置指数图（2008 年=100）

2015 年），其他均表现出知识配置的增长特征。就以 2008 年为基期的知识
配置指数变动情况看，除北京 2009 年表现出下降特征外，其他城市各年均
表现出较明显的增长态势。

（三）发达城市知识效率情况

1. 发达城市知识效率情况排名

上海市知识效率综合排名情况为：2008~2011 年知识效率情况较好，
均处于第一位；2012 年之后排名逐渐恶化，2012 年排名第三位，2013~
2015 年排名均为第五位。上海市 2008~2015 年知识效率平均排名较靠前，
仅次于深圳市。2008~2015 年五大发达城市知识效率排名对应的年份分别

为：天津市（2013 年、2014 年、2015 年）、上海市（2008 年、2009 年、2010 年、2011 年）、深圳市（2012 年），具体如表 11 所示。

表 11　2008~2015 年发达城市知识效率情况排名

年份 城市	2008	2009	2010	2011	2012	2013	2014	2015
北京市	4	4	4	3	2	2	2	3
天津市	5	5	5	5	4	1	1	1
上海市	1	1	1	1	3	5	5	5
广州市	3	3	3	4	5	4	3	2
深圳市	2	2	2	2	1	3	4	4

2. 发达城市知识效率综合得分图

图 16 至图 18 分别反映了 2008 年、2011 年和 2015 年五大城市知识效率综合得分情况。

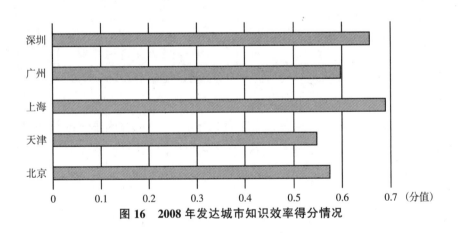

图 16　2008 年发达城市知识效率得分情况

3. 发达城市以 2008 年为基期的知识效率指数图

表 12 和图 19 反映了五大发达城市 2009~2015 年知识效率指数（上一年=100）情况，表 13 和图 20 反映了 2008~2015 年五大发达城市以 2008 年为基期的知识效率指数情况。较上一年的知识效率增长情况看，各城市各

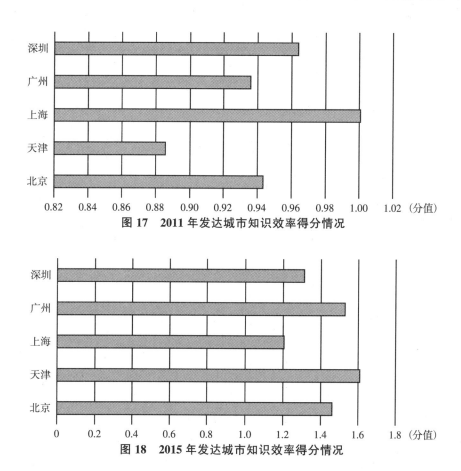

图 17 2011 年发达城市知识效率得分情况

图 18 2015 年发达城市知识效率得分情况

年份均表现出知识效率的增长特征。就以 2008 年为基期的知识效率指数变动情况看，其他城市各年也都表现出较明显的增长态势。

表 12 2009~2015 年发达城市知识效率指数（上一年=100）

城市＼年份	2009	2010	2011	2012	2013	2014	2015
北京市	117.92	117.58	118.62	113.48	110.33	109.62	112.85
天津市	111.32	121.11	120.19	120.65	115.54	105.81	123.39
上海市	124.82	115.05	100.97	106.89	100.43	102.79	109.36
广州市	119.31	114.96	114.42	111.90	107.38	109.92	123.79
深圳市	114.32	121.61	105.66	116.79	100.27	101.69	114.27

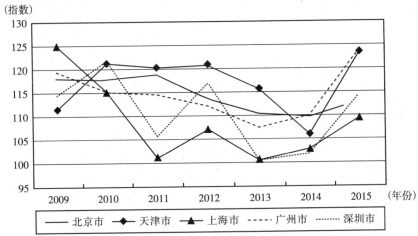

图 19　2009~2015 年发达城市知识效率指数图（上一年=100）

表 13　2008~2015 年发达城市知识效率指数（以 2008 年为基期）

年份 城市	2008	2009	2010	2011	2012	2013	2014	2015
北京市	100	117.92	138.65	164.47	186.65	205.93	225.73	254.75
天津市	100	111.32	134.82	162.05	195.51	225.88	239.02	294.91
上海市	100	124.82	143.61	145.00	154.98	155.65	159.98	174.96
广州市	100	119.31	137.16	156.93	175.61	188.56	207.26	256.57
深圳市	100	114.32	139.02	146.89	171.55	172.01	174.92	199.89

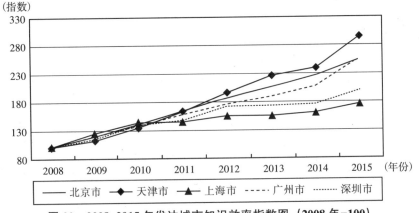

图 20　2008~2015 年发达城市知识效率指数图（2008 年=100）

四、发达城市知识创新发展的影响因素分析

（一）一级指标

1. 一级指标权重

在一级指标中，知识生产占 0.732，知识配置占 0.1299，知识效率占 0.1381（如表 14 所示）。

表 14　发达城市知识创新发展一级指标权重

一级指标	权重
知识生产	0.732
知识配置	0.1299
知识效率	0.1381

2. 具体指标权重

在一级指标中，具体指标的权重如表 15 所示。

表 15　一级指标中具体指标权重

一级指标	权重	具体指标	权重	本级内权重
知识生产	0.732	第三产业劳动生产率	0.3382	0.4621
		人均 GDP 增长率	0.2031	0.2775
		第三产业贡献率	0.1271	0.1736
		知识密集型服务业固定资产投资占比	0.038	0.0519
		知识密集型服务业增加值占比	0.0255	0.0349
知识配置	0.1299	最终消费率	0.0579	0.4459
		互联网普及率	0.0361	0.2782
		移动电话普及率	0.0243	0.1867
		人均消费支出中知识消费占比	0.0069	0.0529
		职工平均实际工资指数	0.0047	0.0364
知识效率	0.1381	专利授权量	0.059	0.4272
		R&D 人员数	0.0313	0.2265
		R&D 经费投入强度	0.0319	0.2312

续表

一级指标	权重	具体指标	权重	本级内权重
知识效率	0.1381	劳动力受教育程度	0.0061	0.0440
		每十万人高等教育平均在校生数	0.0039	0.0283
		劳均资本存量	0.0059	0.0428

3. 具体指标权重排序

在一级指标中，具体指标权重排序如表 16 所示。

表 16　一级指标中具体指标权重排序

具体指标	权重	序号
第三产业劳动生产率	0.3382	1
人均 GDP 增长率	0.2031	2
第三产业贡献率	0.1271	3
专利授权量	0.059	4
最终消费率	0.0579	5
知识密集型服务业固定资产投资占比	0.038	6
互联网普及率	0.0361	7
R&D 经费投入强度	0.0319	8
R&D 人员数	0.0313	9
知识密集型服务业增加值占比	0.0255	10
移动电话普及率	0.0243	11
人均消费支出中知识消费占比	0.0069	12
劳动力受教育程度	0.0061	13
劳均资本存量	0.0059	14
职工平均实际工资指数	0.0047	15
每十万人高等教育平均在校生数	0.0039	16

（二）发达城市知识创新发展雷达图

2008~2015 年知识创新发展指标和各一级指标变动情况如图 21 至图 25 所示，从雷达图可以看出，影响发达城市知识创新发展的一级指标知识生产、知识配置和知识效率的得分情况对比，从而可以对发达城市之间和自

身的知识创新发展状况进行比较。整体而言，各城市 2008 年以来知识效率
改进较为显著，从 2008 年至 2015 年北京市、天津市和广州市知识效率提
升甚至超过 100%。以 2011 年为分界线，先后两个时间段各指标变动情况，
2011~2015 年增幅下降较为明显的为天津市，除了知识效率指标较 2008~
2011 时间段相比有小幅提升外，其他知识指标增幅均表现为下降；其他城
市则表现为某些指标增幅的下降，如 2011~2015 年与 2008~2011 年相比，
北京市知识效率指标增幅呈下降趋势，上海市知识创新发展综合指标和知
识效率指标增幅表现为下降，广州市知识配置指标有所减缓，深圳市知识
效率指标增幅为下降趋势。

以下是 2008 年、2011 年、2015 年发达城市知识创新发展雷达图：

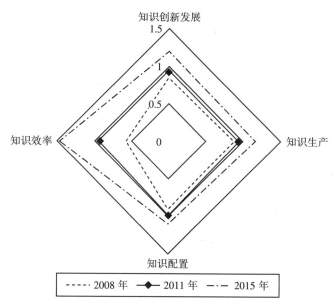

图 21 北京市 2008 年、2011 年、2015 年知识创新发展雷达图

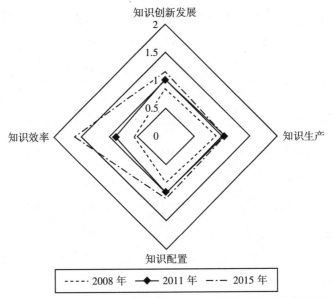

图 22　天津市 2008 年、2011 年、2015 年知识创新发展雷达图

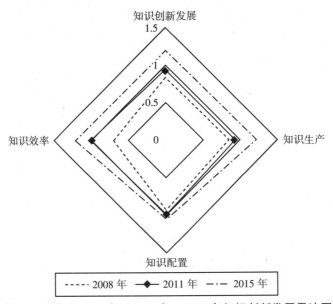

图 23　上海市 2008 年、2011 年、2015 年知识创新发展雷达图

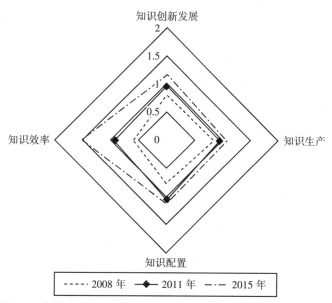

图 24 广州市 2008 年、2011 年、2015 年知识创新发展雷达图

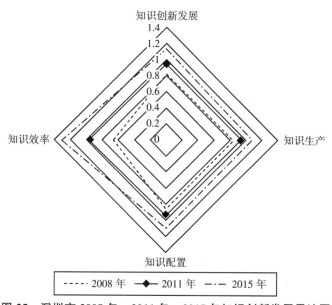

图 25 深圳市 2008 年、2011 年、2015 年知识创新发展雷达图

五、小结

改革开放以来，上海市顺利实现了由生产中心向生产要素配置中心的转变，金融、信息和物流等生产性服务功能得到有效发挥，在促进上海生产供给主导的经济增长的同时，也推动上海市生活水平向国际发达大都市收敛。但是，收敛的最终达成，还需要借助上海消费主导和经济结构服务化过程。这个阶段，要素质量的提升具有本质重要的意义，以消费结构升级和知识要素创造为核心的现代服务业的发展，是实现上海增长可持续的路径选择，同时也要求上海在现代城市化大发展时期，致力于制度完善乃至大调整，以适应新的经济发展阶段要求。

实际上，无论是发达国家在 20 世纪 50 年代末期之后持续多年的公共政策建设大讨论，还是日本在 20 世纪 90 年代以来关于制度改革的大争论，其重要启示是：适应工业化规模扩张时期的生产性制度安排，在消费和服务业主导时期，需要进行重大调整。关注重心从速度转换为分布（收入分配、网络化效应、参与和权力诉求等），以挖掘城市创新和发展潜力：第一，以自贸区建设为契机，促进上海经济系统的开放性，激发竞争活力和创新潜力。作为处于创新前沿、连接国内外技术知识流动的节点，上海的制度开放性是保证其经济活力的重要途径。制度的开放性，包括建立民营经济部门与垄断经济部门公平获得资源、技术、信息的保障机制；探索外资引进与本土技术建设的联动机制等。第二，探索非贸易部门的改革，在促进服务业高端化的同时，提高服务业可贸易性，激发服务业部门的效率改进潜力。第三，打破部门纵向和横向分割，探索部门间一体化机制，挖掘城市网络化潜力和可持续增长潜力。第四，致力于公共政策在研发、教育、医疗等高端服务产业上的作用发挥。

第四章　上海市与典型发达经济体相关指标的比较

一、人均 GDP（现价美元）

上海市 2015 年人均 GDP 为 16665 美元，按照世界银行的收入阶段划分标准，上海市已经跨过了高收入门槛，迈入了高收入行列。美国、日本、韩国在 20 世纪 80 年代前后相继实现人均 GDP 突破高收入阶段门槛值，中国香港和新加坡也于 20 世纪 90 年代初成为高收入经济体。上海市人均收入为中国平均水平的 2 倍多，但与发达经济体相比，上海市人均收入水平仍然存在较大差距（见表 17）。

表 17　2008~2015 年发达经济体和上海市人均 GDP

单位：美元

国家和地区 \ 年份	2008	2009	2010	2011	2012	2013	2014	2015
美国	48401	47002	48374	49782	51433	52750	54540	56116
韩国	20475	18339	22151	24156	24454	25998	27989	27222
日本	39339	40855	44508	48174	48629	40488	38139	34524
新加坡	39721	38578	46570	53094	54451	55618	56007	52889
中国香港	31516	30697	32550	35142	36708	38353	40215	42328
中国	3471	3838	4561	5634	6338	7078	7684	8028
中国上海	9637	10125	11238	12784	13524	14692	15851	16665

二、人均 GDP 增长率

2015 年和 2016 年上海市人均 GDP 增速分别为 6.9% 和 6.8%，均高于国家平均水平，表现出较好的增长动力。与其他发达经济体相比，上海市 GDP 增长率也远超其他国家和地区，如韩国目前人均 GDP 增速为 2.22%，美国、中国香港和日本分别为 1.79%、1.54% 和 1.36%，新加坡仅为 0.81%。
这些国家由于经济发展到较高阶段，人均收入较高，所以表现出增长速度
的收敛特征，而上海市目前仍处于增长 "S" 形曲线的上升阶段，应借助结
构转型和服务经济发展，优化经济结构，转换增长动力，使上海市在增长
上升阶段停留时间延长，从而实现上海市持续稳定增长（见表 18）。

表 18　2008~2015 年发达经济体和上海市人均 GDP 增长率

单位：%

年份 国家和地区	2008	2009	2010	2011	2012	2013	2014	2015
美国	−1.23	−3.62	1.68	0.83	1.45	0.93	1.57	1.79
韩国	2.09	0.23	6.0	2.91	1.83	2.46	2.92	2.22
日本	−1.14	−5.41	4.17	0.08	1.7	2.18	0.5	1.36
新加坡	−3.49	−3.56	13.22	4.02	1.16	2.99	1.93	0.81
中国香港	1.52	−2.67	5.99	4.11	0.52	2.62	1.91	1.54
中国	9.09	8.86	10.10	9.01	7.33	7.23	6.76	6.37
中国上海	5.1	4.6	6.4	5	5.7	6.2	6	6.9

三、第三产业增加值（占 GDP 的比重）

2016 年上海市第三产业占 GDP 比重已经达到 70.5%，上海市服务业占
比已经超过以服务业发展见长的广州，成为仅次于北京市的第二大服务业
中心城市。上海市第三产业比重从 50% 上升到 60% 用了 13 年（1999~2011
年），而比重从 60%~70% 仅用了 4 年时间（2012~2015 年），这表明上海表
现出明显的全盘三产化的趋势。这也是一个国家金融中心城市国际化发展
的必然趋势，国际上很多金融中心城市都表现出经济全盘三产化的特征，
如纽约、伦敦、中国香港的三产占比均超过 90%，这是作为一个金融中心
城市发展到国际阶段的必然体现。上海与典型发达经济体第三产业占比情
况见表 19。

表 19 2008~2015 年发达经济体和上海市第三产业增加值占比

单位：%

国家和地区 ＼ 年份	2008	2009	2010	2011	2012	2013	2014	2015
美国	77.2	78.73	78.44	78.0	78.21	77.91	77.98	—
韩国	61.21	60.73	59.26	59.1	59.47	59.25	59.61	59.71
日本	72.51	73.92	72.4	73.79	73.82	73.77	73.41	—
新加坡	72.63	72.09	72.33	73.66	73.57	74.95	74.50	73.56
中国香港	92.56	92.72	92.96	93.12	93.02	92.86	92.59	92.45
中国	42.82	44.33	44.07	44.16	45.31	46.7	47.84	50.19
中国上海	53.7	59.4	57	57.9	60	62.2	64.8	67.8

四、工业增加值（占 GDP 的比重）

2008 年以来，上海市工业占比持续下降，表现出工业发展的持续萎靡，但 GDP 与税收增长仍表现较好，这表明"上海制造"对上海市来说已经无足轻重。2016 年上海市第二产业占比是 29.1%，与典型发达经济体相比，仍有继续下降的空间。发达经济体和上海市工业增加值占比情况见表 20。

表 20 2008~2015 年发达经济体和上海市工业增加值占比

单位：%

国家和地区 ＼ 年份	2008	2009	2010	2011	2012	2013	2014	2015
美国	21.65	20.22	20.39	20.63	20.54	20.64	20.69	—
韩国	36.28	36.68	38.27	38.38	38.07	38.41	38.06	37.98
日本	26.39	24.96	26.47	25.1	25.01	25.1	25.47	—
新加坡	27.33	27.87	27.63	26.30	26.39	25.01	25.46	26.40
中国香港	7.384	7.215	6.99	6.84	6.93	7.08	7.34	7.482
中国	46.93	45.88	46.4	46.40	45.27	44.01	43.10	40.93
中国上海	43.2	39.9	42	41.3	39	36.2	34.7	31.8

五、高科技出口占比

表 21 为 2008~2015 年各发达经济体和上海市高科技出口占比情况。2015 年，上海市高科技产品出口占比为 43.79%，远高于中国平均水平（25.75%）。与其他典型发达经济体相比，上海市高科技出口仍表现较好，除了新加坡（49.28%）略高于上海市外，其他经济体高科技出口均低于上海市，如韩国 2015 年高科技出口占比为 26.84%，其他经济体均低于 20%，美国为 19.01%，日本为 16.78%。

表 21　2008~2015 年发达经济体和上海市高科技出口占比

单位：%

国家和地区＼年份	2008	2009	2010	2011	2012	2013	2014	2015
美国	25.92	21.49	19.97	18.11	17.78	17.82	18.23	19.01
韩国	27.6	28.73	29.47	25.72	26.17	27.10	26.88	26.84
日本	17.31	18.76	17.97	17.46	17.40	16.78	16.69	16.78
新加坡	49.38	48.14	49.91	45.16	45.29	46.99	47.18	49.28
中国香港	11.25	14.71	16.10	13.71	16.18	12.25	9.85	10.71
中国	25.57	27.53	27.51	25.81	26.27	26.97	25.37	25.75
中国上海	42.11	44.83	46.53	44.5	43.84	43.43	42.36	43.79

六、教育公共开支总额（占 GDP 的比重）

表 22 为 2008~2015 年发达经济体和上海市教育公共开支占比情况。2015 年上海市教育支出占比为 3.05%，低于中国平均水平（3.82%）。与其他经济体相比，上海市教育开支水平也有待提升，美国 2011 年已经达到 5.22% 的水平，韩国 2012 年教育开支占比为 4.62%，日本和中国香港 2014 年教育开支占比分别为 3.76% 和 3.57%。上海市应积极借助城市化发展，结合高校和科研机构的教育资源优势，推动创新、创意产业与教育资源的有效结合；同时，积极促进大学功能的外溢，实现创新效率提升。

表 22 2008~2015 年发达经济体和上海市教育公共开支占比

单位：%

国家和地区＼年份	2008	2009	2010	2011	2012	2013	2014	2015
美国	5.30	5.25	5.42	5.22	—	—	—	—
韩国	4.46	4.67	—	—	4.62	—	—	—
日本	3.44	—	3.78	3.78	3.85	3.82	3.76	—
新加坡	2.78	3.03	3.11	3.07	3.12	2.91	—	—
中国香港	3.26	4.39	3.51	3.42	3.51	3.76	3.57	—
中国	2.82	2.99	3.04	3.37	3.93	3.7	3.58	3.82
中国上海	2.32	2.31	2.43	2.86	3.22	3.11	3.24	3.05

七、研发支出（占 GDP 的比重）

2015 年，上海市研发支出占 GDP 的比重为 3.7%，与典型发达经济体相比，略低于韩国（4.41%），高于日本（3.6%）、美国（2.72%）、新加坡（2.1%）和中国香港（0.73%）。详细情况见表 23。

表 23 2008~2015 年发达经济体和上海市研发支出占比

单位：%

国家和地区＼年份	2008	2009	2010	2011	2012	2013	2014	2015
美国	2.77	2.82	2.74	2.76	2.70	2.73	2.72	2.72
韩国	3.12	3.29	3.47	3.74	4.03	4.15	4.29	4.41
日本	3.47	3.36	3.25	3.38	3.34	3.47	3.58	3.6
新加坡	2.62	2.16	2.01	2.15	2.0	2.0	2.19	2.1
中国香港	2	0.77	0.75	0.72	0.73	0.73	0.73	0.73
中国	1.46	1.68	1.73	1.79	1.93	2.01	2.05	2.09
中国上海	2.55	2.7	2.83	2.9	3.16	3.4	3.6	3.7

八、R&D 研究人员（每百万人）

表 24 为 2008~2015 年发达经济体和上海市每百万人中 R&D 人员数情况。2015 年，上海市每百万人中 R&D 研究人员数为 7063 人，与其他发达经济体相比，上海市科研人才数表现出较大的优势，仅仅略低于韩国的水平（7120 人），比新加坡（6660 人）、日本（5571 人）、美国（4043）和中国香港（3150 人）均表现较好。支撑知识创新的关键就在于科技人才，上海应努力保持自身科技人才集聚的优势，要为吸引、满足创新、创业群体的生活、工作需求提供空间保障。

表 24　2008~2015 年发达经济体和上海市每百万人中 R&D 人员数

单位：人

年份 国家和地区	2008	2009	2010	2011	2012	2013	2014	2015
美国	3912	4072	3867	4011	4019	4027	4035	4043
韩国	4868	5001	5380	5853	6362	6457	6899	7120
日本	5158	5148	5153	5160	5084	5201	5386	5571
新加坡	5741	6149	6307	6496	6442	6665	6658	6660
中国香港	2670	2775	2943	2893	2990	3136	3143	3150
中国	1200	864	903	978	1036	1089	1113	1137
中国上海	4555	6013	5863	6326	6444	6865	6934	7063

九、互联网用户（每百人）

表 25 为 2008~2015 年发达经济体和上海市每百人互联网普及率情况。2015 年，上海市互联网普及率为 73.1%，仍低于发达经济体日本（93.33%）、韩国（89.9%）、中国香港（84.95%）、新加坡（82.1%）和美国（74.55%）。在知识经济时代，互联网是创新的重要载体，基于互联网信息传递处理的低成本和实时性特征，便于开展大规模分工协作，使原有创新格局逐渐演

变成大规模的集群式创新模式，构建开放式创新体系，实现创新资源的共享与合作。

表 25　2008~2015 年发达经济体和上海市每百人互联网普及率

单位：%

年份 国家和地区	2008	2009	2010	2011	2012	2013	2014	2015
美国	74	71	71.69	69.73	74.7	71.4	73	74.55
韩国	81	81.6	83.7	83.76	84.07	84.77	87.87	89.90
日本	75.4	78	78.21	79.05	79.50	88.22	89.11	93.33
新加坡	69	69	71	71	72	80.90	79.03	82.10
中国香港	66.7	69.4	72	72.2	72.9	74.2	79.87	84.95
中国	22.6	28.9	34.3	38.3	42.30	45.8	47.9	50.3
中国上海	61.4	65.1	64.5	66.2	68.4	70.7	71.1	73.1

第五章　政策建议

第一，认识上海市结构优化和发展方向，开发经济潜力。根据前文所述，上海市的几个主要特征可以用几组数字描述，经济升级方向也蕴含在这些数据的变化当中。第一组是"服务业：制造业"的"0.7/0.3"，意味着上海市服务业主导增长和效率提升的现状和趋势。第二组是"居民家庭平均消费倾向：科教文卫支出"的"0.7/0.3"，意味着上海市消费主导增长和效率提升的现状和趋势。这两组数字直观显示了上海市作为大城市的事实，但是鉴于上海市国际大都市、知识节点的定位，第二组数据的变化蕴含着更加重要的效率和稳定含义。

直接以美国为比较标杆，现阶段上海市以知识过程和创新为特征的城市化发达国家，居民消费支出结构中，科教文卫项目比重为 0.45~0.50（美国的一些大城市可能更高）。因此，如果以此为标杆，上海市消费支出结构在正常和理想情况下，至少有 20% 或近一倍的提升空间，这个巨大的结构优化空间背后，是生产函数的重建，即劳动要素份额与资本份额的比重为 0.7/0.3。与科教文卫有关的高端消费比重的上升，与知识过程和创新构造密切相关，即知识和人力资本要素的积累创造，这意味着生产函数的本质改变。

第二，城市化成熟和发达阶段，经济理论和政策开始注重消费主导的经济发展的个体行为的变化，其中一个重要进展就是把这个阶段的消费者看成是"积极的"（这与消费者主导的经济意义一致）。这种认识与生产主导的工业化阶段显著不同，与标准化、规模化相对应的是大众消费，即偏好和口味相对单一，很多时候是被动适应生产供给。以较高收入支撑、追求生活的积极消费者，表现出口味的多样性和挑剔，这种品质被看作促进产品质量升级的重要动力，如日本企业研究文献中，消费者的挑剔经常被视为产品高质量和效率改进的关键变量。

消费者偏好的多样性和口味的挑剔，是城市化时期分工促进的重要力量。与理论上没有时间过程的闲暇不同，由较高收入水平支撑的消费者更加倾向于更多时间花在娱乐、休闲上，以提高生活质量。这个过程伴随着知识、技术密集服务业行业的发展，值得注意的是，电子信息产品的升级换代，有力推动了这一过程。更加现实的收益是，由于消费者偏好多样化和挑剔，效用递减规律对知识技术密集产品消费的制约降低，从而有利于消费者时间资源的结构化。时间作为要素不仅体现为生产过程的劳动力投入，而且同样重要地体现在消费过程当中，城市化实际上从生产和消费两方面拓展了效率空间。为了有效动员消费的生产率潜力，放松高端服务业的管制，鼓励发展和竞争是有益的。

第三，加强教育与研发投入，作为城市化时期公共支出的着力点。受到发展阶段的影响，包括上海这样的大都市，多少也带有初级要素驱动增长的外生性色彩，但是当大城市步入成熟阶段后，为了维持城市的稳健运行，内生机制和创新成为重要支撑。建设这一支撑的重要环节，就是以消费结构升级和服务业结构优化，实现增长的"内部化"。直观来说，就是注重人的发展，把发展成果通过人力资本保留住，教育和研发无疑是最重要的抓手，政府的公共形象的建立，也是根植在这里。纵观发达国家历史，尤其是在"二战"之后，发达国家倡导"给年轻人良好的技能"和教育，政府对教育、技能培训的支持，也是出于内部化和内生性增长的考虑。研发投入是为了更好地转化教育尤其是高等教育的成果，两者是相辅相成的。

即使像日本这样的发达国家，在城市化成熟时期，也还是面临着包括教育和研发的国家创新系统的整合与调整问题。教育作为联系家庭、企业、政府的枢纽，除了培育各层次人才之外，还要面临高等教育科研成果转化、大学—企业联合，以及大学—企业—政府三方合作问题，根本目的就是促进内部化和知识过程，这是城市化成熟阶段的重要课题。

第四，专利保护和技术基础的建设。随着制造业结构升级和知识技术密集服务业的发展，专利保护对于创新激励越来越重要。这个问题与创新路径和性质的变化（即由以实用性技术创新为重心向以基础性创新为重心转变）有关。不同于特定技术的公关和研发，当制造业进入零部件密集装配和知识驱动阶段后，以单个企业研发为主的封闭创新模式越来越朝着开放创新系统发展，企业间（尤其是跨国企业间）的技术联盟、专利互换、交叉授权等，对产权保护的要求越来越严格。

无论是采用什么样的创新路径，归根结底都是为了培育本土企业的核心技术竞争力。技术基础的建设与知识过程建立一道，是城市化效率持续改进的支点。有两个一般的经济因素在创新活力的激发上发挥着重要作用：一是开放的竞争环境（企业间或国际上），二是企业家精神的培育，两者相互影响、相互促进。对上海市这样的大城市来说，民营企业领域蕴含着企业家要素的积累潜力，在创新系统打造和创新联合上赋予民营企业一定权重，是实现技术和知识追赶的重要保障。

第五，发挥"互联网+"在产业协同中的作用，增强效率改进能力。"互联网+"是一种经济组织方式，作为城市化网络中众多联系的一个环节，互联网既是知识过程建设和技术创新的载体，也是连接其他网络的嵌入环节。作为内部经济实现和外部效应开发的一个渠道，"互联网+"代表了城市现代化发展的程度和能力。以互联网为载体的经济模式打造，除了可以直接获得收益的产品研发外，信息技术在更多的时候表现为一种中间投入要素。如何通过网络联系环节的拓展，促进分工和产业协同，进而达成有层次的租金创造机制，可能是更需要关注的课题。

附录 1 中国发达城市具体指标分析（按权重顺序）

一、第三产业劳动生产率

2008~2015 年中国发达城市第三产业劳动生产率广州市最高，2015 年水平为 266486 万元/人。不论按 2015 年第三产业劳动生产率绝对水平，还是 2008~2015 年第三产业劳动生产率平均水平，排序均依次为：广州、上海、深圳、北京、天津。就第三产业劳动生产率增长情况而言，2008~2015 年上海市增长最快，为 76 个百分点；2015 年相对于 2008 年第三产业劳动生产率均表现为增长态势，五大城市按增长率排序依次为上海、天津、广州、深圳、北京。

具体情况为，北京市第三产业劳动生产率 2015 年比 2008 年增长了 66.5 个百分点，从 2008 年的 117885 万元/人上升到 2015 年的 196330 万元/人，平均为 157226 万元/人；天津市第三产业劳动生产率 2015 年比 2008 年上升了 75.1 个百分点，从 2008 年的 96505 万元/人上升到 2015 年的 168954 万元/人，平均为 139205 万元/人；上海市第三产业劳动生产率 2015 年比 2008 年上升了 76 个百分点，从 2008 年的 139607 万元/人上升到 2015 年的 245697 万元/人，平均为 189695 万元/人；广州市第三产业劳动生产率 2015 年比 2008 年上升了 72.9 个百分点，从 2008 年的 154112 万元/人上升到 2015 年的 266486 万元/人，平均为 205831 万元/人；深圳市第三产业劳动生产率 2015 年比 2008 年增长了 67.4 个百分点，从 2008 年的 127520 万元/人上升到 2015 年的 213515 万元/人，平均为 16925 万元/人（见表 26）。

表 26 2008~2015 年中国发达城市第三产业劳动生产率

单位：万元/人

年份\地区	2008	2009	2010	2011	2012	2013	2014	2015	平均	2015 年比 2008 年增长（%）
北京	117885	124633	138122	156219	163243	175473	185902	196330	157226	66.5
天津	96505	106272	120239	139556	151076	164373	166663	168954	139205	75.1
上海	139607	152331	163512	180905	194904	211835	228766	245697	189695	76
广州	154112	167258	173292	192327	212862	231380	248933	266486	205831	72.9
深圳	127520	139985	153516	161816	181990	179310	196412	213515	169258	67.4

二、人均 GDP 增长率

2008~2014 年中国发达城市人均 GDP 增长率天津市最高，2015 年上海增速超过天津，增长率为 6.9%。按 2015 年人均 GDP 增长率绝对水平而言，城市排序为：上海、天津、深圳、广州、北京；按 2008~2015 年人均 GDP 增长率平均水平而言，排序依次为：天津、深圳、广州、上海、北京。就人均 GDP 增长率的变动情况而言，自 2008 年至 2015 年，除北京、上海表现为正增长外，其他城市均表现为负增长；2008~2015 年，五大城市按增长率排序依次为北京、上海、广州、深圳、天津。值得关注的是，上海人均 GDP 增长率一直较为平稳，自 2008 年以来持续呈上涨趋势，上涨幅度为 35.3%。

具体情况为，北京市人均 GDP 增长率 2015 年比 2008 年上升了 48.6 个百分点，从 2008 年的 3.7%上升到 2015 年的 5.5%，平均为 4.7%；天津市人均 GDP 增长率 2015 年比 2008 年下降了 42.1 个百分点，从 2008 年的 11.4%下降到 2015 年的 6.6%，平均为 9.4%；上海市人均 GDP 增长率 2015 年比 2008 年上升了 35.3 个百分点，从 2008 年的 5.1%上升到 2015 年的 6.9%，平均为 5.7%；广州市人均 GDP 增长率 2015 年比 2008 年下降了 4.7

个百分点，从 2008 年的 6.4%下降到 2015 年的 6.1%，平均为 7.5%；深圳人均 GDP 增长率 2015 年比 2008 年下降了 8.5 个百分点，从 2008 年的 7.1%下降到 2015 年的 6.5%，平均为 7.7%（见表 27）。

表 27　2008~2015 年中国发达城市人均 GDP 增长率

单位：%

年份 地区	2008	2009	2010	2011	2012	2013	2014	2015	平均	2015 年比 2008 年增长
北京	3.7	4.6	4.8	3.8	4.9	5.2	5.2	5.5	4.7	48.6
天津	11.4	11.1	11.7	10.9	9.2	8	6.2	6.6	9.4	−42.1
上海	5.1	4.6	6.4	5	5.7	6.2	6	6.9	5.7	35.3
广州	6.4	5.2	6.1	7.5	10	10.9	7.6	6.1	7.5	−4.7
深圳	7.1	6.1	7.8	7.3	9.1	9.7	7.6	6.5	7.7	−8.5

三、第三产业贡献率

2008~2015 年中国发达城市第三产业贡献率北京市最高，2015 年水平为 79.7%。不论按 2015 年第三产业贡献率绝对水平，还是 2008~2015 年第三产业贡献率平均水平，排序均依次为：北京、广州、上海、深圳、天津。就第三产业贡献率增长情况而言，2008~2015 年天津市增长最快，增长 35.6 个百分点；除北京外，其他城市 2015 年比 2008 年第三产业贡献率均表现为增长态势，五大城市按增长率排序依次为天津、上海、深圳、广州、北京。

具体情况为，北京市第三产业贡献率 2015 年比 2008 年下降了 18.3 个百分点，从 2008 年的 97.5%下降到 2015 年的 79.7%，平均为 78.3%；天津市第三产业贡献率 2015 年比 2008 年上升了 35.6 个百分点，从 2008 年的 38.5%上升到 2015 年的 52.2%，平均为 41.9%；上海市第三产业贡献率 2015 年比 2008 年上升了 29.9 个百分点，从 2008 年的 52.2%上升到 2015

年的 67.8%，平均为 60.2%；广州市第三产业贡献率 2015 年比 2008 年上升了 9.3 个百分点，从 2008 年的 64.5%上升到 2015 年的 70.5%，平均为 65.9%；深圳市第三产业贡献率 2015 年比 2008 年增长了 21.7 个百分点，从 2008 年的 48.3%上升到 2015 年的 58.8%，平均为 54.5%（见表 28）。

表 28 2008~2015 年中国发达城市第三产业贡献率

单位：%

年份 地区	2008	2009	2010	2011	2012	2013	2014	2015	平均	2015 年比 2008 年增长
北京	97.5	73.1	65.7	80.2	76.8	75.4	78.3	79.7	78.3	-18.3
天津	38.5	38.1	33.4	41	41.1	45.2	46.1	52.2	41.9	35.6
上海	52.2	59.4	57.3	58	60.4	61.6	64.8	67.8	60.2	29.9
广州	64.5	68.1	61.5	60.9	69.3	64.2	68.3	70.5	65.9	9.3
深圳	48.3	55.9	41	45.6	65.9	58.2	60.2	58.8	54.2	21.7

四、专利授权量

2008~2012 年中国发达城市专利授权量上海市最高，2013 年之后北京市水平最高，2015 年北京市专利授权量为 94031 件。按 2015 年专利授权量绝对水平来看，排名顺序为北京、深圳、上海、广州、天津；按 2008~2015 年专利授权量平均水平来看，排序为北京、上海、深圳、广州、天津。就专利授权量增长情况而言，2008~2015 年，五大城市均表现为正增长。按增长率排序依次为天津、北京、广州、深圳、上海。值得关注的是，上海市由于 2008 年专利授权量较高，因此表现为增长较为缓慢。

具体情况为，北京专利授权量 2015 年比 2008 年上升了 429.8 个百分点，从 2008 年的 17747 件上升到 2015 年的 94031 件，平均为 49618 件；天津市专利授权量 2015 年比 2008 年上升了 450 个百分点，从 2008 年的 6790 件上升到 2015 年的 37342 件，平均为 18439 件；上海市专利授权量

2015 年比 2008 年上升了 147.8 个百分点,从 2008 年的 24468 件上升到 2015 年的 60623 件,平均为 45857 件;广州市专利授权量 2015 年比 2008 年上升了 392.9 个百分点,从 2008 年的 8081 件上升到 2015 年的 39834 件,平均为 21092 件;深圳市专利授权量 2015 年比 2008 年增长了 283.5 个百分点,从 2008 年的 18805 件上升到 2015 年的 72120 件,平均为 42905 件(见表 29)。

表 29　2008~2015 年中国发达城市专利授权量

单位:件

年份 地区	2008	2009	2010	2011	2012	2013	2014	2015	平均	2015 年比 2008 年增长(%)
北京	17747	22921	33511	40888	50511	62671	74661	94031	49618	429.8
天津	6790	7404	11006	13982	19782	24856	26351	37342	18439	450
上海	24468	34913	48215	47960	51508	48680	50488	60623	45857	147.8
广州	8081	11095	15091	18346	21997	26156	28137	39834	21092	392.9
深圳	18805	25894	34951	39363	48662	49756	53687	72120	42905	283.5

五、最终消费率

2008~2015 年中国发达城市最终消费率北京市最高,2015 年水平为 63%。不论按 2015 年最终消费率绝对水平,还是 2008~2015 年最终消费率平均水平,排序均依次为:北京、上海、广州、深圳、天津。就最终消费率增长情况而言,自 2008 年至 2015 年,所有城市均表现为正增长;2008~2015 年,五大城市按增长率排序依次为天津、广州、上海、深圳、北京。值得关注的是,上海市最终消费率自 2008 年以来排名一直较为靠前,仅次于北京市的水平。

具体情况为,北京市最终消费率 2015 年比 2008 年上升了 9.6 个百分点,从 2008 年的 57.5% 上升到 2015 年的 63%,平均为 59.24%;天津市最终消费率 2015 年比 2008 年上升了 27 个百分点,从 2008 年的 34.1% 上升到 2015 年的 43.3%，平均为 38.58%；上海市最终消费率 2015 年比 2008 年上升了 17 个百分点，从 2008 年的 50.5% 上升到 2015 年的 59.1%，平均为55.75%；广州市最终消费率 2015 年比 2008 年上升了 18.6 个百分点，从2008 年的 40.4% 上升到 2015 年的 47.9%，平均为 46.16%；深圳市最终消费率 2015 年比 2008 年增长了 14.7 个百分点，从 2008 年的 37.5% 上升到2015 年的 43%，平均为 41.43%（见表 30）。

表 30　2008~2015 年中国发达城市最终消费率

单位：%

年份 地区	2008	2009	2010	2011	2012	2013	2014	2015	平均	2015 年比 2008 年增长
北京	57.5	55.6	56	58.4	59.6	61.3	62.5	63	59.24	9.6
天津	34.1	38.2	38.3	37.9	37.8	39.2	39.8	43.3	38.58	27
上海	50.5	51.3	54.9	56.4	57.1	57.9	58.8	59.1	55.75	17
广州	40.4	40.6	47.5	48.4	48.8	47.8	47.9	47.9	46.16	18.6
深圳	37.5	41.5	41.9	40.9	42.4	41.2	43	43	41.43	14.7

六、知识密集型服务业固定资产投资占比

2008~2015 年中国发达城市知识密集型服务业固定资产投资占比广州市最高，2015 年水平为 27.1%。按 2015 年知识密集型服务业固定资产投资占比绝对水平来看，城市排序为广州、上海、深圳、北京、天津；按2008~2015 年知识密集型服务业固定资产投资占比平均水平而言，排序依次为广州、深圳、北京、上海、天津。就知识密集型服务业固定资产投资占比增长情况而言，自 2008 年至 2015 年，除天津、广州表现为正增长外，其他城市均表现为负增长；2008~2015 年，五大城市按增长率排序依次为天津、广州、上海、深圳、北京。值得关注的是，上海知识密集型服务业固定资产投资占比情况居中，自 2008 年以来表现为下降趋势，下降幅度为

9.3%。

　　具体情况为，北京市知识密集型服务业固定资产投资占比 2015 年比 2008 年下降了 26.4 个百分点，从 2008 年的 24.9% 下降到 2015 年的 18.3%，平均为 20%；天津市知识密集型服务业固定资产投资占比 2015 年比 2008 年上升了 13.9 个百分点，从 2008 年的 15.4% 上升到 2015 年的 17.5%，平均为 17.78%；上海市知识密集型服务业固定资产投资占比 2015 年比 2008 年下降了 9.3 个百分点，从 2008 年的 22.2% 下降到 2015 年的 20.2%，平均为 19.21%；广州市知识密集型服务业固定资产投资占比 2015 年比 2008 年上升了 12.8 个百分点，从 2008 年的 24% 上升到 2015 年的 27.1%，平均为 24.45%；深圳市知识密集型服务业固定资产投资占比 2015 年比 2008 年下降了 18.8 个百分点，从 2008 年的 23.9% 下降到 2015 年的 19.4%，平均为 22.87%（见表 31）。

表 31　2008~2015 年中国发达城市知识密集型服务业固定资产投资占比

单位：%

年份 地区	2008	2009	2010	2011	2012	2013	2014	2015	平均	2015 年比 2008 年增长
北京	24.9	22.3	20.6	16.9	19.6	18.4	19	18.3	20.0	−26.4
天津	15.4	16.7	16.3	17.8	20.3	16.9	21.6	17.5	17.78	13.9
上海	22.2	24.9	18.7	15.9	17.6	17.2	17	20.2	19.21	−9.3
广州	24	26.4	23.6	24.8	23.1	23.7	22.9	27.1	24.45	12.8
深圳	23.9	28.9	27.4	24.4	19	22.8	17.3	19.4	22.87	−18.8

七、互联网普及率

　　2008~2015 年中国发达城市互联网普及率广州市最高，2015 年水平为 88.1。按 2015 年互联网普及率绝对水平而言，城市排序为广州、北京、上海、天津、深圳；按 2008~2015 年互联网普及率平均水平而言，排序依

次为北京、广州、上海、天津、深圳。就互联网普及率增长情况而言，自
2008 年至 2015 年，五大城市均表现为正增长；2008~2015 年，按增长率排
序依次为广州、天津、深圳、北京、上海。值得关注的是，上海市互联网
普及率 2008 年达到 61.4%，排名第一，但 2008~2015 年增幅较小，年均增
长率仅为 19.1%。

具体情况为，北京市互联网普及率 2015 年比 2008 年上升了 46.7 个
百分点，从 2008 年的 52.14% 上升到 2015 年的 76.5%，平均为 69.1%；天
津市互联网普及率 2015 年比 2008 年上升了 110.2 个百分点，从 2008 年
的 29.97% 上升到 2015 年的 63%，平均为 52.1%；上海市互联网普及率
2015 年比 2008 年上升了 19.1 个百分点，从 2008 年的 61.4% 上升到 2015
年的 73.1%，平均为 67.6%；广州市互联网普及率 2015 年比 2008 年上升
了 193.5 个百分点，从 2008 年的 30.02% 上升到 2015 年的 88.1%，平均为
67.6%；深圳市互联网普及率 2015 年比 2008 年增长了 90.5 个百分点，从
2008 年的 21.53% 上升到 2015 年的 41.02%，平均为 30.9%（见表 32）。

表 32　2008~2015 年中国发达城市互联网普及率

单位：%

年份 地区	2008	2009	2010	2011	2012	2013	2014	2015	平均	2015 年比 2008 年增长
北京	52.14	61.54	69.4	70.3	72.2	75.2	75.3	76.5	69.1	46.7
天津	29.97	34.66	52.7	55.6	58.5	61.3	61.4	63	52.1	110.2
上海	61.4	65.1	64.5	66.2	68.4	70.7	71.1	73.1	67.6	19.1
广州	30.02	35.26	52.46	76.28	78.46	92.09	88.1	88.1	67.6	193.5
深圳	21.53	24.88	25.21	26.8	28.86	37.5	41.02	41.02	30.9	90.5

八、R&D 经费投入强度

2008~2015 年中国发达城市 R&D 经费投入强度上海市最高，2015 年水
平为 3.7%。按 2015 年 R&D 经费投入强度绝对水平看，城市排序依次为上

海、深圳、天津、广州、北京；按 2008~2015 年 R&D 经费投入强度平均水平，排序依次为深圳、上海、天津、广州、北京。就 R&D 经费投入强度增长情况而言，2008~2015 年，五大城市均表现为正增长，按增长率排序依次为北京、天津、上海、深圳、广州。值得关注的是，上海市 R&D 经费投入强度自 2008 年以来基本都高于其他城市，R&D 经费投入水平较高。

具体情况为，北京市 R&D 经费投入强度 2015 年比 2008 年上升了 65.6 个百分点，从 2008 年的 0.64% 上升到 2015 年的 1.06%，平均为 0.93%；天津市 R&D 经费投入强度 2015 年比 2008 年上升了 59 个百分点，从 2008 年的 1.34% 上升到 2015 年的 2.13%，平均为 1.8%；上海市 R&D 经费投入强度 2015 年比 2008 年上升了 43.4 个百分点，从 2008 年的 2.58% 上升到 2015 年的 3.7%，平均为 3.17%；广州市 R&D 经费投入强度 2015 年比 2008 年上升了 16.3 个百分点，从 2008 年的 0.98% 上升到 2015 年的 1.14%，平均为 1.11%；深圳市 R&D 经费投入强度 2015 年比 2008 年增长了 36.4 个百分点，从 2008 年的 2.53% 上升到 2015 年的 3.45%，平均为 3.19%（见表 33）。

表 33　2008~2015 年中国发达城市 R&D 经费投入强度

单位：%

年份 地区	2008	2009	2010	2011	2012	2013	2014	2015	平均	2015 年比 2008 年增长
北京	0.64	0.71	0.75	1.01	1.1	1.08	1.09	1.06	0.93	65.6
天津	1.34	1.43	1.51	1.86	1.98	2.08	2.05	2.13	1.80	59
上海	2.58	2.81	2.81	2.9	3.37	3.56	3.66	3.7	3.17	43.4
广州	0.98	1.13	1.11	1.13	1.17	1.07	1.14	1.14	1.11	16.3
深圳	2.53	2.9	3.08	3.24	3.38	3.47	3.45	3.45	3.19	36.4

九、R&D 人员数

2008~2015 年中国发达城市 R&D 人员数北京市最高，2015 年水平为

352136 人。按 2015 年 R&D 人员数绝对水平而言，排序依次为北京、天津、上海、深圳、广州；按 2008~2015 年 R&D 人员数平均水平看，排序为北京、深圳、上海、天津、广州。就 R&D 人员数增长情况而言，2008~2015 年五大城市均表现为正增长，排序依次为天津、广州、北京、深圳、上海。值得关注的是，上海市 R&D 人员数自 2008 年以来增长较为缓慢，上涨幅度为 75%。

具体情况为，北京市 R&D 人员数 2015 年比 2008 年上升了 76 个百分点，从 2008 年的 200080 人上升到 2015 年的 352136 人，平均为 296449 人；天津市 R&D 人员数 2015 年比 2008 年上升了 175.5 个百分点，从 2008 年的 66964 人上升到 2015 年的 184485 人，平均为 121966 人；上海市 R&D 人员数 2015 年比 2008 年上升了 75 个百分点，从 2008 年的 97500 人上升到 2015 年的 170600 人，平均为 146488 人；广州市 R&D 人员数 2015 年比 2008 年上升了 157.9 个百分点，从 2008 年的 36539 人上升到 2015 年的 94227 人，平均为 61125 人；深圳市 R&D 人员数 2015 年比 2008 年增长了 24.9 个百分点，从 2008 年的 114195 人上升到 2015 年的 142612 人，平均为 147486 人（见表 34）。

表 34　2008~2015 年中国发达城市 R&D 人员数

单位：人

年份 地区	2008	2009	2010	2011	2012	2013	2014	2015	平均	2015 年比 2008 年增长（%）
北京	200080	252676	269932	296990	322417	334194	343165	352136	296449	76
天津	66964	81832	96700	111568	126436	143667	164076	184485	121966	175.5
上海	97500	132900	135000	148500	153400	165800	168200	170600	146488	75
广州	36539	41275	47296	58905	64394	66165	80196	94227	61125	157.9
深圳	114195	113732	151426	145105	182729	172522	157567	142612	147486	24.9

十、知识密集型服务业增加值占比

2008~2015 年中国发达城市知识密集型服务业增加值占比北京市最高，2015 年水平为 55%。不论按 2015 年知识密集型服务业增加值占比绝对水平，还是 2008~2015 年知识密集型服务业增加值占比平均水平，排序均依次为北京、天津、上海、广州、深圳。就知识密集型服务业增加值占比增长情况而言，自 2008 年至 2015 年，除深圳市表现为正增长外，其他城市均表现为负增长；2008~2015 年，五大城市按增长率排序依次为深圳、天津、北京、广州、上海。值得关注的是，上海市知识密集型服务业增长值占比自 2008 年以来下降最为严重，下降幅度为 18%。

具体情况为，北京市知识密集型服务业增加值占比 2015 年比 2008 年下降了 0.31 个百分点，从 2008 年的 55.2% 下降到 2015 年的 55%，平均为 53.6%；天津市知识密集型服务业增加值占比 2015 年比 2008 年下降了 0.08 个百分点，从 2008 年的 47.2% 下降到 2015 年的 47.1%，平均为 46.5%；上海市知识密集型服务业增加值占比 2015 年比 2008 年下降了 18 个百分点，从 2008 年的 49.6% 下降到 2015 年的 40.7%，平均为 41.7%；广州市知识密集型服务业增加值占比 2015 年比 2008 年下降了 17.9 个百分点，从 2008 年的 42.8% 下降到 2015 年的 35.2%，平均为 39.7%；深圳市知识密集型服务业增加值占比 2015 年比 2008 年增长了 16.6 个百分点，从 2008 年的 14.5% 上升到 2015 年的 16.9%，平均为 15.5%（见表 35）。

表 35　2008~2015 年中国发达城市知识密集型服务业增加值占比

单位：%

年份\地区	2008	2009	2010	2011	2012	2013	2014	2015	平均	2015 年比 2008 年增长
北京	55.2	51.5	52.1	53.3	53.3	53.9	54.5	55.0	53.6	−0.31
天津	47.2	48.9	48.1	45.9	44.6	44.0	46.3	47.1	46.5	−0.08

续表

年份 地区	2008	2009	2010	2011	2012	2013	2014	2015	平均	2015 年 比 2008 年增长
上海	49.6	38.8	40.9	40.6	41.1	40.4	41.3	40.7	41.7	-18
广州	42.8	40.9	41.8	41.1	40.5	38.6	36.9	35.2	39.7	-17.9
深圳	14.5	14.9	15	14.7	15.4	16.1	16.5	16.9	15.5	16.6

十一、移动电话普及率

2008~2015 年中国发达城市移动电话普及率广州市最高，2015 年水平为 382.7%。不论按 2015 年移动电话普及率绝对水平，还是 2008~2015 年移动电话普及率平均水平，排序均依次为广州、深圳、北京、上海、天津。就移动电话普及率增长情况而言，2008 年至 2015 年，五大城市均表现为正增长；2008~2015 年，五大城市按增长率排序依次为北京、广州、上海、天津、深圳。

具体情况为，北京市移动电话普及率 2015 年比 2008 年上升了 99 个百分点，从 2008 年的 91.3% 上升到 2015 年的 181.7%，平均为 141.2%；天津市移动电话普及率 2015 年比 2008 年上升了 27.4 个百分点，从 2008 年的 69.5% 上升到 2015 年的 88.54%，平均为 87.4%；上海市移动电话普及率 2015 年比 2008 年上升了 30.2 个百分点，从 2008 年的 99.6% 上升到 2015 年的 129.7%，平均为 121.5%；广州市移动电话普及率 2015 年比 2008 年上升了 52.2 个百分点，从 2008 年的 251.4% 上升到 2015 年的 382.7%，平均为 329.5%；深圳市移动电话普及率 2015 年比 2008 年增长了 24.6 个百分点，从 2008 年的 195.1% 上升到 2015 年的 243.2%，平均为 232.1%（见表 36）。

表36　2008~2015年中国发达城市移动电话普及率

单位：%

年份 地区	2008	2009	2010	2011	2012	2013	2014	2015	平均	2015年 比2008 年增长
北京	91.3	98.1	121.4	131.3	156.9	159.5	189.5	181.7	141.2	99
天津	69.5	80.8	88.75	95.12	97.8	89.88	89.12	88.54	87.4	27.4
上海	99.6	109.6	122.9	113.8	128.2	132.5	135.7	129.7	121.5	30.2
广州	251.4	264.2	288.9	315.1	369.7	381.6	382.7	382.7	329.5	52.2
深圳	195.1	186.5	193.7	221	243.8	260.2	313.3	243.2	232.1	24.6

十二、城镇居民人均消费支出中知识消费占比

2008~2015年中国发达城市居民人均消费支出中知识消费占比北京市最高，2015年水平为33.56%。按2015年居民人均消费支出中知识消费占比绝对水平来看，城市排名为北京、广州、天津、上海、深圳；按2008~2015年人均消费支出中知识消费占比平均水平而言，排序依次为北京、上海、广州、天津、深圳。就居民人均消费支出中知识消费占比增长情况而言，自2008年至2015年，五大城市均表现为负增长；2008~2015年，五大城市按增长率排序依次为广州、天津、北京、深圳、上海。值得关注的是，上海市居民人均消费支出中知识消费占比自2008年以来下降最为严重，下降幅度为22.1%。

具体情况为，北京市居民人均消费支出中知识消费占比2015年比2008年下降了20.5个百分点，从2008年的42.19%下降到2015年的33.56%，平均为40.04%；天津市居民人均消费支出中知识消费占比2015年比2008年下降了12.4个百分点，从2008年的36.64%下降到2015年的32.08%，平均为36.4%；上海市居民人均消费支出中知识消费占比2015年比2008年下降了22.1个百分点，从2008年的40.93%下降到2015年的31.9%，平均为38.74%；广州市居民人均消费支出中知识消费占比2015年

比 2008 年下降了 10.9 个百分点，从 2008 年的 36.63%下降到 2015 年的 32.65%，平均为 37.52%；深圳市居民人均消费支出中知识消费占比 2015 年比 2008 年下降了 21.3 个百分点，从 2008 年的 38.61%下降到 2015 年的 30.37%，平均为 36.75%（见表 37）。

表 37　2008~2015 年中国发达城市城镇居民人均消费支出中知识消费占比

单位：%

年份地区	2008	2009	2010	2011	2012	2013	2014	2015	平均	2015年比2008年增长
北京	42.19	42.73	42.63	42.42	42.79	42.66	31.3	33.56	40.04	-20.5
天津	36.64	36.74	38.15	38.36	38.92	39.26	31.05	32.08	36.4	-12.4
上海	40.93	41.8	41.65	40.2	41.1	41.72	30.6	31.9	38.74	-22.1
广州	36.63	36.67	36.59	36.91	44.39	44.39	31.94	32.65	37.52	-10.9
深圳	38.61	40.69	39.2	36.49	38.47	39.77	30.37	30.37	36.75	-21.3

十三、劳动力受教育程度

2008~2015 年中国发达城市劳动力受教育程度广州市最高，2015 年水平为 10.04%。不论按 2015 年劳动力受教育程度绝对水平，还是 2008~2015 年劳动力受教育程度平均水平，排序均依次为广州、北京、天津、上海、深圳。就劳动力受教育程度增长情况而言，自 2008 年至 2015 年，除上海和深圳表现为负增长外，其他城市均表现为正增长；2008~2015 年，五大城市按增长率排序依次为广州、天津、北京、上海、深圳。值得关注的是，上海市劳动力受教育程度自 2008 年以来下降最为严重，下降幅度为 9.2%。

具体情况为，北京市劳动力受教育程度 2015 年比 2008 年上升了 1.6 个百分点，从 2008 年的 8.27%上升到 2015 年的 8.4%，平均为 8.37%；天津市劳动力受教育程度 2015 年比 2008 年上升了 11.5 个百分点，从 2008 年的 7.32%上升到 2015 年的 8.16%，平均为 8.06%；上海市劳动力受教育程度 2015 年比 2008 年下降了 9.2 个百分点,从 2008 年的 7.73% 下降到 2015 年的 7.02%,平均为 7.33%;广州市劳动力受教育程度 2015 年比 2008 年上升了 18.1 个百分点,从 2008 年的 8.5% 上升到 2015 年的 10.04%,平均为 9.58%;深圳市劳动力受教育程度 2015 年比 2008 年下降了 2.7 个百分点,从 2008 年的 2.92% 下降到 2015 年的 2.84%,平均为 2.89%(见表 38)。

表 38   2008~2015 年中国发达城市劳动力受教育程度

单位:年数

年份 地区	2008	2009	2010	2011	2012	2013	2014	2015	平均	2015 年比 2008 年增长
北京	8.27	8.4	8.43	8.36	8.35	8.37	8.38	8.40	8.37	1.60
天津	7.32	7.67	7.98	8.16	8.43	8.46	8.33	8.16	8.06	11.50
上海	7.73	7.55	7.49	7.35	7.24	7.13	7.09	7.02	7.33	-9.20
广州	8.5	9	9.3	9.64	10.02	10.05	10.07	10.04	9.58	18.10
深圳	2.92	2.95	2.89	2.88	2.86	2.89	2.87	2.84	2.89	-2.70

十四、劳均资本存量

2008~2015 年中国发达城市劳均资本存量上海市最高。2015 年上海市劳均资本存量水平为 155656。按 2015 年劳均资本存量绝对水平,依次排序为上海、天津、广州、北京、深圳;按 2008~2015 年劳均资本存量平均水平而言,排序为上海、天津、北京、广州、深圳。就劳均资本存量增长情况而言,自 2008 年至 2015 年,除上海市表现为负增长外,其他城市均表现为正增长;2008~2015 年,五大城市按增长率排序依次为天津、广州、深圳、北京、上海。值得关注的是,上海市是五个城市中唯一表现为负增长的城市,降幅达到 4.43%;2008 年上海市劳均资本存量在五个城市中是最高的。

具体情况为,北京市劳均资本存量 2015 年比 2008 年上升了 53 个百分

点，从 2008 年的 48149 元/人上升到 2015 年的 73652 元/人，平均为 62798
元/人；天津市劳均资本存量 2015 年比 2008 年上升了 132.4 个百分点，从
2008 年的 61884 元/人上升到 2015 年的 143798 元/人，平均为 110504 元/
人；上海市劳均资本存量 2015 年比 2008 年下降了 4.43 个百分点，从 2008
年的 162871 元/人下降到 2015 年的 155656 元/人，平均为 156981 元/人；
广州市劳均资本存量 2015 年比 2008 年上升了 89.8 个百分点，从 2008 年
的 43666 元/人上升到 2015 年的 82866 元/人，平均为 61779 元/人；深圳市
劳均资本存量 2015 年比 2008 年增长了 54.6 个百分点，从 2008 年的 37304
元/人上升到 2015 年的 57660 元/人，平均为 45061 元/人（见表 39）。

表 39　2008~2015 年中国发达城市劳均资本存量

单位：元/人

年份 地区	2008	2009	2010	2011	2012	2013	2014	2015	平均	2015 年 比 2008 年增长 （%）
北京	48149	50585	58741	62481	66916	70023	71837	73652	62798	53
天津	61884	80633	95051	112615	122624	130352	137075	143798	110504	132.4
上海	162871	175554	188541	155414	138103	134587	145122	155656	156981	−4.43
广州	43666	45664	52688	55441	64036	72293	77579	82866	61779	89.8
深圳	37304	35154	38226	45248	46898	47445	52552	57660	45061	54.6

十五、职工平均实际工资指数

2008~2015 年中国发达城市职工平均实际工资指数波动较大，2015 年
广州市表现最好，职工平均实际工资指数为 9.3%。按 2015 年职工平均实
际工资指数绝对水平而言，城市排序依次为广州、天津、北京、上海、深
圳；按 2008~2015 年职工平均实际工资指数平均水平而言，排序依次为广
州、北京、天津、上海、深圳。就职工平均实际工资指数增长情况而言，
自 2008 年至 2015 年，五大城市均表现为负增长；2008~2015 年，按增长

率排序依次为广州、深圳、上海、天津、北京。

具体情况为，北京市职工平均实际工资指数 2015 年比 2008 年下降了 66.7 个百分点，从 2008 年的 21.9%下降到 2015 年的 7.3%，平均为 9.75%；天津市职工平均实际工资指数 2015 年比 2008 年下降了 58 个百分点，从 2008 年的 20%下降到 2015 年的 8.4%，平均为 9.44%；上海市职工平均实际工资指数 2015 年比 2008 年下降了 54.1 个百分点，从 2008 年的 15.9%下降到 2015 年的 7.3%，平均为 9.5%；广州市职工平均实际工资指数 2015 年比 2008 年下降了 27.9 个百分点，从 2008 年的 12.9%下降到 2015 年的 9.3%，平均为 9.96%；深圳市职工平均实际工资指数 2015 年比 2008 年下降了 36.2 个百分点，从 2008 年的 5.8%下降到 2015 年的 3.7%，平均为 4.69%（见表 40）。

表 40　2008~2015 年中国发达城市职工平均实际工资指数

单位：%

年份 地区	2008	2009	2010	2011	2012	2013	2014	2015	平均	2015 年比 2008 年增长
北京	21.9	5.1	10.2	10	8.8	7	7.7	7.3	9.75	−66.7
天津	20	11	13.2	2.7	7.6	7.4	5.2	8.4	9.44	−58
上海	15.9	12.4	9.9	8.6	1.2	12.7	8	7.3	9.5	−54.1
广州	12.9	8.5	10.7	11.6	10.9	9.3	6.5	9.3	9.96	−27.9
深圳	5.8	8.9	4.3	3.7	4.1	3.3	3.7	3.7	4.69	−36.2

十六、每十万人高等教育平均在校学生数

2008~2015 年中国发达城市每十万人高等教育平均在校学生数广州市最高，2015 年水平为 12400 人。不论按 2015 年绝对水平，还是 2008~2015 年平均水平，排序均依次为广州、北京、天津、上海、深圳。就每十万人高等教育平均在校学生数增长情况而言，2008 年至 2015 年，除广州市表

现为正增长外，其他城市均表现为负增长；2008~2015 年，五大城市按增长率排序依次为广州、天津、深圳、北京、上海。值得关注的是，上海市每 10 万人高等教育平均在校学生数自 2008 年以来下降最为严重，下降幅度为 23.8%。

具体情况为，北京市每 10 万人高等教育平均在校学生数 2015 年比 2008 年下降了 22.7 个百分点，从 2008 年的 6750 人下降到 2015 年的 5218 人，平均水平为 5827 人；天津市每十万人高等教育平均在校学生数 2015 年比 2008 年下降了 7.7 百分点，从 2008 年的 4534 人下降到 2015 年的 4185 人，平均水平为 4360 人；上海市每十万人高等教育平均在校学生数 2015 年比 2008 年下降了 23.8 个百分点，从 2008 年的 4371 人下降到 2015 年的 3330 人，平均水平为 3775 人；广州市每十万人高等教育平均在校学生数 2015 年比 2008 年上升了 32.1 个百分点，从 2008 年的 9388 人上升到 2015 年的 12400 人，平均水平为 11076 人；深圳市每十万人高等教育平均在校学生数 2015 年比 2008 年下降了 11.8 个百分点，从 2008 年的 2878 人下降到 2015 年的 2538 人，平均水平为 2676 人（见表 41）。

表 41　2008~2015 年中国发达城市每十万人高等教育平均在校学生数

单位：人

年份\地区	2008	2009	2010	2011	2012	2013	2014	2015	平均	2015 年比 2008 年增长（%）
北京	6750	6410	6196	5613	5534	5469	5429	5218	5827	-22.7
天津	4534	4432	4412	4329	4358	4346	4283	4185	4360	-7.7
上海	4371	4393	4300	3556	3481	3421	3348	3330	3775	-23.8
广州	9388	10018	10469	11001	11422	11811	12100	12400	11076	32.1
深圳	2878	2773	2682	2613	2627	2654	2639	2538	2676	-11.8

附录 2　研究方法说明

一、层次分析法介绍

层次分析法（Analytic Hierarchy Process，AHP）是萨蒂（T. L. Saaty）等人 20 世纪 70 年代提出的一种决策方法。它是对方案的多指标系统进行分析的一种层次化、结构化决策方法，它将决策者对复杂系统的决策思维过程模型化、数量化。应用这种方法，决策者通过将复杂问题分解为若干层次和若干因素，在各因素之间进行简单的比较和计算，就可以得出不同方案的权重，为最佳方案的选择或者评价提供依据。

层次分析法优点有：

（1）系统性的分析方法。层次分析法把研究对象作为一个系统，按照分解、比较判断、综合的思维方式进行决策，成为继机理分析、统计分析之后发展起来的系统分析的重要工具。系统的思想在于不割断各个因素对结果的影响，而层次分析法中每一层的权重设置最后都会直接或间接影响到结果，而且在每个层次中的每个因素对结果的影响程度都是量化的，非常清晰、明确。这种方法尤其可用于对无结构特性的系统评价以及多目标、多准则、多时期等的系统评价。

（2）简洁实用的决策方法。这种方法既不单纯追求高深数学，又不片面地注重行为、逻辑、推理，而是把定性方法与定量方法有机地结合起来，使复杂的系统分解，能将人们的思维过程数学化、系统化，便于人们接受，且能把多目标、多准则又难以全部量化处理的决策问题化为多层次单目标问题，通过两两比较确定同一层次元素相对上一层次元素的数量关系后，最后进行简单的数学运算。即使是具有中等文化程度的人也可以了解层次分析的基本原理并掌握它的基本步骤，计算也非常简便，并且所得结果简单明确，容易为决策者所了解和掌握。

（3）所需定量数据信息较少。层次分析法主要是从评价者对评价问题的本质、要素的理解出发，比一般的定量方法更讲求定性的分析和判断。由于层次分析法是一种模拟人们决策过程的思维方式的一种方法，层次分析法把判断各要素的相对重要性的步骤留给了大脑，只保留人脑对要素的印象，化为简单的权重进行计算。这种思想能处理许多用传统的最优化技术无法解决的实际问题（见图 26）。

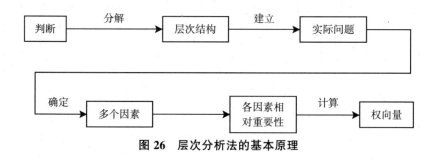

图 26　层次分析法的基本原理

综合评价目标：

设 x_1，x_2，$\cdots$，x_n 为对应各因素的决策变量，其线性组合为：$y = w_1x_2 + w_2x_2 + \cdots + w_nx_n$ 是综合评判函数。w_1，w_2，$\cdots$，w_n 是权重系数，其满足：

$$w_i \geq 0, \quad \sum_{i=1}^{n} w_i = 1$$

层次分析法的基本步骤：

（1）建立层次分析结构模型。深入分析实际问题，将有关因素自上而下分层，上层受下层影响，而层内各因素基本上相对独立。

（2）构造成对比较矩阵。用成对比较法和 1~9 标度，构造各层对上一层每一因素的成对比较矩阵。

为了量化两两比较结果，引入 1~9 的标度，如表 42 所示。

表 42　成对比较矩阵和 1~9 标度结果

标度 a_{ij}	定义
1	因素 i 与因素 j 同样重要
3	因素 i 比因素 j 稍微重要
5	因素 i 比因素 j 比较重要
7	因素 i 比因素 j 十分重要
9	因素 i 比因素 j 绝对重要
2，4，6，8	介于两相邻重要程度之间

只要作出 n(n－1)/2 个数，其余对称位置是倒数。

（3）计算权向量并作一致性检验（CI 越小，说明一致性越大，一致性要求 CI < 0.1）。对每一成对比较矩阵计算最大特征根和特征向量，作一致性检验，若通过，则特征向量为权向量。

一致性指标 CI：

若 CI = 0，则完全一致；

若 CI ≠ 0，则不一致。

一般对 CI < 0.1，认可一致。

（4）计算组合权向量（作组合一致性检验）。组合权向量可作为决策或评价的定量依据。

二、权重估计结果

1. 知识创新指标层次如图 27 所示

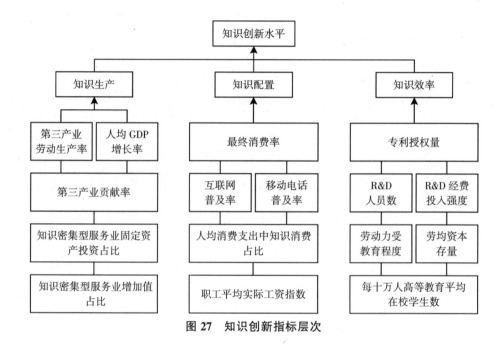

图 27 知识创新指标层次

2. 具体指标权重结果如表 43 所示

表 43 具体指标权重结果

备选方案	权重
第三产业劳动生产率	0.3382
人均 GDP 增长率	0.2031
第三产业贡献率	0.1271
知识密集型服务业固定资产投资占比	0.038
知识密集型服务业增加值占比	0.0255
最终消费率	0.0579
互联网普及率	0.0361
移动电话普及率	0.0243

续表

备选方案	权重
人均消费支出中知识消费占比	0.0069
职工平均实际工资指数	0.0047
专利授权量	0.059
R&D 人员数	0.0313
R&D 经费投入强度	0.0319
劳动力受教育程度	0.0061
每十万人高等教育平均在校学生数	0.0039
劳均资本存量	0.0059

3. 各层次权重结果（判断矩阵一致性比例：0.0036），见表 44

表 44　各层次权重

决策目标	知识生产	知识配置	知识效率	W_i
知识生产	1.0000	6.0000	5.0000	0.732
知识配置	0.1667	1.0000	1.0000	0.1299
知识效率	0.2000	1.0000	1.0000	0.1381

（1）决策目标中的知识生产层次的权重结果如表 45 所示（判断矩阵一致性比例：0.0319；对总目标的权重：0.732）。

表 45　知识生产的权重结果

知识生产	第三产业劳动生产率	人均 GDP 增长率	知识密集型服务业固定资产投资占比	第三产业贡献率	知识密集型服务业增加值占比	W_i
第三产业劳动生产率	1.0000	2.0000	8.0000	4.0000	9.0000	0.3382
人均 GDP 增长率	0.5000	1.0000	1.0000	1.0000	8.0000	0.2031
知识密集型服务业固定资产投资占比	0.1250	1.0000	1.0000	0.2000	2.0000	0.1271
第三产业贡献率	0.2500	1.0000	5.0000	1.0000	6.0000	0.038
知识密集型服务业增加值占比	0.1111	0.1250	0.5000	0.1667	1.0000	0.0255

（2）知识配置层次的权重结果如表 46 所示（判断矩阵一致性比例：0.0251；对总目标的权重：0.1299）。

表 46 知识配置的权重结果

知识配置	最终消费率	互联网普及率	移动电话普及率	人均消费支出中知识消费占比	职工平均实际工资指数	W_i
最终消费率	1.0000	8.0000	9.0000	2.0000	3.0000	0.0579
互联网普及率	0.1250	1.0000	2.0000	0.1667	0.2000	0.0361
移动电话普及率	0.1111	0.5000	1.0000	0.1429	0.1667	0.0243
人均消费支出中知识消费占比	0.5000	6.0000	7.0000	1.0000	2.0000	0.0069
职工平均实际工资指数	0.3333	5.0000	6.0000	0.5000	1.0000	0.0047

（3）知识效率层次的权重结果如表 47 所示（判断矩阵一致性比例：0.0965；对总目标的权重：0.1381）。

表 47 知识效率的权重结果

知识效率	专利授权量	R&D 人员数	R&D 经费投入强度	劳动力受教育程度	每十万人高等教育平均在校学生数	劳均资本存量	W_i
专利授权量	1.0000	2.0000	1.0000	0.1429	0.2000	0.1250	0.059
R&D 人员数	0.5000	1.0000	0.5000	0.1250	0.1429	0.1111	0.0313
R&D 经费投入强度	1.0000	2.0000	1.0000	0.1250	0.1667	0.1250	0.0319
劳动力受教育程度	7.0000	8.0000	8.0000	1.0000	0.3333	0.5000	0.0061
每十万人高等教育平均在校学生数	5.0000	7.0000	6.0000	3.0000	1.0000	0.1667	0.0039
劳均资本存量	8.0000	9.0000	8.0000	2.0000	6.0000	1.0000	0.0059

新竞争范式下长三角制造业
转型升级研究

——基于技术范式和产品架构视角的研究

黄群慧　等*

* 课题主持人：黄群慧，中国科学院工业经济研究所所长、研究员，国家制造强国建设战略
咨询委员会委员。
课题组成员：中国社会科学院工业经济研究所黄阳华，副研究员；江鸿，副研究员；贺
俊，研究员；刘建丽，副研究员。

摘 要 / 161

第一章 技术经济范式转变与长三角制造业转型升级 / 165

一、经典产业经济理论及对产业转型升级的指导 / 165

（一）产业结构理论下的产业转型升级 / 166

（二）产业价值链的转型升级理论 / 169

二、现有产业理论指导长三角转型升级的意义及其不足 / 171

（一）产业结构理论面临的挑战 / 171

（二）产业内升级理论的贡献与局限 / 173

三、技术经济范式转变的趋势与特征 / 176

（一）技术经济范式理论与产业革命 / 176

（二）历次技术经济范式转变中的产业转型升级 / 178

（三）新一轮技术经济范式转变与产业转型升级的趋势 / 185

（四）新的技术经济范式下需求范式转变趋势 / 192

四、新范式下长三角地区产业转型升级的战略研究 / 193

第二章 产品架构视角下长三角制造业集成能力与产业竞争力研究 / 198

一、新时代背景下长三角地区制造业的转型升级 / 198

（一）制造业转型升级是国际产业重新布局趋势下的
必然要求 / 198

（二）长三角地区制造业转型升级是引领中国制造业发展的
必然要求 / 199

（三）产品架构理论是探索长三角地区制造业转型升级的
新视角 / 200

二、产品架构与集成能力理论综述 / 202

（一）产品架构及模块化理论 / 202

（二）企业集成能力理论 / 203

（三）集成能力与产品架构 / 204

三、研究设计 / 206

　　（一）数据收集 / 206

　　（二）变量定义与测量 / 206

四、实证检验结果与分析 / 210

　　（一）描述性统计与相关分析结果 / 210

　　（二）全样本回归分析结果 / 212

　　（三）组装产品样本企业回归分析结果 / 216

　　（四）加工制造产品样本企业回归分析结果 / 227

五、研究结论与建议 / 238

　　（一）研究结论 / 238

　　（二）关于提升长三角地区制造业产品竞争力的建议 / 240

参考文献 / 244

摘　要

面对经济发展的新常态、技术变革的新潮流、国际贸易投资的新秩序和区域间竞争的新范式，传统的基于产业结构理论和价值链理论的产业转型升级理论正受到越来越严峻的挑战。一方面，随着长三角工业结构的日益完备、产品内分工的日益深化和产业间的深度融合，传统的产业结构思维除了在"应当发展高技术产业"的抽象层面提供笼统的指导外，已经很难为区域产业结构升级提供更加明确的方向。另一方面，由于设计研发和生产制造的一体化，以及新兴技术经济范式的深刻转变，传统的价值链理论对长三角产业转型升级的指导意义也受到严峻挑战。

在这样的背景下，作为我国制造业转型升级的排头兵和技术突破的前沿阵地，长三角在制造业转型升级的战略思路方面必须寻求新的突破。我们认为，从技术经济范式而非经济周期波动、从微观产品架构而非中观产业结构的视角重新审视长三角经济发展的结构性特征，有可能为长三角制造业转型升级提供独特且更具政策指导意义的理论洞见。

有关区域经济发展的新近研究为探索长三角制造业转型升级的新思路提供了重要的启发。这些研究发现，虽然制造业的比重在发达国家并不高并呈现长期下降趋势，但制造业特别是那些复杂性制造业所体现的知识能力成为决定国家间长期发展水平差异的主要因素。这样的研究结论显然具有鲜明的政策含义，即培育和构筑相对于其他地区的独特资源和能力，才是决定一个地区制造业转型升级绩效的关键变量。在新一轮技术革命加速拓展的大潮中，区域间制造业竞争的制高点将是新兴产业发展所需要的关键资源以及更高效率整合和利用这些资源的能力。

如果说以往的工业革命过程中，制造业发展的关键投入品是钢铁、电力、装备、芯片等物理形态的要素，那么数据资源将成为以生产的数字化、网络化、智能化为特征的新一轮产业变革的核心投入，数据的分析与利用能力将成为国家和区域之间竞争力的重要决定因素。相应地，以往的工业革命过程中区域间制造业竞争更多表现为产业间竞争和产业内竞争，在新一轮产业革命的背景下，国家间和区域间的制造业竞争范式将逐渐由过去的产业间竞争向数据平台竞争转变。资本品工业和消费品工业、传统产业和新兴产业、劳动密集型工业和技术密集型工业，由于建构于共同的数据平台，而变得边界模糊。因此，"十三五"及未来更长时期，长三角的产业政策和创新政策宜按照技术经济范式核心组件和制造业产业组织结构的变化规律进行系统性的调整，加强顶层设计，增强各类政策之间的协调性，其要点包括：一是从重视"硬"装备开发到重视"软"系统建设。通过课题组在上海及周边地区的企业调研情况来看，虽然长三角地区在与智能制造相关的高端装备、工业机器人、智能仪器仪表等方面具有较强的产业基础，但该地区长期以来对数据要素的重视不够，制约了高端装备产品品质（如产品稳定性）的提升，在很大程度上阻碍了高端装备产业的持续发展。二是着力改变"重装备、轻软件"的现状。上海及周边地区应该在建设具有全球影响力的科技创新中心的过程中，率先培育出类似西门子、博世、通用电气这类提供全流程数字化解决方案的集成企业，加强数据要素的积累和开发利用，促进制造装备、工艺、产品和服务的智能化，成为我国制造业智能化的领先地区。三是加快推进数据要素和新一代互联网技术向制造业领域的渗透融合。制造业智能化是驱动国民体系智能化的主要驱动力，加快智能制造整体架构的研究和标准制定，在逐步解决信息安全问题的基础上，稳步推进智能装备、智能生产和智能工厂等不同层次智能制造系统的推广应用，最终形成基于泛在物联网的数字物理系统，是长三角推进智能制造的重要方向和路径。四是以更加开放、包容的态度对待生产组织方式的变革。相比于核心要素、基础设施和主导产业的演变，生产组织方式变革过程中新、旧利益集团的斗争更为激烈和漫长。生产组织方式变革过程顺利与否，直接影响到技术经济范式转变的效率。过去行之有效的公共政策可能会成为新型产业组织成长的阻碍，行业准入标准、知识产权保护和产业政策等政府活动都需要与新型生产组织方式相匹配。

随着数字化竞争对产业的重新定义，长三角制造业转型升级必须寻求新的结构维度和发展方向。产品架构和集成能力概念为探索长三角在新时期如何掌握高端环节和高附加值产品提供了重要的视角。产品架构有两种基本形式，一端是"模块化"，另一端是"一体化"。"模块化"产品的零部件基本符合标准化的设计，具有通用性，每个零部件的功能较为完整，零部件之间的接口和界面被清晰定义。这种架构的产品装配不需要复杂的工艺技术，主要的技术要素都包含在承担完整功能的零部件设计和制造环节中。相反，在"一体化"架构下，零部件之间的协调关系只有被调整到最优程度，才能发挥出产品的整体功能。基于产品架构和技术集成能力的概念，我们选择了上海、江苏、浙江三省（市）的电子行业与机械行业企业为抽样对象，共发放问卷450份，对长三角制造业的产品架构和技术集成能力进行了实证分析。本研究的实证结论为长三角制造业转型升级提出的政策启示：一是促进形成集成商与零部件和装备供应商的战略性关系，提升集成企业在供应链上的知识垂直整合能力。长三角地区的制造业企业要合理应用顾客和供应商这两大力量，将顾客意见和供应商参与融入企业的产品设计和开发之中，鼓励顾客和供应商建立更为密切的、长期的合作关系，提升龙头企业的供应链知识集成能力。二是以智能化为导向发展高端装备制造业，提升制造业技术创新能力。新兴智能装备和生产的智能化强化了产品的一体化架构和技术的复杂度，是企业提升架构创新能力和复杂产品开发能力的重要载体，应当成为未来长三角重点培育发展的领域。三是提升制造业跨国发展能力，鼓励企业深度融入全球创新网络。目前长三角在全球价值网络中参与的主要还是制造环节，从国际生产体系参与者走向国际创新体系参与者甚至构建者，是长三角制造体系转型升级的重要方向。随着长三角企业国际化经验和能力的提升，通过国际化经营整合全球优势要素尤其是获取诸如技术、品牌、研发要素等战略性资产，提升制造业在全球范围内生产布局的能力，融入国际创新网络之中，扩展领先企业的知识范围，应该是长三角制造业企业未来提升竞争力的重要手段。四是依托本土优势，大幅提升企业的产品架构设计能力，努力成为国际分工的重要参与者甚至规则制定者，为制造业转型升级和提升国际竞争力开拓更广阔的空间。例如，在发展智能制造的过程中，长三角和上海市可以针对目前《中国制造 2025》尚缺乏智能制造系统架构布局的不足，充分吸收全球领先企业和高端人才的广泛参与，创造性地集成德国工业 4.0 的 RAMI 4.0 架构和美国工业互联网的 IIC-RA 架构各自的优势，先行先试地推出充分反映了长三角产业基础和信息化能力的智能制造系统架构，并在系统架构设定的技术框架下稳步推进相应的技术标准建设和关键模块技术突破，从而在新一轮的区域制造业竞争中抢得先机、把握主动。

第一章　技术经济范式转变与长三角制造业转型升级

新一轮产业变革中涌现出的技术经济范式，其核心构件具有如下特征。数据要素将成为新一轮产业变革的核心投入，数据的分析与利用能力将成为国家之间竞争力的重要决定因素。新型通信基础设施的重要性超过交通基础设施，信息标准的竞争与合作将成为国际产业分工体系调整的基础。智能制造仍然是国民经济体系进步的先导部门，范围经济的重要性可与规模经济比肩，智能制造的发展还将影响服务业的发展层次，重塑产业价值链。大规模定制将与当前主流的大规模生产方式分庭抗礼，企业内部结构也必须按照新的价值链加以重新整合，企业组织的变革促使生产呈现出平台化和社会化的趋势。这样的产业发展趋势已超出第二次产业革命中的产业结构理论和全球价值链理论的范畴。未来长三角产业转型升级的长期发展战略，应该按照技术经济范式转变的关键组成部分，从数据要素的利用、新一代互联网基础设施、制造业智能化体系和营造有利于生产组织变革等方面进行系统部署，加强新的技术经济范式下区域分工与协作，提升长三角地区应对技术经济范式转变的综合实力。

一、经典产业经济理论及对产业转型升级的指导

虽然长三角地区的产业转型升级是个应用研究问题，甚至并不是新问题，但是对老问题给出新的研究思路，仍有必要系统回顾产业理论的发展趋势，并讨论这些理论在指导产业转型升级的贡献与巨献。不同的产业理论对产业转型升级的政策主张也有所差异。与我国产业发展的"后来者"角色类似，指导我国产业转型升级的理论基本上延续了经典产业经济理论。而经典产业理论主要有两个来源：一是将现实中的产业演进特征、问题和趋势理论化；二是对来自于一些后发国家产业赶超的成功经验（特别

是政策实践）的理论总结。产业经济理论的这两种来源，直接决定了其在指导我国产业转型升级实践中的有效性和局限性。现有指导产业转型升级的理论大致分为两类：一是以产业为分析对象，以产业结构理论为代表；二是以产品为分析对象，以全球价值链理论为代表。

（一）产业结构理论下的产业转型升级

第二次世界大战之前，产业划分理论、配第—克拉克定理、"雁行形态"等理论的出现，标志着产业结构理论初步形成。配第认为，农业、工业和商业的收益率依次递增，产业间收入差异引导劳动力由低收入部门向高收入部门转移。费希尔以统计数字为依据，首次提出了三次产业的划分方法，产业结构理论初具雏形。克拉克进一步阐述了随着经济发展和人均国民收入水平的提高，劳动力依次从第一产业向第二、第三产业转移。库兹涅茨利用统计资料，依据人均 GDP 份额基准，考察了总产值变动和就业人口结构变动的规律，为配第—克拉克定理提供了进一步的经验支持。战后发达工业化国家的产业结构趋势呈现出了三次产业结构比例向第三产业倾斜的趋势，这一结果被认为是经典产业结构理论有效性的证明。

第二次世界大战之后各国经济迅速恢复，同时也面临着产业结构调整升级的挑战。产业结构理论在以下三个研究方向做出了拓展：第一，基于经济增长理论的产业结构升级理论，主要关注战后欧美各国经济增长与产业结构的数量关系。列昂惕夫分析了国民经济各部门之间投入与产出的数量关系，用以推断某一部门经济活动的变化对其他部门的影响，继而计算满足社会最终需求的产品总量，并分析了国民经济发展和结构变化的前景。库兹涅茨和丁伯根以主流经济学经济增长理论为基础，研究产业结构合理化问题，即要素的投入结构与产出结构是否匹配，产业之间协调程度是否合理，以及资源的利用效率等。该理论引发的政策问题是如何提高要素的投入产出效率，更有效地促进经济稳定增长。对这些问题的回答，主要依赖于对要素投入结构和产出结构的核算，因此形成了大量的实证研究。第二，基于发展经济学的产业结构升级理论，认为产业结构和经济发展阶段联系在一起，经济总量增长依赖于非均衡的结构变动，特别依赖于新兴产业来推动。这方面最具代表性的理论有两个。一是"二元结构模式"，分析了农业剩余劳动力向非农产业转移，二元结构转变为一元结构的进程和途径。二是"主导部门理论"认为，发展中国家应把有限的资源，选择性地投入到某些上、下游产业关联更强的行业，通过主导产业的产业发展带动产业结构的升级。Chennery（1960）、Chennery 和 Taylor（1968）把开放型产业结构理论规范化和数学化，推进了有关产业关联的研究。以发展经济学为基础的产业理论突出了产业结构中不同的产业部门具有不同的产业关联度，对产业结构升级的促进作用也有所差异。从政策角度看，政府应该根据本国经济所处的发展阶段，甄别出"主导部门"加以重点扶持，驱动产业结构的升级。第三，基于产业政策的产业结构升级理论研究。战后，日本政府实施以优化产业结构为核心的产业政策，这种政策需求拉动了日本国内的产业结构和产业政策研究，在我国也产生了较大影响。筱原三代平提出的"动态比较成本论"和"两基准理论"是这方面的代表性成果。前者强调后发国家的幼稚产业经过培育和扶持后，其比较优势可能发生动态转化，原来处于劣势的产品有可能转化为优势产品，即形成动态比较优势；后者是指收入弹性基准和生产率上升基准，该理论主张把资源配置于收入弹性大和生产率上升最快的行业或部门。以产业政策为基础的产业升级理论具有明显的实用主义特征，与上述基于发展经济学的产业升级在政策思路上是极为相似的。二者都是通过选择性的产业政策，挑选出特定产业作为产业升级的引擎，所不同的是选择的标准是产业之间的关联度，还是产业自身的技术经济特征。

产业结构理论预判了经济发展过程中产业结构演变的方向和趋势，但是该理论指导产业转型升级的主要依据不仅如此。利用产业结构理论指导产业升级的主要依据有两点：一是基于产业划分理论的"结构红利"假说。

在技术进步和主导产业依次推动产业结构变迁的过程当中，产业之间存在着生产率水平的巨大差异，要素从低生产率（或低生产率增长率）部门向高生产率（或高生产率增长率）部门流动可以促进整个社会生产率水平的提高，由此带来的"结构红利"维持经济持续增长（Peneder，2002），这就是产业结构转变促进经济增长的核心原因。二是以"雁阵模型"为基础的产业升级理论。Akamatus（1962）、Kojima（2000）和 Okita（1985）提出并完善了关于产品（产业）结构高级化的"雁行形态"理论。"雁行形态"理论包含逐渐拓展的几个基本模型。其中，一国一种产品模型（又被称之为基本雁行形态）是指一国某一产业要经历"进口—进口替代—出口"的发展阶段；一国多种产品模型是对一国一种产品模型的拓展，其基本观点是后发国家的产业结构调整路径是从初级产品（消费品）向高级精密产品（资本品）升级，初级产品和高级产品的发展先后呈现出雁行形态。

关于我国产业结构调整方向的研究，出现了重化工业讨论（刘世锦，2004）、服务业的发展及与工业的关系研究（江小涓、李辉，2004）等。近年来，我国产业结构研究表现出多元化的特征，研究重点集中在产业结构调整方向、资源和环境约束下的工业结构调整、FDI 和产业转移对产业结构的影响、资源与环境约束下的产业结构调整、区域产业结构调整、产业结构调整过程中的产能过剩、金融危机背景下的产业结构调整，以及未来我国产业结构调整的机制和政策等问题。在不同的研究问题下，对中国产业转型升级的方向也针对性地提出了相关的建议。表 1 指出了近年来我国产业结构调整的研究问题与文献。

表 1　近年来我国产业结构调整的研究问题与文献

研究问题	代表性研究文献
产业结构调整与经济效率的提升	刘伟、张辉（2008），李小平、卢现祥（2007），干春晖等（2010）
产业结构调整的方向	姚洋、郑东雅（2008），王岳平（2009），金碚（2011），中国社会科学院工业经济研究所课题组（2010）

研究问题	代表性研究文献
产业过剩形成机制与治理	于良春、付强（2008），江飞涛、曹建海（2009），孔宪丽、高铁梅（2007），杨汝岱（2008），江飞涛等（2012）
区域产业结构不平衡和产业转移	陈秀山、徐瑛（2008），何雄浪、李国平（2007），吴福象、刘志彪（2008），张平（2007），皮建才（2008），王业强、魏后凯（2007）
产业政策与产业结构调整	谭顺福（2007），何德旭、姚战琪（2008），周叔莲等（2008），江飞涛、李晓萍（2011）
FDI 与工业投资结构	郭熙保、罗知（2009），何艳（2009），周学仁（2009），原小能、宋杰（2007），罗长远（2007），平新乔（2007），马林、章凯栋（2008），吴波（2008）
资源与环境约束下的工业发展	金碚（2008），李钢等（2007）

资料来源：作者整理。

（二）产业价值链的转型升级理论

经典的产业结构理论重点关注产业之间的要素流动引起的产业转型，并不能反映一个产业内部出现的升级，产业转型升级同样需要微观视角。20 世纪 80 年代后出现的价值链理论，较好地弥补了产业结构理论对产业内部升级关注不足的问题。价值链是指产品价值的创造贯穿于产品的设计、生产、销售直至最终消费使用的全过程。组成价值链的各种活动可以包含在一个企业之内，也可以分散于各个企业之间；可以聚集在某个特定的地理范围之内，也可以散布于全球各地。价值链理论后发展成为全球价值链（Global Value Chain，GVC）。GVC 理论认为，散布于全球的、处于GVC 上的企业进行着从设计、产品开发、生产制造、营销、出售、消费、售后服务、最后循环利用等各种增值活动。GVC 研究着眼于分散于全球各地的活动片段的国际分工与协作体系，以及各参与者之间的互动关系，由此引出对 GVC 进行治理的探讨。

一些学者运用 Gereffi 和 Korzeniewicz（1994）、Gereffi 等（2005）的 GVC理论，把外向型经济战略的调整与升级问题，放在 GVC 中本地企业升级的框架内论述（张辉，2005）。GVC 理论认为通过价值链中的动态学习和创

新机制，可以逐步改进中国在产品内国际分工的地位。GVC 有生产者驱动
（producer-driven）（如以通用汽车为核心的全球汽车生产网络及其价值链体
系）和购买者驱动（buyer-driven）（如以沃尔玛、耐克等跨国公司为核心
的全球销售网络及其价值链体系）两种类型，GVC 中本地企业的升级与
GVC 的治理模式有密切的关系。一般而言，在购买者驱动的价值链中，全
球性大买家出于竞争和自身利益的考虑，会鼓励下游各个层次的供应商和
分包商加快工艺升级和产品升级。产业升级的次序将会遵循"工艺升级→产
品升级→功能升级→链条升级"的线索，同时 OEM→ODM→OBM 的转换被
视为产业升级的主要路径（Gereffi，1999；Humphrey 和 Schmitz，2002），对
产业转型升级实践产生了广泛的影响。

在 GVC 视角下，产业升级的路径与产业结构理论也有所不同。
Humphrey 和 Schmitz（1995）提出产业升级可以分为四个不同的层次：流
程升级、产品升级、功能升级和链条升级，即从劳动密集型价值环节转向
资本和技术密集型价值链。发达国家之所以可以占据 GVC 的高端，主要原
因在于其不断地投入现代生产性服务业所内含的技术、知识和人力资本，
使产业结构不断地向"软化"趋势调整。生产性服务业提高产业竞争力的
效应，与其产出中含有密集的，难以竞争、难以模仿以及可持续创造价值
的高级要素有关（刘志彪，2007）。尤其是生产性服务业中的高端生产者服
务业（Advanced Producer Services，APS）的发展，是奠定制造业和其他服务
业竞争力的基础。大力发展高端生产者服务业，自然成为 GVC 理论对产业
转型升级的基本主张。

GVC 理论在相当大程度上"修复"了产业结构理论在产业分类方法、
测度技术、结构演进的驱动力等方面存在的不足，对当代产业发展的规
律、利益分配机制有较为全面的掌握。基于微观分析视角所提出的产业升
级思路在我国也产生了相当明显的政策影响。也正是在 GVC 理论的框架
下，近年来长三角地区产业转型升级也悄然发生着变化。一些学者在长三

角地区转型升级面临的问题识别上，不再局限于传统的三次产业结构的比例问题，而更多的从区域产业活动在 GVC 中的地位方面加以分析。刘志彪（2007）认为，长三角地区外向型经济战略的调整，必须先突破把未来的竞争优势继续建立在初级生产要素上的传统观念，主要应该改变加入 GVC 的方式，从走"低道路"转向走"高道路"，改变路径依赖。具体来说，就是要增加对现有制造业的生产性服务业的投入，这是出现 Gereffi 所说的产业升级"自动传递"次序的关键问题。

二、现有产业理论指导长三角转型升级的意义及其不足

(一) 产业结构理论面临的挑战

近年来，我国三次产业结构出现了重要变化。2013 年，我国第三产业增加值首次超过第二产业，2015 年第三产业增加值占 GDP 比重达到了52%。从统计数据反映的情况看，我国产业结构似乎正在朝着经典的三次产业结构理论所预测的方向演进，在结构上呈现出与发达国家后工业化阶段的产业结构收敛相似的趋势。因此，不乏学者认为中国的产业结构日趋高端化。

在产业结构更为高端化的长三角地区，上述产业结构变动趋势则更为明显。2015 年，第三产业增加值占上海市生产总值的比重为 67.8%，比2014 年提高 3.0 个百分点。第三产业增加值增长 10.6%，高出第二产业 9.4个百分点。不仅如此，在战略性新兴产业领域，2015 年上海市制造业增加值 1673.49 亿元，比 2014 年下降 0.1%；服务业增加值 2072.53 亿元，比2014 年增长 8.7%。仅从统计数据上看，第三产业（服务业）在总量和增速上，不仅是上海市生产总值的支柱部门，而且是产业高端化的主导部门。类似地，长三角地区的浙江、江苏两省的三次产业结构也演化出了相似结果：2015 年，地区生产总值中第三产业的比重高于第二产业，第三产业增加值增长率高于第二产业（如图 1 所示）。

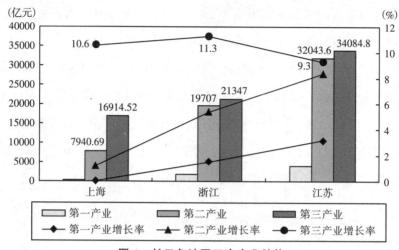

图 1　长三角地区三次产业结构

　　如果按照经典的产业结构理论，长三角地区都已经实现或者接近高端化的产业结构了，那么今后产业转型的方向是继续第三产业，还是在三次产业结构上继续与发达国家"对齐"；但是，问题在于处于后工业化阶段的发达国家的三次产业结构调整规律是否适用于当前仍处于"中等收入陷阱"区间的中国？长三角地区按照经典的三次产业结构理论调整后，是否会出现发达国家"去工业化"后所面临的经济结构失衡的深层次问题？发达国家维持服务业占主导的产业结构，所依赖的内部条件长三角地区是否具备？对于这些问题，产业结构理论并没有给出相应的解答，弱化了该理论对现实产业结构的实践指导意义。

　　更为重要的是，支撑产业结构理论的"结构红利"在长三角地区乃至中国其他地区是否存在？第一，有实证研究表明，我国当前服务业的效率均值低于制造业，且差距还在继续扩大（张平，2013），与经典的产业结构理论所预期的方向相反。这表明在不同的经济发展阶段，产业结构理论的适用性不同。按照这些实证研究结果，即便存在"结构红利"，应该是生产要素从低效率的第三产业流向高效率的第二产业，而不是反过来。第二，新近实证研究发现，中国产业间"结构红利"已经减弱（李小平、卢现祥，

2007)。在长三角地区，第二、第三产业产值和生产率居全国前列，产业结构高端化和同构化的现象突出，试图继续在原有产业结构下通过产业要素再配置提升总体生产效率的空间越来越小，这就使得传统产业结构理论指导未来产业结构转型的战略价值受到质疑。第三，更为重要的是，另有一些学者认为产业结构的分类和测度方法并不能准确反映产业内涵，即从技术相关性、产品物理形态或直接用途将产业加以分类存在内在缺陷，并不能体现产业所依赖的知识复杂程度和能力（贺俊、吕铁，2015），"结构红利"假说的理论基础就存在较大的问题。

另一个需要引起重视的现象是，第二、第三产业的融合发展趋势更为明显，特别是制造业服务化的趋势和生产性服务业的快速发展，已经难以依据传统的产业结构理论定义产业活动的边界。这背后反映的，恰恰是产业体系所嵌入的技术经济范式处于转变过程当中。这种转变可能在更为基础的层面上对产业结构指导产业升级的效力提出严峻的挑战。我们将在下文深入探讨。

（二）产业内升级理论的贡献与局限

一些研究认为，长三角地区的产业处于中国价值链的中高端，但是鉴于中国在 GVC 中的地位，以上海企业为代表的长三角地区的企业较多地嵌入 GVC 体系的下游（辅助价值生产环节），在 GVC 中仍处于一种从属、被支配的地位。上海立信会计学院课题组（2015）的研究发现，总体而言，上海在 GVC 中处于中低端，目前正处于效率驱动向创新驱动迈进阶段，获得的附加值不高。但是，上海在国际分工中的位置一直处于快速上升状态，获得的附加值也在快速提升，对 GVC 战略环节的控制力也在增强。推动上海位置上升的主要因素是上海许多产业不断提高国际市场份额、上海现代服务业的快速发展以及"两个中心"建设基础较好（如表 2 所示）。

表 2 上海企业的全球价值链嵌入地位状况

全球价值链产品产业	战略环节	控制者/领导企业	企业所在国家/地区	上海企业占据环节	上海代表性制造企业
计算机	研发、CPU 制造、软件升级、核心元件	Intel、惠普、微软、戴尔等	美国、日本、中国台湾	一般元件制造、产品组装、部分软件升级	上海宝信、上海文思海辉、神州数码
汽车	一番、模具、成套设备制造	通用、大众、本田、丰田	德国、美国、日本等	通用零配件、整车组装、研发	上海汽车、华域汽车
飞机	研发、总装	波音、空客	美国、欧盟等	零配件、研发与总装	上海商飞
纺织服装	面料和时装研发设计与品牌创造、营造	阿迪达斯、皮尔卡丹	法国、意大利、美国、中国香港等	低端产品、贴牌生产、设计与品牌创造、销售	上海纺织（集团）
集成电路	IC 设计、前沿技术研发和生产	Intel、三星	美国、韩国等	封装测试、主芯片设计和生产	中芯国际、展讯通讯、上海贝岭
耐用家电	研发、核心元件	西门子、三星、东芝、索尼	日本、德国、韩国等	一般元件、成品组装	上海夏普、上海西门子

资料来源：上海立信会计学院课题组（2015）。

代表性的研究认为，上海在 GVC 中地位提升的主要困难主要有以下几个方面：一是外资型加工贸易造成产业链不完整，龙头企业的引领作用较弱；二是自主创新能力较弱，企业对关键技术和工艺流程的控制能力较弱，本地市场需求的带动作用较弱，技术进步对高技术产品的发展驱动力不强；三是产业发展生态环境不成熟，诚信环境、区域产业同构、政府政策竞争等不利于价值链升级；四是上海攀升价值链的主要驱动力是市场寻求型，而发达国家则是技术创新驱动型，后者对前者会产生较强的挤压。一些研究者以 GVC 理论为基础，认为上海市产业转型升级要从技术创新突破型、市场创新驱动型、效率驱动型和"蛙跳"型四个方向进行突破，应在技术创新政策、市场政策、制度创新等方面进行总体布局（刘志彪、于明超，2009；严任远，2013；项枫，2014）。

在政策实践方面，尚玉英（2015）从三个方面论证了上海市在提升 GVC 中的地位。一是跨国公司、外资研发中心在上海市加快集聚，带动了大量技术涌入和研发服务的输出；二是上海市企业加快"走出去"，以优势技术、先进产能的转移与合作融入全球创新体系；三是上海市加快国际创新交流合作平台建设，辐射全球的技术交易网络正在逐步形成。今后上海市还"将科技创新中心与'一带一路'建设有机结合起来，与沿线国家共同提升创新发展的能力，共筑利益共享的 GVC，同时提升上海市在 GVC 中的地位，加快'四个中心'建设和向具有全球影响力的科技创新中心进军"。主要政策思路是以经贸往来为纽带，加强与沿线国家全方位、宽领域和多层次的科技合作；以国际创新交流合作平台为载体，密切沿线国家与全球创新网络的联系；以"引进来"与"走出去"为抓手，推动沿线国家融入 GVC。

毫无疑问，这些研究对深化长三角地区产业发展现状的理解、识别升级障碍和未来方向，均有积极的意义，对从政策层面指导长三角地区产业转型升级的价值要高于宏观层面的产业结构理论。但是，微观层面的研究在相当大程度上制约了对长三角地区产业转型升级的战略指导意义：GVC 适用于给定产业价值链的情况下，如何沿着 GVC 从价值链的低端向高端攀升。

此外，GVC 理论在一定程度上遗留了与产业结构理论相似的缺陷：对高端生产性服务业的重视是必要的，但是如何处理生产性服务业与制造业之间的关系，或许是一个更为重要的问题。按照 GVC 理论，生产制造通常处于价值链的低端，上游和下游的服务业通常占据价值链的高端，那么需要回答的是：如果没有制造业的升级，与之相关的生产性服务业的价值将如何产生？生产性服务业通过什么机制促进制造业升级？依靠没有制造业升级为基础的生产性服务业，能否具备 GVC 的控制力？

更为重要的是，微观层面的价值链分析更适用对既有产业的分析，或者说适用于既定技术经济范式下的产业升级路径设计。问题在于，当技术经济范式发生转变时，GVC 理论对产业转型升级的指导意义将会受到严峻挑战。长三角地区产业转型升级的战略研究，更应该重视长期技术经济范式转变过程中的机遇和挑战。

三、技术经济范式转变的趋势与特征

近年来，新一轮全球产业变革引起了思想界、政策界和产业界的高度关注，一场事关产业体系重大调整的技术经济范式正处于转变过程中。在研究长三角地区产业转型升级的战略问题时，有必要跳出经典的产业经济理论的思维，考虑当前技术经济范式转变趋势下适合长三角产业转型升级的战略定位和重点领域。

本小节详细介绍技术经济范式理论与新一轮工业革命之间的关系，提出正在孕育的新一轮产业变革是技术经济范式的转换阶段，将对产业体系带来系统而深刻的影响。并且，这种变革将超出产业结构理论和全球价值链理论的分析框架，在指导产业转型升级的战略研究中更具实用性。

（一）技术经济范式理论与产业革命

在传统工业革命史研究中，技术虽然居于重要地位，但是技术在工业革命中的作用常被视为是外生的和线性的。在演化经济学家看来，工业革命史更为复杂。第一，重大技术演进本身就是一项重要的研究课题。如果仅仅将技术作为外生冲击，那么对工业革命的解释就不可避免地存在局限性。第二，技术创新对产业的影响不是简单明了的"冲击—反应"模式。如果机械地认为技术突破将自发导致工业革命，那么容易陷入技术决定论。演化经济学家坚持发明都必须经成功的商业化才能成为创新，才能引发产业、经济和社会系统的变化。这个过程极为漫长、复杂且不确定，应成为工业革命史研究的重点。第三，研究创新及其扩散的历史甚至比技术史更为重要。激进创新通常是在某些先导产业率先出现后向其他产业扩散，对其他产业的带动效应是多种形式的，例如提供关键原材料和通用装备，或者改善交通和通信基础设施。因此，聚焦先导产业的成长有助于深入揭示工业革命的发展过程。在给定技术机会的前提下，先导产业的发展受制于三方面的因素，即核心要素的可得、基础设施的支撑和经济组织的支撑。先导产业与这三方面的因素共同构成了技术经济范式的核心构件（如图 2 所示）。

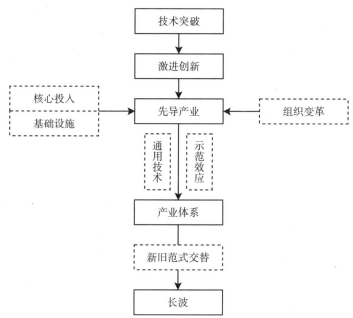

图 2　技术经济范式与产业转型升级分析框架

在注重过程分析的演化经济学家看来，历次工业革命的发展过程可用图 2 表示。首先，从技术突破到非均衡产业结构变化是一个漫长、复杂但层次清晰的历史过程。在此过程中，创新的发生及其扩散居于核心地位，先导产业是激进创新的载体。其次，激进创新的扩散需要与核心投入、基础设施和生产组织协同演化，促进先导产业部门的成长。最后，先导产业通过直接或间接的通用技术和示范效应，带动产业体系发生显著变化。这整个过程也被称之为技术经济范式的转变。所以，在技术层面看似跳跃的工业革命在经济层面却是连续展开的，"革命"一词虽然突出了工业革命对经济社会的巨大影响，但模糊了技术创新及其扩散过程的连续性。18 世纪中期英国第一次工业革命实现了工业机械化，实质上是第一、第二次技术经济范式的演进过程，19 世纪第三、第四次技术经济范式实现了工业自动化为特征的第二次工业革命。依照上述理论分析框架和历史过程研究，有学者推断 20 世纪下半叶以来的"第三次工业革命"，很可能是第五、第六次技术经济范式的涌现与拓展过程。当前引起热切关注的新一轮产业变革极可能是第六次技术经济范式，可以继续按照成熟的技术经济范式加以系统化研究（如表 3 所示）。

表 3 技术创新浪潮与技术经济范式

技术和组织创新浪潮	技术与商业创新的案例	"先导"产业和主导产业	核心及关键投入	交通与通信基础设施	管理与组织变革
工业的水力机械化	阿克怀特的克罗福德作坊（1771） 科特搅炼法（1784）	棉纺、铁制品、水车、漂白剂	铁、原棉、煤	运河、收费公路、帆船	工厂制、企业家、合伙制
工业与交通的蒸汽机械化	利物浦—曼彻斯特铁路（1831） 布鲁内尔的"大西方"跨大西洋蒸汽船（1838）	铁路与铁路设备、蒸汽机、机床、制碱业	铁、煤	铁路、电报、蒸汽船	股份制、技工承包制
工业、运输和家庭电气化	卡内基的贝西莫钢轨厂（1875） 爱迪生纽约珍珠发电站（1882）	电气设备、重型机械、重化工、钢制品	钢、铜、合金	钢轨、钢船、电话	职业经理人、"泰勒制"、大企业
交通、军民摩托化	福特海兰德公园装配线（1908） 伯顿重油裂化工艺（1913）	汽车、卡车、拖拉机、坦克、柴油机、飞机、炼油厂	石油、天然气、合成材料	无线电、高速公路、机场航空公司	大规模生产与消费、福特制、科层制
国民经济计算机化	IBM1410 和 360 系列（1964） 英特尔处理器（1971）	计算机、软件、电信、设备、生物技术	"芯片"（集成电路）	"信息高速公路"（互联网）	内部网、局域网和全球网

资料来源：根据 Freeman 和 Loucã（2001）整理。

（二）历次技术经济范式转变中的产业转型升级

1. 第一次技术经济范式中的产业转型升级

棉纺织业是第一次工业革命重要的经济增长点，在工业革命史研究中一直占据重要地位。纺织机械的技术进步极大地提升了生产效率，棉花加工效率从 1780 年的 1 磅/小时提升至 1830 年的 14.3 磅/小时，单个工人在一个童工的配合下可同时操作 4 台动力织布机，生产效率相当于 20 名手织工（兰德斯，2002）。铁是轧棉机的主要原料，铁的成本在相当大程度上决定了轧棉机成本。所以，在演化经济学的分析框架下，铁成为制约先进生产工艺大规模推广的瓶颈。18 世纪焦炭炼铁法和科特搅炼法两项关键炼铁技术的突破使得铁能够廉价供给，促进了以蒸汽机和轧棉机为代表的机械装备的广泛采用，工业革命才真正步入了快车道。蒸汽机的广泛应用引致了煤炭需求，采煤业引入蒸汽机后生产效率得以提升，煤炭价格下降又降低了蒸汽机的使用成本。因此，受棉纺织业刺激而发展起来的铁和煤成为工业革命的核心投入要素，不仅极大地推动了其他产业的机械化，而且还推动了运输力从水力转变为蒸汽动力。

1890 年前后纺纱经历了从分包制到工厂制的转变。一方面，传统生产工艺下纺纱业劳动密集程度高，早期企业不具备雇佣、培训和监督工人的管理能力。另一方面，以农民为主的劳动者尚不适应工厂的工作制度，不愿意进入工厂生产。按照经典的企业理论（Coase，1937），企业主倾向于采用市场交易的方式，将纺纱外包给纺织工（即"外包制"），降低企业招聘、培训和监督工人的管理成本。随着企业增加专用性固定资产投资，外包会导致高昂的交易成本，不利于发挥规模经济。工厂制度凭借资本集中、企业内分工、再生产和分销网络的优势，以及更好地执行劳动纪律，到 18 世纪 90 年代成为纺织业的主流生产组织。工厂制产生了极强的示范效应，诸多行业纷纷效仿。蒸汽动力代替水力、风力等自然力，为工厂的选址带来更大的自由度，也促进了工厂制的流行。早期工厂内部管理分工尚不发达，限制了工厂规模的扩张，随后出现的合伙制在很大程度上克服了这一限制。

2. 第二次技术经济范式中的产业转型升级

瓦特改良的双动蒸汽机虽然数倍地提升了功率，但由于成本高昂，在相当长时间内并未取得商业成功。直到两个条件具备后瓦特蒸汽机才被广泛采用：一是在供给方，机器、铁、煤被广泛应用，特别是机床的出现降低了蒸汽机的成本；二是在需求方，铁路网的扩张拉动了蒸汽机车制造、铁路车辆和铁路装备产业的成长。机床作为通用装备可被广泛应用至其他产业，[①] 由此形成了"铁—煤—蒸汽机—铁路装备—精密机床"之间的协同效应，不仅提高了工业生产率，而且促进了工业革命向更广阔地区（特别是欧洲大陆）传播。第一，工厂增加机器和专用设备种类后，专用性投资随之提高，企业规模不断扩大，工厂组织的制度成本也不断上涨。为此，工厂内部兴起了技术工人承包制（即"内包制"），即将生产责任发包下放至技术工人或领班，由他们组织工人生产和管理机器（Freeman 和 Louçã，2001）。这一时期的分包制是在工厂内部分包（"内包制"），而 18 世纪 90 年代以前则是"外包制"，在一定程度上是外包制与工厂制的结合。相比于工厂制，技术工人承包制增加了生产的科层，形成了多层委托代理关系，降低了监管成本。相比于外包制，工厂制又可以实行指令管理，节约了交易成本。技术工人承包制持续了约一个世纪，促进了英国产业工人积累专业技能、提升行业合作精神和技术工人的责任感，塑造了精益求精的工匠文化。第二，铁路对现代企业制度的形成带来了示范效应（Chandler 和 Hikino，1999）。今天高效企业所具备的属性很多源于铁路运营和扩张（特别是长距离运输）的实践。

3. 第三次技术经济范式中的产业转型升级

电力对第二次工业革命的意义堪比铁和煤之于第一次工业革命。19 世

---

① 铁轨和蒸汽动力结合的关键是制造出比以前笨拙的静止发动机更紧凑、更轻、更高效的蒸汽发动机。

纪中期，电枢、交流发电机、转子等发电设备的核心部件得以突破后，一些国家率先实现了大规模发电和输变电。电力作为一种新兴工业品，初始市场是有轨电车和城市电气轨道交通，在推广过程中涉及昂贵的设备、先进的技术、复杂的保养、烦琐的会计核算以及各类协调。过去所有者和经营者不分的马车市政管理当局已经难以胜任电气化交通的管理任务，受薪职业经理人阶层应运而生（Freeman 和 Louçã，2001），从而对工厂制形成了较大冲击。电力通过改善工作环境和优化工业流程两个渠道重塑了工业生产组织方式。在使用电力之前，生产线依靠多台蒸汽机协作提供动力，任一蒸汽机故障都会影响整条生产线的运转。经电气化改造后，生产流程变得简洁、稳定、灵活，电网不断扩张也提高了工厂选址的灵活度。电力还改变了机械装备的设计、制造和操作，进一步优化了生产流程。在这些创新的驱动下，不仅工业生产效率快速增长，而且工业生产组织方式也发生了重要变迁（Nye，1992）。

在制造业电气化浪潮的推动下，一大批新兴产业特别是原材料工业快速发展，并且产生了极强的溢出效应。钢材具有良好的延展性且可被有效压缩，价格下降空间大，以钢为原材料的中间产品创新提升了下游产业的效率，形成了中间产品和终端产品相互促进的"内生增长模式"（Aghion 和 Howitt，1998）。在交通运输方面，工程性能更优的钢轨替代了铁轨。铜是理想的导电材料，电解铜技术的采用降低了铜价，廉价铜线压低了输电成本和电价，又反过来降低了铜的成本，形成了"铜材—输变电—电价"的正反馈效应。这一时期，蒸汽船、铁路得到长足发展，电话电报和打字机促进生产和分销的快速扩张，全球市场一体化达到了前所未有的水平，形成了早期的国际产业分工网络，工业领域内出现了最早的跨国公司，工业生产组织方式出现了新的形势。一是小工厂演变成了对产业和国家具有重要影响的大企业（Chander，1977，1999），对传统的企业治理结构提出了新挑战。二是产品复杂度不断提高，生产流程持续延长和技术知识快速增长，不断提高管理的专业化水平，企业内部的协调成本急剧上升。三是技术工人难以掌握全部生产知识，职业经理人管控模式逐渐形成。四是企业主和管理者不分的私人企业演变为所有权和管理权分离的公司治理结构，被后世称之为"管理革命"（Chandler，1977）。

4. 第四次技术经济范式中的产业转型升级

福特制的建立标志着制造业进入了自动化阶段，常被视作是第二次工业革命的标志。[①] 制造业自动化可上溯至 18 世纪末的"美国制造体系"（Pisano 和 Shih，2012；罗森伯格，2004）。"美国制造体系"脱胎于美国军工产业，基本特征是产品（武器）标准化，可互换零部件和采用大功率生产设备。这种基于标准化制造的理念不仅有效地提高了军工产业的生产效率，而且衍生了庞大的制造体系，成为美国工业化重要的推进器。这一时期，以新型机床为代表的装备工业大发展进一步强化了以高效率、标准化、可互换性为特征的"美国制造体系"，为推广流水线奠定了产业基础，并最终使其成为第四次技术经济范式的典型组织方式，推动了国民经济从电气化向自动化跃升。在本次技术经济范式中，产业结构的突出特征是耐用消费品制造业成为先导部门，需求因素超过供给因素成为拉动产业成长的首要驱动力。第一，1929 年"大萧条"抑制了第一次全球化，国家之间的利益冲突激化，全球笼罩着战争阴霾。铁路投送军队不再适应机动化作战的需要，军事列强纷纷加速了摩托化和机械化的进程。巨大的军事需求刺激了汽车、卡车、坦克和航空器的增长。第二，汽车、卡车和拖拉机等耐用消费品虽颇受民用市场青睐，但居高不下的生产和使用成本抑制了需求。在福特"T 型车"之前，主流的生产方式是用户直接向汽车制造商"定制"汽车，虽满足了用户的个性化需求，但缺乏规模经济，汽车价格昂

[①] 今天关于流水线的起源有两种观点。一是认为 1913 年福特"T 型车"下线标志着流水线生产首次成功应用。此观点流传甚广，以至于福特制和流水线常被当作同义词。二是认为早在 1870 年，辛辛那提的屠宰场便建立了自动化流水线。

贵，交付周期较长，汽车是富人标榜社会地位的炫耀性商品。① 福特"T型车"实现了从定制生产到标准化生产的转变，极大降低了汽车生产成本。以伯顿裂化炼油工艺和胡德利催化裂化工艺为代表的炼化技术进步降低了汽油的价格，加油站和公路网的拓展降低了汽车使用成本。②

福特制利用标准化生产打破了工人技能对产量的限制，上下游工序流程再造形成了流水线，专业化分工提高了各工序生产效率，标准化零部件产生了规模经济，这些因素综合起来有效降低了生产成本。劳动生产率的大幅提升提高了工资水平与消费能力，金钱外部性又刺激了对其他产品的市场需求。③ 这种"大规模生产、大规模消费"方式至今仍是主流，后续的"丰田制"是该模式的一种变种（Ohno，1988；Fujimoto，1999）。

5. 第五次技术经济范式中的产业转型升级

20 世纪 70 年代进入工业信息化时代，可以视作是第五次技术经济范式。在这次技术经济范式中，电子芯片扮演了核心投入的角色。自 20 世纪 50 年代末第一块集成电路诞生后，将电子元件集成在一块硅芯片上促进了电子产品小型化、高精度、高稳定、高能效和智能化。与前四次技术经济范式类似，核心投入的供给速度决定了先导产业和基础设施发展的水平。"摩尔定律"很好地归纳了电子芯片技术的演变特征，即每隔 1~2 年芯片

① 根据笔者 2010 年 10 月在北京市顺义区某大型汽车厂的调研，因为汽车组装线高度自动化，大部分的工序由工业机器人完成，今天的汽车生产线须达到年产量百万辆以上才能获得较高的规模经济。
② 当然，汽车生产和使用成本的快速下降取决于若干重大创新，包括内燃机的改进、燃料成本的下降、保养维护成本的降低、加油站网络的形成、道路里程和通行条件的改善等。
③ 流水线将生产过程分割成一序列相互关联的工序，每道工序上的工人从事单调的重复劳动，不仅强度高，而且容易消磨工人的劳动精神，令工人头脑迟钝，激化劳资矛盾，维持工人队伍的稳定性对企业管理提出严峻挑战。为此，1914 年，福特不仅减少工人的工作时间，而且翻倍了日工资水平（从 2.5 美元/天提高到 5 美元/天）。福特的高工资战略有效降低了员工的流动率（从 380% 下降到 90%）和旷工率（从 10% 下降至 0.3%），吸引了优秀的技术工人。工人收入水平的提高增强了购买力，通过"金钱外部性"促进了产业的发展。

容量就会翻倍，大幅提高了电子芯片的性价比，加快了电子计算机的普及和应用。在这一阶段，通信基础设施对于核心投入的大范围应用具有不可替代的作用。计算机的出现对工业的影响是极为深刻的。从 20 世纪中期开始，机床植入了计算机系统后形成了数控机床的雏形，逐渐发展出了工业控制系统，促进了工业设计、控制和编程的持续改进。值得一提的是，1972 年英特尔处理器大幅降低了计算机的成本，计算机同时在消费品市场和资本品市场加快了应用。制造业信息化促进了自动化水平的显著提升，出现了至今仍具有广泛影响的"柔性制造系统"（FMS）。建立在标准化之上的大规模生产是减少产品种类以追求规模经济，但是数控机床出现后厂商可将消费者的个性化需求分门别类，减少生产设备的调整，缩短生产延时，生产出不同批次的、具有一定差异化的产品。这种柔性生产方式对企业竞争策略具有显而易见的意义，于是自 20 世纪 70 年代开始，美国、欧洲、日本和韩国等纷纷着手构建 FMS。得益于计算机芯片、传感数控机床、软件工程、目标导向数据库、可视化工具和数控检测设备的改进，FMS 不断地更新换代，到了 20 世纪八九十年代，"灵活制造"（Agile Manufacturing）风行一时，不仅实现了更高水平的自动化，而且制造柔性更高，适应小批量生产之需。

生产工艺的巨变促成生产组织方式发生如下变化。第一，企业组织结构扁平化。在大规模生产方式下，企业为了实现产品差异化，通常是在内部设立不同事业部负责不同的产线，科层组织可以更有效地协调部门之间的信息传递，降低企业内部的交易成本。但是随着企业规模的不断扩大，特别是一些企业横向一体化不断变大后，部门间信息传递效率低下的"大企业病"日益严重。但是到了信息化时代，信息的收集、传递和分析的成本明显降低，企业管理对科层结构的依赖程度也相应下降，企业结构呈现出扁平化的趋势。第二，企业网络这一新型产业组织兴起。在第二次工业革命时代，生产高度一体化要求企业具有较强的资源动员能力，要求企业掌握技术、职能和管理三类知识（Chandler，2005）。通常而言，一体化大企业能够利用相对稳定的盈利支撑这三类知识的获取，因而更具优势。但是到了信息化时代，生产一体化转向碎片化，原先在企业内部完成的业务流程越来越多地由企业间协作完成。更为重要的是，信息大爆炸一方面降低了企业的知识学习成本，另一方面企业间信息传递效率的提高也更方便利用知识的互补性。因此，在某些产业，企业网络这种新型产业组织方式的重要性不断提升。

（三）新一轮技术经济范式转变与产业转型升级的趋势

目前关于新一轮工业革命最常见的表述有两点：一是第三次工业革命，二是工业化的第四个阶段（又称"工业4.0"）。无论采用哪种表述方法，均认为呼之欲出的"工业革命"将助推工业从信息化向智能化跃升。按照技术经济范式理论，新一轮工业革命并非孤立事件，而是200多年"连续发生的工业革命"的拓展与升华。因此，本研究将新一轮工业革命称之为第六次技术经济范式。本小节我们将严格按照技术经济范式的分析框架，结合当前主要工业化国家及我国应对新一轮工业革命的探索实践和政策调整，研判第六次技术经济范式发生与拓展过程，展望生产组织方式可能的变革及相应的理论含义。受传统工业革命史研究思路的影响，人们好奇的首要问题是新工业革命的"标志性"技术是什么。各界对此问题的关注引起了对3D打印、工业机器人、人工智能等新型制造技术的热切关注（中国社会科学院工业经济研究所，2012；黄阳华、吕铁，2013；黄阳华等，2015）。这些新型制造技术更准确的表述是先导产业，它们虽然对产业和经济社会的转型升级具有不可替代的作用，但是其自身的发展并不是自我实现的，而是严重依赖于两个前提条件：一是核心要素变得物美价廉，二是基础设施及时升级以满足先导产业发展所需。因此，虽然各界普遍关注新一轮工业革命中的标志性技术或者先导产业，但是更为本质的问题有两点：一是什么要素是这些先导产业部门扩张所必需的核心投入？二是这些先导产业扩张需要什么新型基础设施的支撑？

1. 数据将成为核心投入

不同于以往技术经济范式的转换高度依赖于物理装备的升级，驱动第六次技术经济范式的核心要素将是数据。换言之，数据要素将会成为决定未来工业化水平的最稀缺要素（Aghion 和 Howitt，1998）。因此，相比于先导产业的更替，核心要素的更替更具革命性。虽然工业机器人、3D 打印、人工智能等新型制造装备进一步提升了生产的自动化和柔性，但是仅是生产效率的提升尚不足以引发"革命性"的变化。按照目前美国"工业互联网"、德国"工业 4.0 计划"和我国"互联网+"战略的设计和部署，迅猛发展的新一代互联网技术加速向制造业领域渗透，与新型制造技术深度融合后推动既有制造系统发生重大转变，也就促使数据要素成为驱动生产组织方式变革的关键要素。自 20 世纪 70 年代工厂引入"可编程控制器"（Programmable Logic Controller，PLC）后逐渐完成了初等信息化，但是与智能制造仍然有显著区别。[①] PLC 仅实现了虚拟信息世界向现实物理世界的单向输出，物理世界并不能向信息世界做出反馈，数据的产生、采集、分析和利用也都是单向的，数据要素对企业边际利润的贡献附着于物质资本，缺乏显著性和独立性。

新一代互联网技术向生产的全面渗透将彻底改变这种局面，并大幅提升数据对企业边际利润的贡献。当前，代表全球制造业最高水平的国际知名企业的探索实践征兆着数据的获取和配置不仅进一步提高生产效率，而且正在挑战流水线生产方式。博世集团和西门子集团等德国的工业巨头是德国"工业 4.0 计划"的主要倡导者和实践者，正在围绕数据构建智能环境和以此为基础的"智能工厂"，即在制造装备、原材料、零部件、生产设

---

① 可编程控制器即工业控制计算机，其基本架构与个人计算机类似，即通过可编程存储器执行顺序控制、定时和计算等操作指令，通过输入和输出接口控制各类制造设备，达到干预生产过程的目的。

施及产品上广泛植入智能传感器，借助物联网和服务网实现终端之间的实时数据交换，达到实时行动触发和智能控制，实现对生产进行全生命周期的个性化管理。智能工厂为智能产品的生产奠定了坚实的基础。智能产品记录了消费者的需求特征以及从生产、配送到使用的全过程数据，在生产过程当中可根据消费者的个性化需求，以数据交换的形式与生产设备"对话"，选择最优的配料和排产方案，极大地提高了制造系统的柔性。曾被福特制替代的"大规模定制"这一生产组织方式重新具有了技术和经济可行性。

数据要素对于生产系统重构的意义还在于形成智能工厂和智能产品的闭环。依托物理—信息系统，生产数据和消费数据形成大数据系统，经实时分析和数据归并后形成"智能数据"，再经可视化和交互式处理后，实时向智能工厂反馈产品和工艺的优化方案，从而形成"智能工厂—智能产品—智能数据"的闭环，驱动生产系统智能化。这一切的实现既依赖于数据这一新型生产要素的生成和利用，也依赖于"云设施"的升级与完善。如同资本要素的供给来自于资本积累，劳动要素的供给来自于人口增长和教育，数据要素的供给则依赖于传感器和高速通信设施的广泛应用。因此，在数据要素成为核心投入的过程中，"可以廉价获得"的传感器便是新一轮技术经济范式中派生出的核心要素。按照德国"工业4.0"计划的部署，新型传感器单价将降至1欧元以下，即便广泛植入也不会造成使用成本的显著增加，这样便可以有效提高数据要素的积累效率。

2. 通信基础设施的重要性将超过交通基础设施

核心投入与基础设施的动态匹配是促进先导产业快速发展的必要条件。历史经验表明，核心投入"可以廉价获得"是基础设施快速完善的产业基础，基础设施建设的巨大需求为核心投入产业的发展提供初始市场，从而形成正反馈效应。例如，与铁、煤相匹配的基础设施是运河和铁路，与钢相匹配的基础设施是钢轨和钢船，与石油、天然气相匹配的基础设施是高速公路、机场等，与集成电路相匹配的是互联网。随着数据要素（及其相派生的传感器）成为新技术经济范式的核心投入，那么问题是：第五次技术经济范式中形成的基础设施（互联网）是否与新兴的数据要素相适应？对此问题的解答，需从互联网的演进历程加以剖析。

互联网发展至今经历了三个阶段。第一代互联网（1969~1989 年），即军事和科研阿帕网，主要用于公共部门的内网使用。第二代互联网（1990~2005 年），即基于个人计算机的万维网，刺激了电子商务呈爆炸性增长。在互联网取得巨大成功的同时也面临着严峻的挑战：一是架构灵活性不高，难以适应不断涌现的新业态的需求；二是难以满足未来海量数据增长的需求；三是实时性、安全性和灵活性尚不能满足产业融合发展所需，工业互联网、能源互联网、互联网金融、车联网等对互联网的升级提出了强烈且迫切的需求。为了克服这些问题和局限性，互联网技术正在通过多条技术路线向第三个阶段演进。其中，传统 IP 网络向软件定义网络（SDN）转变便是一大趋势，可实现数据层和控制层的分离，定义和编程网络设备资源，实时反馈网络及网络设施的运行状态，提高网络部署的灵活化和稳定性。

当前，新一代互联网基础设施对核心要素和先导产业的支撑还远远不够，但是已经在加速集聚爆炸式发展所需的资源。首先，在政府层面，美国、欧盟和日本等的公共研究机构已经立项研究新一代互联网技术路线，讨论和制定新一代互联网的协议。例如，2011 年美国通过了《联邦政府云战略》，将 1/4（约 200 亿美元）联邦政府 IT 支出转为采购第三方公共云服务；2012 年欧盟发布"发挥欧洲云计算潜力"战略，在各领域推广云计算的应用。其次，在产业层面，2012 年，13 家全球主要电信运营商共同发起了网络功能虚拟化组织，截至 2014 年 10 月，已有 250 家网络运营商、电信设备供应商、IT 设备供应商以及技术供应商参与。同时，2013 年全球主要电信设备和软件公司联合开发 SDN 控制器和操作系统。再次，在技术层面,新一代光网络、新一代无线网络(5G、Wi-Fi)、物联网、云计算(云网络)等网络基础设施在硬件设备开发、网络协议和标准制定、网络传输速度和频谱利用率提升、功耗和延时降低、兼容性、灵活性和安全性等方面取得了一定的进展。最后,新一代互联网基础设施在应用层的潜力逐步显现。在产业应用层面,以物联网为例,2012 年全球物联网市场规模约 1700 亿美元,预计 2015 年将接近 3500 亿美元,年增长率约 25%。2012 年全球云计算市场规模达到 1072 亿美元,预计 2017 年将达到 2442 亿美元。在企业应用层面,除了上述德国企业正在利用物联网和服务网构建智能工厂,谷歌公司数据中心通过 SDN 将链路平均使用率从 30% 提升至 95%,并于 2014 年第一季度投入 23 亿美元,采用最新网络技术构建骨干网满足公司快速增长的需要。在政府应用层面,2014 年 6 月新加坡推出建设世界上首个"智慧国家 2025 计划",为大多数家庭提供超快的 1Gbps 网速,在线提供 98% 的政府公共服务。我国政府也提出了"互联网+",大力促进互联网技术更广泛、更深入地融入到各行各业(黄阳华等,2015)。

我们认为,新一代互联网基础设施逐步完善,将为数据要素的积累和配置提供有力支撑,同时数据的利用能够提升新一代互联网基础设施的投资收益率,从而形成第六次技术经济范式的两大核心构件。

3. 制造智能发挥先导产业的作用

新一代互联网技术与制造业融合后,将为制造业的效率提升和价值创造带来新的机遇。第一,引领产品的智能化和网络化。"硬件+软件+网络互联"正逐渐成为产品的基本构成,并呈现出个性化和差异化趋势。例如,消费领域的智能手机、可穿戴设备、智能家电、智能家居,工业领域的智能机器人、智能专用设备以及新型传感器、视觉识别装置等组件。智能产品可通过网络实时和厂商、第三方服务提供商或上层智能控制平台通信,拓展产品功能和延伸服务需求。第二,推动生产和管理流程智能化。企业内部制造流程将整合至一个数字化、网络化和智能化平台,各种机器设备和数据信息互联互通，为优化决策提供支持。制造业的柔性进一步提高，消费者的个性化需求能够得到充分满足。第三，推动研发设计的网络化协同发展。研发设计部门和生产制造部门的界面信息进一步整合，"虚拟制造"有效提高研发效率，客户还可以通过网络参与在线设计融入个性化需求，有效缩短研发设计周期。第四，推动企业组织变革。不同层面的数据和信息可通过高速网络便捷传递，企业组织进一步扁平化。企业间组织趋于模块化，最大程度降低信息成本，重塑产业价值链。第五，推动制造业企业服务化转型。制造过程高度数字化，产品数据全生命周期集成，企业通过互联网及时获取消费者需求从而实现服务型制造，"私人定制"、"按需定制"和"网络定制"等服务模式将更加普遍。

制造业智能化将为其他领域提供通用技术。第一，在生产端，智能工厂生产的智能化装备和中间产品是其他产业的投入物。无论是新一代互联网设施的建设，传感器价廉量大的供给，还是智能交通、智能电网、智能物流、智能家居等智能系统的建设，都依赖于智能中间品的供给。第二，在消费端，应该认识到满足消费者对智能化、个性化产品需求的前提是生产系统的智能化，没有制造业智能化的商业模式的创新将是空中楼阁。第三，智能制造还对其他产业产生了较好的示范效应。以美国通用电气公司的工业互联网为例，该公司的新一代 GEnx 飞机发动机上装有 26 个传感器，以 16 次/秒的频率监测 300 个参数，仅一次长途飞行就可以存储 1.5 亿份数据，翔实地记录了航班的运行状态，发动机性能与效率。这些数据被传送至驾驶室和地面数据中心，经分析后用于监测、预测和改进发动机性能，有效缓解飞机的维修压力，从而降低航班延误的损失。仅此一项，就可以节约 20 亿美元/年的成本。以数据为核心对生产和服务流程再造的案例越来越多。

4. 新型生产组织方式的兴起

虽然企业内部治理结构的扁平化和企业间联络不断增强，但是并不表示生产组织方式不会出现"革命性变化"。以数据为核心投入、智能制造为先导部门、新一代互联网基础设施为主要内容的新一轮技术经济范式正在蚕食福特制（及其改进版）的经济合理性。零部件的标准化是流水线生产的前提，这就限制了产品的多样化，导致产品多样化大幅度减少。之所以出现产品多样化（个性化）和产量（规模经济）之间的权衡，是由于两方面的原因：一是制造业的生产流程投资具有专用性，调整产品种类需要转换生产线；二是产品零部件标准化程度高，零部件的调整成本高。过高的生产线和零部件转换成本使得产品调整不经济。因此，以标准化为核心的福特制虽然提高了生产效率，但是必须支付制造系统柔性低下的机会成本。

以数据为核心投入的新型制造系统具有更高的柔性。① 第一，刚性生产系统转向可重构生产系统，客户需求管理能力的重要性不断提升。可重构生产系统以重排、重复利用和更新系统组态或子系统的方式，根据市场需求变化实现快速调试及制造，具有很强的兼容性、灵活性及突出的生产能力，实现生产制造与市场需求之间的动态匹配。例如，德国大众汽车开发的"模块化横向矩阵"可以在同一生产线上生产所有车型的底盘，可及时根据市场需求在时间上和空间上的变化灵活调整车型和产能。这一过程也表明制造业从产品模块化演化为生产线模块化。第二，大规模生产转向大规模定制，范围经济可能超过规模经济成为企业的优先竞争策略（Chandler，2005）。可重构生产系统使得大规模定制具备经济可行性，企业依靠规模经济降低成本的竞争策略的重要性也将有所下降。未来，满足消费者个性化需求将取代规模经济，成为企业的主流竞争策略。为此，未来的企业组织将开放更多的接口直接面对消费者。第三，企业内部组织结构

---

① 快速成型技术（俗称 3D 打印）的发展也将提高生产流程的柔性。根据笔者在印度的调研，印度一家以柔性制造著称的领先的精密加工企业已经将 3D 打印列为未来几年企业重点开发的工艺，以进一步提高企业的柔性，满足不同客户对精密产品定制化需求。

需要调整，以提高数据要素的附加值。制造业智能化显著增加了生产的复杂度，对企业管理复杂度的能力也提出了更高要求。为此，企业内部的组织结构，从产品设计、原型开发，到资源、订单、生产计划的获取和组织，再到营销、售后服务，都需要按照新的产品价值链加以整合。包括顺应制造业服务化的趋势，提升企业内部支撑制造的服务部门的重要性；顺应从提供单一产品到提供一体化的解决方案的趋势，增强与消费者的互动能力；利用新型基础设施进行投融资方式和商业模式创新；加大对员工（特别是技术工人）终身学习计划的投入。第四，工厂制造转向社会化制造，产能呈现出分散化的趋势。企业组织的主要功能是降低生产的信息成本。随着大量物质流被数字化为信息流，生产组织中的各环节可被无限细分，从而使生产方式呈现出碎片化，企业的信息成本可能成为不可承受之重，生产出现了"去企业化"从而呈现出社会化制造的势头，即"共享经济"开始兴起。一些地区已出现专门为网络设计者、用户提供制造和产销服务的在线社区工厂，有效降低了产业的进入门槛；社交网络上出现了由个体组成的"虚拟工厂"，个人能够通过在线交流进行产品的研发、设计、筛选和完善，社会制造这一新型产业组织逐渐形成。

（四）新的技术经济范式下需求范式转变趋势

旧范式下形成的消费范式也将随着范式的转变而发生深刻变化，应该重视需求范式转变对产业转型升级的引导作用。作为经济"新常态"的主要特征之一，我国过去模仿型、排浪式消费阶段基本结束，主流消费更趋个性化、多样化，保证产品质量安全、通过创新供给激活需求的重要性显著上升。我们认为，在消费能力提升、信息技术与服务大发展、城镇化快速推进、新生消费群体成长等多重因素的共同作用下，我国消费已经逐渐从"数量型短缺"转向"品质型短缺"。

第一，耐用消费品在城乡基本普及，未来的趋势是性能升级。以家用电器为例，消费者已经不再满足于过去数量型短缺下的单一选择，更加注重家电的容积、功能和能效等综合性能，更为注重产品的外观设计和使用的便利化等，变频空调、滚筒洗衣机、大尺寸平台电视、精品厨电产品的占比不断提高。这对企业的技术能力、工艺水平、设计能力和服务响应能力都提出了更高的要求。

第二，非耐用消费品呈现出更加注重产品安全性、个性化、品牌和保健环保的趋势。新一代信息技术促进了信息流、物流和支付系统的快速发展，不仅有效降低了生产者与消费者的信息不对称性，拓宽了交易渠道，而且试验性消费者的示范效应更快地传递至普通消费者。在这种趋势之下，企业一方面要在一体化程度更高的市场上竞争，另一方面还要面对逐渐成为主流的个性化、定制化、多样化消费，不仅过去低价营销的效果加速渐弱，而且区域市场差异化策略要向产品差异化策略调整，对企业的技术能力提出了更高的要求。

第三，消费形态由物质型向服务型转变，线上线下融合的消费方式快速发展。产品的用户体验和服务是消费品质的重要组成部分，在产品原有的单一功能之上"嫁接"新的功能和服务成为消费新趋势。同时，消费者更多地通过在线平台完成搜寻、交易和体验商品。这对企业传统的产品开发管理和营销管理都带了严峻挑战。

消费品品质升级不仅对单个企业提出了新的要求，还对企业的供应链管理能力提出了更高要求。产品的设计与工程化定型、生产制造过程的良品率控制、关键零部件和原材料的供应都对终端产品的性能产生影响，要求产业链各环节的企业按照终端产品品质升级的要求进行全面提升，对产业转型升级具有较强的引导作用。

四、新范式下长三角地区产业转型升级的战略研究

近年来，长三角经济传统优势出现弱化，新的优势尚未形成，资源、环境、空间和成本约束加剧。上海工业技术、产品质量、品牌等在国内的

领先优势弱化，核心技术、设计、品牌等对外依存度较高，具有国际竞争力和影响力的本地企业较少，因此应在产业升级路径上重视高新技术产业和战略性新兴产业的培育和发展。江苏和浙江两省产业转型升级的总体导向是"腾笼换鸟"，即用战略性新兴产业逐步替代传统制造业，以制造业的高端化为产业转型升级的目标，在具体路径上还借鉴 GVC 的思路，增加制造业中高端服务业的投入强度。然而，在技术经济范式的视角下，这些所谓的产业转型升级"战略"仍然偏向于近期或中期。

正在孕育的第三次工业革命，为长三角地区把握全球新一轮科技和产业发展先机带来新的契机，也带来深刻的挑战。政府需要结合长三角地区的产业基础、基础设施、产业发展环境的现状，制定长三角地区产业转型升级的总体战略。今后长三角地区的产业政策和创新政策，宜按照技术经济范式核心组件的变化规律进行系统性的调整，加强顶层设计，增强各类政策之间的协调性。

首先，从重视"硬"装备到加强"软"系统。根据课题组在上海及周边地区的企业调研情况看，虽然长三角地区在与智能制造相关的高端装备、工业机器人、智能仪器仪表等方面具有较强的产业基础，但是该地区长期对数据要素的重视不够，制约了高端装备产品品质（如产品稳定性）的提升，也在一定程度上阻碍了上海市高端装备产业的持续发展。更为重要的是，对数据要素的轻视不符合制造业智能化的发展趋势。横向比较看，相比于美国工业互联网、德国"工业 4.0"计划以数据要素重新定义制造业，发展以"智能装备+智能软件+网络互联"三位一体的智能制造架构，长三角地区应该着力改变"重装备、轻软件"的现状。

长三角地区发展智能制造具有广阔的区域合作空间。上海应该在建设具有全球影响力的科技创新中心的过程中，联合周边地区在制造技术和信息技术领域的优势，率先在长三角地区培育出类似西门子、博世、通用电气这类提供全流程数字化解决方案的集成企业，加强数据要素的积累和开发利用，促进制造装备、工艺、产品和服务的智能化，成为我国制造业智能化的先行区。上海市在全国率先开展机器人研究，是我国最主要的机器人产业集聚区之一，在技术研发方面也具备一定基础。目前，除 ABB、发那科、安川电机、库卡等全球工业机器人领军企业在上海市已经建立合资企业之外，上海电气集团所属企业、沃迪自动化、安乃达、未来伙伴机器人等内资企业在技术研发和产业化应用方面都取得了较快发展。此外，上海交大和上海大学等高校也在机器人研发领域提供了重要智力支撑。上海不仅中高端制造业基础雄厚，而且 IT 基础设备完备，信息化程度普遍较高。软件和信息服务业近年来以年均 20% 的速度快速增长，工业软件发展在多个产业领域都有所建树。目前，在钢铁、城市轨道交通、数控系统、仪器仪表和自动控制等产业领域，上海市均处于全国领先地位，并且也形成了宝信软件、卡斯柯公司、开通数控公司、上海电气自仪股份等一批具有技术优势的企业。应充分发挥这些企业在制造业智能化发展中的基础性作用。浙江省在发展信息经济的同时，应该高度重视新兴信息经济对制造业的支撑作用，特别是加强富集的新兴数据类企业与长三角制造业企业的深度合作，将长三角的制造业优势和不断发展的数据优势相结合。

其次，信息通信基础设施升级需要加速推进，增强地区间信息基础设施的互联互通。长三角地区已经在宽带基础设施建设方面取得了长足发展。以上海市为例，上海市信息化发展水平国内领先，光纤到户覆盖能力和用户规模全国第一，WLAN 覆盖密度国内城市第一，城域网出口带宽全国第一，高清片源和高清电视、高清 IPTV 用户数全国第一，部分指标达到国际先进。但是，长三角地区信息通信基础设施距离满足"互联网+"向各领域融合的需求仍有较大差距，要在网络传输速度、降低网络能耗和降低数据服务资费方面继续加强。目前，长三角地区通信基础设施的发展局限于信息通信技术本身，发展重点着眼于消费领域，对制造业智能化的支撑作用直到最近才开始引起了注意。通信基础设施升级是数据要素的廉价且大量供给的必要条件，是制造业智能化的基础。未来，长三角地区在通信基础设施升级中应加强信息通信服务商与工业企业的对接，避免信息通信服务与企业智能化改造的需求不匹配问题。同时，在信息通信技术的标准制定方面加强国际合作，以信息通信技术标准的国际合作推动智能制造的国际化发展。

再次，数据要素和新一代互联网技术向制造业领域的渗透亟须加速。制造业智能化是驱动国民体系智能化的主要驱动力，脱离制造业升级的商业模式创新难以为继。我国互联网服务最广、数据要素积累最多、利用水平较高的是商业服务领域，如百度积累的用户需求数据、阿里巴巴积累的消费数据和腾讯积累的社交数据。这些在我国互联网高速发展中涌现出的具有全球影响力的互联网企业尚未将资本、数据、品牌、人才和技术优势导入至制造业领域。应鼓励这些企业集合各方面的资源，积极探索适合我国国情的制造业智能化发展之路。相比于北京、杭州、深圳等城市，长三角地区在互联网领域的优势并不突出，但是得益于坚实的制造业基础，长三角地区在生产制造数据方面的比较优势更为突出。今后，长三角地区应该继续增强生产制造数据的积累和利用，制造业智能化的趋势下掌握最核心的要素资源，成为全国乃至全球主要的生产制造技术中心。

最后，以开放、包容的态度对待生产组织方式的变革。相比于核心要素、基础设施、主导产业的演变，生产组织方式变革过程中新、旧利益集团的斗争更为激烈和漫长。生产组织方式变革过程顺利与否，直接影响到技术经济范式转变的效率。目前的产业规制和政策形成于上一轮技术经济范式，过去行之有效的公共政策可能会成为新型产业组织成长的阻碍，如产业边界划定、行业准入标准、知识产权保护和产业政策等都可能难以与新型生产组织方式相匹配。上海的发展有强势政府的特征，政府是发展城市经济的主体，对城市的各种资源直接进行配置，再通过现有资源吸收整合外资、民资，共同来经营城市。这种强势政府模式虽然有效，但短期有效是以牺牲长期活力为代价的，特别是抹杀了企业家精神、创新精神和创业竞争，不利于经济长期发展，也不利于抓住技术经济范式转变带来的发展机遇。今后，长三角地区应该给予新型生产组织试错机会，及时调整不合时宜的管制和政策，进一步减少对企业微观活动的直接干预，减少不利于创新的行政性审批，减少缺乏针对性的集中决策。

此外，除了上述供给侧的战略布局，长三角地区还应该重视需求范式转变的规律，充分发掘长三角地区作为全国领先市场的优势，在产业升级中更为重视市场需求的动态性，发挥需求在产业升级中的引领带动作用，在产品品质提升、定制化生产和消费模式转变中发掘促进产业升级的新动力。

第二章　产品架构视角下长三角制造业集成能力与产业竞争力研究

产品架构和集成能力为探索长三角和上海市如何掌握高端环节和高附加值产品提供了重要的视角。基于产品架构和技术集成能力的概念，本研究团队选择了上海、江苏、浙江三省（市）的电子行业与机械行业企业为抽样对象，共发放问卷 450 份，对长三角制造业的产品架构和技术集成能力进行了实证分析，并在此基础上提出了相应的政策建议。

一、新时代背景下长三角地区制造业的转型升级

（一）制造业转型升级是国际产业重新布局趋势下的必然要求

在美国次贷危机引导下的全球金融危机对各国经济产生的影响仍未消散。在互联网经济蓬勃发展的当下，虚拟经济的发展更需要实体经济，特别是制造业的强有力支撑，否则更容易爆发新一轮的金融危机。为此，制造业重新成为各国发展经济的重点，新一轮的工业革命已经兴起。德国大力推行"工业 4.0"计划，其制造业竞争力位居世界前列。美国重回制造业，提出了"再工业化"战略，计划将高新技术制造业迁回美国。世界范围内的产业布局正在发生着深刻变化。20 世纪 90 年代以来，中国一直是承接劳动力密集型环节产业转移的主要国家，而新一轮国际产业转移的一个重要特征就是，部分劳动密集型产业或者加工装配环节开始从中国转移出去，流向更具成本优势的其他地区。此次产业转移既有从发达经济体向发展中经济体的"顺势"转移，也包括由美国等发达经济体"再工业化"政策带来的高端制造业回流。

为了更好地参与全球制造业的重新布局，我国制定了《中国制造 2025》，以实现经济新常态下制造业的转型升级，实现从"中国制造"向"中国创

造"、从"中国速度"向"中国质量"、从"中国产品"向"中国品牌"的转变，完成中国制造业"由大变强"的战略任务。

长三角地区作为中国第一大经济区，应当走在制造业转型升级的前列。世界经济格局正在发生着变化，全球产业也在重新布局，数字化、智能化和定制化制造成为第三轮工业革命的重要特征，长三角制造业的成长环境发生了深刻变化。作为我国经济发展最为活跃的地区之一，长三角应该在制造业转型升级中发挥模范作用，开拓新思路，开辟新道路，建立新范式，引领中国制造业的转型升级，为实现《中国制造2025》的战略目标、提升中国制造业的国际竞争力做出应有的贡献。

（二）长三角地区制造业转型升级是引领中国制造业发展的必然要求

长三角地区的成长是中国经济发展的缩影。长三角地区经济发展历程可分为三个阶段：1978~1992年为第一阶段，这一时期长三角以"市场化"为主导推动经济调整和发展；1992~2008年为第二阶段，以上海浦东新区开发为标志，长三角进入加速开放阶段，通过主动融入国际分工体系，建立了世界级的制造业基地；2008年至今为第三阶段，长三角经济增速放缓，进入转型升级阶段。转型升级成为长三角地区经济发展的新主题和新任务，特别是在全球第三轮工业革命浪潮影响下，制造业的转型升级对长三角地区的经济发展和竞争力提升有着关键性的意义。

一组来自浙江省嘉兴市统计局关于长三角地区经济增长的数据显示，2014年，长三角核心区16个城市生产总值突破10万亿元，达到10.6万亿元，增长8.5%，高于全国平均水平1.1个百分点，三次产业继续平稳增长，第一产业、第二产业和第三产业增加值分别为0.32万亿元、4.85万亿元和5.43万亿元，分别比上年增长2.6%、7.5%和9.8%，第一产业增速低于全国平均1.5个百分点，第二、第三产业增速分别高于全国平均0.2个和1.7个百分点。长三角服务业比重首次超过50%，达到51.3%。2015年，长三角核心区16个城市生产总值11.3万亿元，增长8.2%，高于全国平均水平 1.3 个百分点，其中第一产业增加值 3168 亿元，第二产业增加值 4.91 万亿元，分别增长 1.8% 和 5.7%，第三产业增加值 6.08 万亿元，增长 10.8%。[①] 从这组数据可以看出，虽然长三角地区在全国经济发展中一直居于领先地位，三次产业比重也在不断调整，但其总量增速却在不断下滑，这意味着产业结构仅有转型还不够，更重要的是升级，而占据主要地位的制造业的转型升级又是重中之重。

目前长三角制造业在转型升级中还面临不少问题。其中一个重要问题是，制造业发展层次较低。当前长三角地区制造业仍然集中在劳动密集型产品方面，其加工贸易依然处于国际价值链的低端，加工制造档次仍处于低端。以高新技术产业为例，外资企业掌握着许多高附加值环节，内资企业由于核心竞争力不强，只能参与简单的加工装配环节。还有一个明显的问题是产业研发能力与国际先进水平存在较大差异。此外，从业人员整体层次有待提升。在制造业的各个环节，其制造性质及技术含量不一样，处在研发、营销等环节，技术含量高，雇佣人数少，而处在生产环节，技术含量不高，但雇佣人数较多，目前长三角地区大部分制造业仍属于劳动密集型产业。这些问题其实早已存在，而且长三角地区也在不断尝试推动制造业的转型升级，但实践结果并不理想。那么如何才能够更好地实现长三角地区制造业的转型升级呢？

（三）产品架构理论是探索长三角地区制造业转型升级的新视角

国内学术界有关长三角产业转型升级的研究仍然主要基于钱纳里和赛尔奎因开创的经典产业结构研究。而这些研究一直无法很有说服力地回答了长三角产业结构转型过程中一个日益突出的困惑，为什么对照一般的发展阶段特征，长三角的产业结构"高级化"程度已经达到了较高水平，但

[①] 资料来源：http://www.jiaxing.gov.cn/stjj/tjxx_6433/tjsj_6435/201504/t20150422_485326.html；
http://www.jiaxing.gov.cn/stjj/tjxx_6433/tjfx_6436/201604/t20160401_584644.html.

制造业的国际竞争力与发达工业国家相比却始终存在巨大差距，且其服务业比重虽然已经超过了一半以上，但其发展始终相对滞后？我们或许应该寻找新的视角来看待制造业转型升级问题，才有可能找到提升长三角区域竞争力的新途径。

本研究试图从产品架构的视角探讨长三角地区制造业的转型升级问题。产品架构源于设计理论、软件工程、运作管理和产品开发管理等多学科的知识综合，通过将产品功能分派给物理组块而形成系统性方案，体现了产品系统的分解和集成思想。每个组块由能实现产品功能的一个部件集合构成，即每个组块包含一个或多个部件，组块之间相互作用。长三角地区的三次产业结构从比例上来说已经趋于优化，而制造业和服务业的国际竞争力却没有明显提升，这意味着不能再仅仅从产业结构调整的角度解决问题，而应该从产品以及能力角度开拓新思路，寻找新途径。

20世纪80年代以来，随着国际分工的不断细化和网络型生产方式在全世界范围内的普及，各国的生产能力被纳入到全球生产网络之中，原先集中于一国的生产分散到不同国家，每个国家只专注于某个生产环节或者某个零部件。长三角地区在参与全球产业重新布局的过程中，如果能抓住产品附加值更高的生产环节或者零部件，将在国际竞争中掌握更多优势。而要探索如何掌握高端环节和高附加值产品的道路，则需要从产品架构的角度进行思考。产品架构有两种基本形式，一是"模块化"，二是"一体化"。"模块化"产品的零部件基本符合标准化的设计，具有通用性，每个零部件的功能较为完整，零部件之间接口也比较简洁。这种架构的产品装配不需要复杂的工艺技术，主要的技术要素都包含在承担完整功能的零部件设计和制造环节中。"一体化"则是指需要通过协调零部件的设计以使其达到效果最优化。这类产品零部件之间的协调关系只有被调整到最优程度，才能发挥出产品的整体功能。日本正是由于掌握了多项产品架构的设计能力，才能在经历了多年的"产业空心化"之后，还能重新进行战略调整，构建以电子仪表、信息通信器械为代表的高端产品出口基地，保持其在东亚的竞争优势。长三角地区要实现制造业转型升级，需要培养产品架构设计能力，掌握产品生产设计中关键的高附加值的环节，提升企业集成能力。这不仅是长三角地区制造业转型升级需要努力的方向，也是为了实现《中国制造2025》的战略目标而需要重点着力的方向。

二、产品架构与集成能力理论综述

（一）产品架构及模块化理论

产品架构是产品设计的重要结果，其形态可被称为是模块化的或一体化的。模块化是产品架构的一种相对属性，只有在与其他产品相比较的情况下，才可以说某个产品架构呈现出更模块化或更一体化的特性，极少有产品是严格的模块化或一体化的。一般而言，大多数产品是模块化与一体化的混合架构。在大多数情形下，企业要选择的不是完全模块化或完全一体化的产品架构，而是应该对哪些功能元素采用模块化或一体化的方式来处理，模块化产品架构只是产品架构演化过程中的一种状态，并没有最终设计。在企业发展和产品升级的过程中，产品架构会在模块化与一体化之间循环往复。当已有的产品设计在组块或界面上具有局限性时需要通过界面升级或进化来克服。

产品架构在寻求产品模块化设计、产品变化多样性、部件共享、产品快速改进、满足客户需求和应对知识复杂性等方面可以促进产品的设计创新。以产品架构为依托，借助模块化的产品设计，企业可以有效降低产品制造成本，从而提升竞争优势。产品架构可使企业在运作领域获取成本优势和时间优势，在产业层面获取战略价值，并影响产业结构和市场进入难度。产品架构的复杂性越高，其越会促进供应链的纵向集成。但是，产品架构的整合或模块化状态与供应链的集中或分散配置策略并不是一一对应的，但相互影响。产品架构的组合与分解影响供应链的激励效率，产品架构、流程架构与供应链架构之间存在相互制约和支持机制并影响供应链的绩效。产品架构的整合与分解能力不断演化，既可让复杂产品系统走向下游以系统集成的方式提供高附加值的服务与解决方案，从而实现整体解决方案的商业模式，也可对复杂信息产品架构进行部件化设计以保持其价值和突破规模经济瓶颈，从而实现规模化经营的商业模式，还可通过模块化产品架构推动产品的国际标准化，从而实现联盟式商业模式。

（二）企业集成能力理论

1. 企业集成能力的概念与类型

国内外管理学界对集成能力的内涵和结构提出了多种见解，但大体都遵循着"内部集成能力—外部集成能力"和"静态集成能力—动态集成能力"两种分类方式。不过，比较二者的分类逻辑可知，集成活动带来的创新成果是这两种分类方式一条共同的基本线索，只是前者以单次创新项目为观测对象，根据组织的空间边界对集成能力分类；后者则以较长时间内的企业活动为观测对象，根据创新的时间边界对集成能力分类。具体而言，"内部集成能力—外部集成能力"分类最初来自于 Iansiti、Clark、Fujimoto 等学者对汽车行业和电子行业中总成企业新产品开发项目的研究，旨在寻找高不确定性环境中企业保持新产品开发项目高绩效所需具备的能力。他们将新产品开发活动分为产品概念开发和产品概念实施两个阶段，认为成功的概念开发要求企业具备超越组织边界探索对外部变化可行回应的问题解决能力，即外部集成能力；成功的概念实施则要求企业具备恰当管理内部资源以实现所选定的对外部变化可行回应的问题解决能力，即内部集成能力。尽管 Iansiti 等人并没有特别指出由产品概念开发与概念实施各自对应的创新成果，但涉及产品概念的创新显然更接近"模块创新—架构创新"连续统的右端，而只涉及概念实施的创新更接近该连续统的左端。他们特别指出，外部集成与内部集成共同产出的不只是新技术组合与新产品，更是可更新组织能力基础的全新知识，成为下一轮能力基础更新的起点。

与内部集成能力—外部集成能力相对照，由 Brusoni、Prencipe 等率先提出的"静态集成能力—动态集成能力"分类则与"模块创新—架构创新"形成了更直接的对应关系。根据产品模块与整体架构变动与否，他们将集成能力划分为两类：一是在产品架构成熟、稳定的情况下实现技术与组织协调同步的能力，即静态集成能力；二是搜寻、探索新产品与过程组合（技术可能性）的能力，即动态集成能力。尽管 Brusoni 等人并未明确地将两类集成能力与"模块创新—架构创新"概念相联系，但显而易见，静态集成能力的实施不会触动现有产品架构，只带来效率改进或模块创新；而动态集成能力的实施则以创造新技术可能性组合为目标，会重新定义技术或组件之间的相依性（即架构创新）。

2. 企业集成能力培养

企业集成能力建设有两种重要机制，一是"干中学"，二是"用中学"。所谓"干中学"，是指集成企业在产品投入使用后不断发现问题，解决问题，并由此积累更强的集成能力。例如，延伸进入服务环节的集成企业能从运营服务中学到设计与集成的相关知识，形成"集成—服务—再集成"的内部增益闭环，提升系统再设计的可靠性和效率。而不提供运营服务且完全依赖外部供应商提供技术与设备的集成企业则无法从这样的动态反馈环中获益。所谓"用中学"，是指运营商与服务商协同识别出复杂产品系统的改进机会，并向集成企业做出反馈。"干中学"与"用中学"机制的共同点在于不再将产品应用视为集成创新的终点，而是将其视为集成能力建设的有机组成部分。集成能力建设是在"干中学"和"用中学"中不断提高的连续过程。

（三）集成能力与产品架构

企业在模块化架构和一体化架构的产品开发过程各阶段要求的技能和

组织能力不同。模块化产品架构开发要求企业具有较强的系统工程能力和自上而下的架构规划能力，一体化产品架构开发则要求企业具有较强的协调与整合能力。也就是说，企业针对不同的产品架构类型，需要与之相适应的能力，才能发挥自身在产品架构中的作用。

1. 与模块化生产相适应的能力需要

模块化生产更多需要的是外部集成能力。外部集成能力不只是传统意义上的组织间信息交流与活动协调，其本质是知识的生产、积累与融合，是将有关技术可能性的新知识与作为组织能力基础的现有知识相融合，并创造或选择具有市场前景的技术可能性的能力。因此，这一能力包含两个维度，一是接入新信息来源并获取信息的能力，二是将新技术可能性与企业现有知识相关联的能力。外部集成能力更多地表现为对供应商的集成能力。集成企业即使从供应商处采购全部硬件模块，也需要掌握超出自身生产范围（即整体组装）之外的知识，才能保有识别并产出具有商业价值的集成创新的能力。

2. 与一体化生产相适应的能力需要

一体化生产更多需要的是内部集成能力。内部集成能力指的是企业跨职能团队在产品开发早期即以并行工程的方式同时参与到产品设计、工艺设计、生产制造等过程中以最大限度减少后续环节中可能问题的能力。从更宽泛的定义来说，内部集成能力是指在企业内部跨越不同科学领域的边界有效交换信息的能力。此外，内部集成能力还包括内部职能与结构的跨职能协同。内部集成能力专注于管理内部资源、实现选定对外部变化可行回应的问题解决能力，重点在于管理内部技能、协调组织单元、为组件确定发展方向并聚焦的能力。

三、研究设计

（一）数据收集

鉴于企业集成能力和产品集成度在本研究中的中心作用，综合考虑长三角地区近年来在产业结构高级化趋势中的代表性以及电子类、机械类产品在产品集成度方面的典型性，本研究团队选择了上海、江苏、浙江三省（市）的电子行业与机械行业企业为抽样对象，共发放问卷 450 份。因问卷发放与回收依托于中国社会科学院陆家嘴研究基地，问卷回收率与有效率非常高。450 份问卷全部得以回收，回收率达到 100%；在剔除 15 份数据残缺、严重重复、自身数据相互矛盾、验证题项未通过的问卷后，最终得到有效问卷 435 份，问卷有效率为 96.7%。

（二）变量定义与测量

作为国内首批尝试对企业集成能力做多维度量化处理的研究，本研究使用的测量题项多数来自于国外文献中的成熟量表，或由成熟量表改编而成。但为了提高相关量表在中国情境下的适用性，更充分、准确地验证理论模型与相关假设，本研究团队同时对上海市经信委、上海市科委高新处、苏州工业园区管委会等政府主管部门以及上海振华重工集团、上海自动化仪表股份有限公司、金石机器人常州有限公司、苏州旭创科技有限公司等代表性创新型企业开展了深入调研和访谈，并从中抽取了访谈者提及最为频繁、提及影响机制最具启发性和一致性的前因要素，用于改进已有量表中的测量题项。最终，在文献研究、专家建议、调研访谈和预分析的基础上，本研究团队确定了如表 4 所示的变量定义与测量方式；各变量的一致性系数均在 0.70 或以上，表明问卷具有良好的信度水平。

（1）因变量：产品竞争力。本研究从产品创新能力和产品质量能力两方面测量企业的产品竞争力。其中，产品创新能力指的是企业开发新产品或新产品特性的能力。持续的产品创新可促进流程创新和组织学习，加快改善之前的产品设计或质量缺陷，缩短产品上市时间，使产品贴近最新客户需求，进而增加产品竞争力。产品质量能力指的是企业设计和生产可满足客户期望的产品的能力。Buzzell 和 Gale 发现，在使用 PIMS（Profit Impact of Market Share）数据的大量研究中，产品质量能力是预测产品市场份额和企业整体利润率的最具一致性的显著指标，可直接反映企业的产品竞争力。本研究使用 Likert 5 分制测度产品创新能力和产品质量能力，得分越高，表明企业的产品竞争力越强。

（2）自变量：企业集成能力。根据 Koufteros 等对金属装配件、工商业用机器、电子及电子设备与配件、运输装备四个行业中的制造业企业数据的定量分析结果，企业集成能力包括内部集成能力、顾客集成能力、供应商产品集成能力和供应商流程集成能力四个维度。其中，内部集成能力指的是企业跨职能团队在产品开发早期即以并行工程的方式同时参与到产品设计、工艺设计、生产制造等过程中以最大限度减少后续环节中可能问题的能力，顾客集成能力指的是企业识别用户需求并调整内部活动以满足用户需求的能力，供应商产品集成能力指的是企业将与本企业产品开发相关的产品工程、零部件开发、整体组件开发等责任直接赋予供应商并协同供应商活动的能力，供应商流程集成能力指的是企业将供应商纳入企业内部产品开发过程、帮助供应商了解产品开发项目的范围与性质并促使供应商为产品开发项目贡献知识与特长的能力。本研究使用 Likert 5 分制测度企业集成能力，得分越高，表明集成能力越强。

（3）中介变量：产品集成度。Fujimoto 和 Oshika 对 33 家日本公司生产的 254 种产品的分析表明，产品集成度的测算方式与维度因产品类型（组装产品或加工制造产品）的不同而有所差别。根据这一思路，本研究在衡量组装产品的产品集成度的同时测量了产品架构集成度和产品流程集成度两个维度，在衡量加工制造产品的产品集成度时则只测量了产品集成度的单一维度。在测量中，本研究统一使用 Likert 5 分制，得分越高，表明产

表 4　变量定义与测量

	名称	符号	具体题项（来源）
因变量	产品创新能力（α=0.879）	CPI	请针对以下描述给公司情况打分：①本公司开发独特的产品特性的产品和新产品特性的能力很强；②本公司开发新产品的能力很强；③本公司大批量开发新产品特性的能力很强；④本公司开发新产品特性的能力很强（Koufteros 等，2005）
	产品质量能力（α=0.847）	CPQ	请针对以下描述给公司情况打分：①本公司为客户提供其功能需要的产品的能力很强；②本公司为客户提供其安全使用需要的产品的能力很强；③本公司为客户提供其耐用性要求的产品的能力很强；④本公司对其具有高价值的产品的可靠性很强；⑤本公司为客户提供满足其时用性要求的产品的能力很强；⑥本公司为客户提供满足其质量预期的产品的能力很强；⑦本公司为客户提供满足其高性能要求的产品的能力很强（Koufteros 等，2005）
自变量	内部集成能力（α=0.764）	CIINT	本公司主要产品开发时：①产品的大部分生产流程设计是与产品设计同步完成的；②产品开发活动是同步进行的；③参与产品开发的员工在群体间常工作的；④参与产品开发的员工群体追求彼此信任；⑤参与产品开发的员工是以一个团队的形式开展工作的；⑥参与产品开发的员工群体间享信息；⑦采购经理在产品开发早期即参与到开发项目中；⑧工艺工程师在产品开发早期即参与到开发项目中；⑨制造环节人员在产品开发早期即参与到开发项目中；⑩多个不同领域的人员在产品开发早期即参与到开发项目中（Koufteros 等，2005）
	顾客集成能力（α=0.777）	CCINT	本公司主要产品开发时：①在产品概念开发过程中，我们会聆听客户的需求；②我们会拜访客户，与客户讨论产品开发相关事宜；③我们会研究客户如何使用本公司的产品；④本公司产品开发人员会与客户会面（Koufteros 等，2005）
	供应商产品集成能力（α=0.848）	CSINT1	本公司主要产品开发时：①供应商为本公司进行零部件的工程（工艺）设计；②供应商为本公司开发整体组件；③供应商为本公司开发零部件（Koufteros 等，2005）
	供应商流程集成能力（α=0.838）	CSINT2	本公司主要产品开发时：①供应商在本公司新产品开发早期即参与到开发项目中；②本公司会向供应商咨询其为本公司设计零部件时的投入；③本公司在新产品开发过程中会利用供应商的特有技术与知识（Koufteros 等，2005）

续表

	名称	符号	具体题项（来源）
调节变量	组装产品的产品集成度（α=0.725）	INT-ASSEM	对本公司主要产品而言：①该产品的主要零部件和原材料都是针对该装备专门定制的；②该产品组件之间的接口是针对该产品专门定制的；③该产品的各组件在设计参数上相互依赖（如零部件之间的相互干扰和重量方面的平衡）；④该产品要求集成企业和供应商在组件设计、材料设计等方面紧密合作；⑤为应对原材料或上游装备和产品组件的变化和误差，该产品的加工设计和设计参数需要精确调整；⑥无法通过混合搭配标准生产设备来提高该产品的质量，必须通过专门定制的设备才能提高该产品的质量（Fujimoto, 2006）
	加工制造产品的产品集成度（α=0.705）	INT-PRO	对本公司主要产品而言：①为使客户满意，本公司产品需要同时实现更多的性能要求；②为应对原材料或上游装备和产品组件的变化和误差，该产品的加工设计参数需要精确调整；③该产品的主要生产工艺或生产设备由本公司自行设计或制造；④要使该产品达到客户要求的性能，必须精确调整产品生产过程中的控制参数数（Fujimoto, 2006）
控制变量	企业存续年限	AGE	至2015年底的企业存续年数
	企业规模	EM	本公司现有员工人数
	行业	IY	本公司所在行业：1=电子行业；0=机械行业

资料来源：笔者整理。

品集成度越高。

（4）控制变量：企业存续年限、企业规模、行业。本研究对控制变量的选择主要基于既往考察技术集成与企业绩效关系的文献。由于企业协调内外部资源以及从事新产品开发活动的频率会随着存续时间的延长而增强，本研究将截至2015年底的企业存续年限作为控制变量纳入实证分析。考虑到企业规模对新产品开发特别是对该过程中资源可得性的可能影响，本研究引入了这一控制变量，并采用已有相关文献中常用的员工数量而非资产规模作为衡量指标。由于企业面临的技术可能性、新产品开发收益、新产品开发与商业化速度均因行业而异，本研究还采用了行业哑变量作为控制变量。

四、实证检验结果与分析

（一）描述性统计与相关分析结果

关键变量描述性统计分析结果（如表5所示）表明：①组装产品生产企业的平均产品创新能力和产品质量能力均高于加工制造产品生产企业；②不论是组装产品生产企业还是加工制造产品生产企业，顾客集成能力均高于其他三类集成能力。对前一分布特征，一种可能的解释是，尽管长三角地区的电子行业与机械行业正逐渐转向技术创新驱动、二三产业融合的发展模式，但因大量企业早期以国际代工方式起步，能力积累集中在零部件组装和整机装配方面的早期影响仍未消除。在这一情况下，以生产组装产品为主的企业群体可通过大比例的零部件外部采购，迅速将最新技术变革与顾客需求整合到自身生产的半成品或最终产品之中；生产加工制造产品为主的企业群体则因前期积累不足，正向设计和研发能力相对缺失，在产品创新和产品质量的提升速度与程度上暂时稍逊于前一类企业。对后一分布特征，比较直观的解释是，对典型的技术密集型和资金密集型行业而言，后发国家企业的竞争优势更多地来自于对本土顾客与市场需求的深入

表 5 关键变量描述性统计结果（按产品类型分类）

变量	全体样本		组装产品生产企业		加工制造产品生产企业	
	均值	标准差	均值	标准差	均值	标准差
产品创新能力	3.5615	0.7617	3.6201	0.7450	3.4225	0.7855
产品质量能力	4.1228	0.5082	4.1611	0.5195	4.0299	0.4693
内部集成能力	3.7515	0.4471	3.7543	0.4438	3.7450	0.4567
顾客集成能力	4.1591	0.6592	4.1895	0.6762	4.0872	0.6137
供应商产品集成能力	3.0223	0.8420	3.2159	0.7466	2.5633	0.8797
供应商流程集成能力	2.8015	0.8537	2.8758	0.9097	2.6253	0.6744
产品架构集成度			0.9097	0.5425	3.8239	0.6956
样本数	435		306		129	

资料来源：笔者计算。

了解，而非卓越的内部管理与供应商管理能力。长三角地区的电子企业与机械企业虽然起步较早，但其能力发展仍然符合这一结构性特征。

关键变量相关分析结果（见表6）显示，各变量间的相关关系均达到了1%水平上的显著相关，说明变量之间确实存在着密不可分的联系，值得深入探讨其内在关系。

表 6 关键变量相关分析结果

变量	产品创新能力	产品质量能力	内部集成能力	顾客集成能力	供应商产品集成能力	供应商流程集成能力
产品创新能力	—					
产品质量能力	0.5485***	—				
内部集成能力	0.2523***	0.1609***	—			
顾客集成能力	0.3871***	0.1856***	0.3891***	—		
供应商产品集成能力	0.3027***	0.2959***	0.0067	0.2634***	—	
供应商流程集成能力	0.4275***	0.1775***	0.1488***	0.5507***	0.4345***	—

注：*** 表示在1%水平上显著相关，** 表示在5%水平上显著相关，* 表示在10%水平上显著相关。

资料来源：笔者计算。

（二）全样本回归分析结果

1. 集成能力与产品创新能力关系分析

表 7 展示了 435 家样本企业的集成能力与产品创新能力的回归分析结果，分别包括内部集成能力、顾客集成能力、供应商产品集成能力和供应商流程集成能力对产品创新能力的回归结果。

表 7　集成能力与产品创新能力关系分析结果

变量名	因变量：产品创新能力				
	模型 1-1	模型 1-2	模型 1-3	模型 1-4	模型 1-5
AGE	−0.0058 (0.0053)	−0.0053 (0.0053)	−0.0049 (0.0053)	−0.0071 (0.0052)	−0.0062 (0.0052)
EM	0.0000 (0.0000)	0.0000 (0.0000)	0.0000 (0.0000)	0.0000 (0.0000)	0.0000 (0.0000)
IY	0.8913*** (0.0593)	0.8705*** (0.0639)	0.7971*** (0.0683)	0.8365*** (0.0582)	0.7624*** (0.0700)
CIINT		0.0625 (0.0719)			
CCINT			0.1409*** (0.0519)		
CSINT1				0.1910*** (0.0346)	
CSINT2					0.1379*** (0.0410)
R^2	0.3476	0.3487	0.3586	0.3907	0.3643
Adjusted R^2	0.3430	0.3426	0.3526	0.3851	0.3584
ΔR^2		0.0011	0.0110	0.0431	0.0167
F 值	76.5334	57.5563	60.090786	68.9444	61.6008
样本量	435	435	435	435	435

注：①*** 表示在 1% 水平上显著相关，** 表示在 5% 水平上显著相关，* 表示在 10% 水平上显著相关。②回归方法为界面数据最小二乘法，括号中是回归系数标准差。下表同。
资料来源：笔者计算。

由表 7 所示的四种集成能力与产品创新能力回归分析结果可得知：

（1）内部集成能力对产品创新能力的影响不显著。内部集成能力与产品创新能力的回归分析未通过显著性检验，且两者回归分析系数仅为0.0625，表明内部集成能力对产品创新能力的影响关系微弱且不显著。这可能与长三角地区的企业类型分布有关系，相对于加工制造型生产企业来说，长三角的组装产品生产企业仍占较高比重。仅以此次样本调查来说，435家样本中组装产品生产企业有306家，占到样本量的70.33%，因此总样本的回归特征更多表现为组装产品生产企业的样本特征。组装产品生产企业在产品架构中的模块化程度较高，因此更多依赖于外部供应商集成能力，对内部集成能力的需求相对较小。而从后面子样本的回归分析结果来看，在没有考虑调节变量的调节效应的情况下，内部集成能力对加工制造产品生产企业的产品创新能力的影响主效应亦不显著，由此可见，除了样本比重的因素之外，全样本层面的内部集成能力对产品创新能力的影响效果不显著。之所以会出现这种情况，与长三角地区制造业企业目前的产品架构设计能力有着密切关系，关于这一点将在后面子样本中得到更多讨论。

（2）顾客集成能力对产品创新能力有显著影响。顾客集成能力与产品创新能力的回归系数为0.1409，并且在1%的水平上显著相关，表明顾客集成能力对产品创新能力产生正向显著性影响。这与表5所示的描述性统计结果具有较大关联，长三角地区样本企业顾客集成能力的均值为4.1591，高于其他类型的集成能力。这说明，长三角地区组装产品生产企业的顾客集成能力比较突出，这与长三角地区企业的本土优势有关，作为土生土长的中国企业，它们了解顾客的需求偏好，能够快速捕捉并响应顾客的需求变动，因而对顾客需求的满足能力相对其他能力而言较为突出。而顾客需求正是产品创新的方向和前提基础，掌握了顾客需求，便找到了产品创新的发力点，产品创新能力便得以提高。

（3）供应商集成能力对产品创新能力有显著影响。供应商产品集成能力和供应商流程集成能力对产品创新能力的回归系数分别为0.1910和0.1379，且均在1%的水平上显著相关，表明两种供应商集成能力均对产品创新能力产生正向显著性影响。与集成能力对产品创新能力影响不显著的解释一样，组装产品生产企业占样本比重较大，使得样本在很大程度上表现为产品架构的模块化程度较高，因此供应商集成能力更具影响性。除此之外，在国际化分工愈加细化的情况下，供应商在企业发展中发挥的作用也越来越大，很多情况下，供应商会参与企业的产品研发和创新，因此对企业创新能力提升有着重要影响。长三角是中国企业产业国际化分工的前沿阵地，在这一点上也表现得更为突出。

2. 集成能力与产品质量能力关系分析

表 8 展示了 435 家样本企业集成能力与产品质量能力的回归分析结果，分别包括内部集成能力、顾客集成能力、供应商产品集成能力和供应商流程集成能力对产品质量能力影响关系的回归结果。

表 8　集成能力与产品质量能力关系分析结果

变量名	因变量：产品质量能力				
	模型 2-1	模型 2-2	模型 2-3	模型 2-4	模型 2-5
AGE	0.0068 (0.0043)	0.0079 (0.0043)	0.0075 (0.0043)	0.0057 (0.0041)	0.0067 (0.0043)
EM	0.0000 (0.0000)	0.0000 (0.0000)	0.0000 (0.0000)	0.0000 (0.0000)	0.0000 (0.0000)
IY	0.1878*** (0.0479)	0.1432*** (0.0514)	0.1197** (0.0553)	0.1412*** (0.0468)	0.1283** (0.0570)
CIINT		0.1339** (0.0577)			
CCINT			0.1019** (0.0420)		
CSINT1				0.1623*** (0.0278)	
CSINT2					0.0637* (0.0334)
R^2	0.0440	0.0558	0.0568	0.1140	0.0520
Adjusted R^2	0.0373	0.0470	0.0481	0.1058	0.0432

续表

变量名	因变量：产品质量能力				
	模型 2-1	模型 2-2	模型 2-3	模型 2-4	模型 2-5
ΔR^2		0.0118	0.0128	0.0700	0.0080
F 值	6.6075	6.3514	6.4825	13.8328	5.8936
样本量	435	435	435	435	435

资料来源：笔者计算。

由表 8 所示的回归分析结果可知，所有类型的集成能力均对产品质量能力产生正向的显著性影响。具体分析如下：

（1）内部集成能力对产品质量能力有显著影响。内部集成能力与产品创新能力的回归分析系数为 0.1339，并且在 5% 的水平上显著相关，表明内部集成能力对产品质量能力产生正向显著性影响。不论是组装产品生产企业，还是加工制造产品生产企业，对产品质量的保证更多来自于企业内部力量。集成能力对产品质量能力的影响对加工制造产品生产企业来说是显而易见的，因为其大部分工作都留在企业内部完成。对于组装产品生产企业来说，不论处于产品生产的哪个环节或者模块中，都需要内部集成能力保证其所负责环节或模块的产品质量，内部集成能力对组装产品生产企业产品质量能力的正向影响也在稍后的子样本检验中得到了验证。

（2）顾客集成能力对产品质量能力有显著影响。顾客集成能力与产品质量能力的回归系数为 0.1019，并且在 5% 的水平上显著相关，表明顾客集成能力对产品质量能力产生正向显著性影响。顾客是检验产品质量的最高评审，因此对顾客满意情况的洞悉和对顾客回馈的反应，是企业提升产品质量的重要基础。特别是从卖方经济转变为买方经济以后，顾客对产品质量的要求也越来越高，有追求的企业更为重视对顾客态度的观察和响应，因此其产品质量在顾客集成能力强化的过程中得以提升。长三角地区聚集了国内优秀的组装产品生产企业和加工制造产品生产企业，他们对顾客需求的满足以及对顾客反馈的响应推动了产品质量的提升。

（3）供应商集成能力对产品质量能力有显著的影响关系，但两种不同类型的供应商集成能力对产品质量能力的影响程度及显著性水平存在一定差距。供应商产品集成能力与产品质量能力的回归系数为 0.1623，并且在 1%的水平上显著相关，表明供应商产品集成能力对产品质量能力产生正向显著性影响。供应商流程集成能力与产品质量能力的回归系数为 0.0637，并且在 10%的水平上显著相关，说明供应商流程集成能力对产品质量能力产生显著的正向影响，但是影响力度比较低。不管处在产品架构的哪一种模块化水平上，供应商的作用都更加重要。组装产品生产需要每一个环节或模块的质量保障才能保证最终产品的高质量。加工制造产品需要供应链上的供应商提供高质量的原材料或者半成品才能保障最终产品的高质量。而在供应商发挥质量保障作用的过程中，若要提升整个产品链的集成水平，需要各个环节流程的协调、整合和共同提升，因此供应商流程集成能力也在提升产品质量能力过程中发挥着作用。

虽然两种类型的供应商集成能力都对产品质量能力产生影响，但其程度有所差异，供应商产品集成能力比供应商流程集成能力的影响力更大，之所以会出现这种差异，可能是由于长三角企业目前更为注重产品的集成，而不是流程的集成，因此与供应商产品集成能力相比供应商流程集成能力的影响力稍差一些，这一点可从表 5 所示的变量描述性统计结果中两种供应商集成能力的均值差异上表现出来。

（三）组装产品样本企业回归分析结果

1. 集成能力与组装产品生产企业产品创新能力关系分析

（1）内部集成能力、顾客集成能力与组装产品生产企业产品创新能力关系分析。

表 9 展示了 306 家组装产品生产样本企业内部集成能力及顾客集成能力与组装产品生产企业产品创新能力的回归分析结果，以及组装产品的产品集成度的调节效应回归结果。

表9　内部集成能力、顾客集成能力与产品创新能力关系（组装产品生产企业）

变量名	因变量：产品创新能力						
	模型 3-1	模型 3-2-1	模型 3-2-2	模型 3-2-3	模型 3-3-1	模型 3-3-2	模型 3-3-3
AGE	−0.0100 (0.0063)	−0.0099 (0.0063)	−0.0103 (0.0064)	−0.0111 (0.0064)	−0.0093 (0.0062)	−0.0098 (0.0063)	−0.0096 (0.0063)
EM	0.0000 (0.0000)	0.0000 (0.0000)	0.0000 (0.0000)	0.0000 (0.0000)	0.0000 (0.0000)	0.0000 (0.0000)	0.0000 (0.0000)
IY	0.8585*** (0.0698)	0.8520*** (0.0742)	0.8311*** (0.0839)	0.8443*** (0.0845)	0.7239*** (0.0824)	0.7042*** (0.0875)	0.7014*** (0.0876)
CIINT		0.0217 (0.0836)	0.04219 (0.0920)	−0.6720 (0.5810)			
CCINT					0.1816*** (0.0610)	0.1855*** (0.0613)	0.4359 (0.3632)
INT−ASSEM			−0.0411 (0.0762)	−0.7120 (0.5442)		−0.0463 (0.0687)	0.2559 (0.4375)
CIINT× INT−ASSEM				0.1782 (0.1431)			
CCINT× INT−ASSEM							−0.0687 (0.0982)
R^2	0.3381	0.3383	0.3389	0.3423	0.3571	0.3581	0.3591
Adjusted R^2	0.3316	0.3295	0.3279	0.3291	0.3486	0.3474	0.3463
ΔR^2		0.0002	0.0006	0.0034	0.0190	0.0010	0.0010
F 值	51.4286	38.4692	30.7611	25.9396	41.7976	33.4683	27.9243
样本量	306	306	306	306	306	306	306

资料来源：笔者计算。

根据表9所示的检验结果，下面分别分析内部集成能力和顾客集成能力对组装产品生产企业产品创新能力的影响，以及在其影响过程中组装产品的产品集成度发挥的调节效应。

①内部集成能力方面。

内部集成能力对组装产品生产企业的产品创新能力的影响不显著。这可能与组装产品生产的模块化程度较高而一体化程度较低有关。组装产品更依赖于外部供应商集成能力，对内部集成能力的要求相对较低，因此内部集成能力的提升无法对组装产品生产企业产品创新能力的影响产生直接显著的影响。

加入组装产品的产品集成度这一调节变量之后，内部集成能力对产品创新能力的影响关系仍不显著，而且组装产品的产品集成度本身对产品创新能力的影响关系亦不显著，这说明内部集成能力及组装产品的产品集成度与产品创新能力之间均不存在显著的影响关系。加入两者的交互项后，交互项对产品创新能力的影响关系不显著，这说明，组装产品的产品集成度在内部集成能力影响产品创新能力的过程中没有发挥调节效应。由于内部集成能力及组装产品的产品集成度本身都没有对产品创新能力产生显著影响，因而两者的交互项对产品创新能力产生影响的可能性也非常小，调节变量的调节作用也无从发挥。

②顾客集成能力方面。

顾客集成能力对组装产品生产企业的产品创新能力有正向显著性影响，其回归系数为 0.1816，且在 1%的水平上显著。由前面表 5 可知，长三角地区全样本的顾客集成能力均值本身就比较高（4.1591），而且组装产品生产企业的顾客集成能力样本均值（4.1895）高于平均水平，这说明长三角地区的组装产品生产企业具有较高的顾客集成能力。如前全样本回归分析结果可知，顾客集成能力对产品创新能力的影响系数显著为正，其中很大程度上归功于组装产品生产企业的顾客集成能力对产品创新能力产生的影响。而从长三角地区实际情况来说，组装产品生产企业拥有本土优势，更为了解中国人的需求偏好和消费习惯，因此更易培养和提升顾客集成能力。

在加入组装产品的产品集成度这一调节变量之后，其影响回归系数变为 0.1855，且在 1%的水平上显著相关，而组装产品集成度本身对产品创新能力的影响系数为负值，但没有通过显著性检验。加入两者的交互项后，交互项对产品创新能力的影响关系不显著，这说明，组装产品的产品集成度在顾客集成能力影响产品创新能力的过程中没有发挥调节效应。

（2）供应商集成能力与组装产品生产企业产品创新能力关系分析。

表 10 展示了 306 家组装产品生产样本企业供应商集成能力与组装产品生产企业产品创新能力的回归分析结果，以及组装产品的产品集成度的调节效应回归结果。

表 10　供应商集成能力与产品创新能力关系（组装产品生产企业）

变量名	因变量：产品创新能力						
	模型 3-1	模型 3-4-1	模型 3-4-2	模型 3-4-3	模型 3-5-1	模型 3-5-2	模型 3-5-3
AGE	−0.0100 (0.0063)	−0.0103 (0.0062)	−0.0104* (0.0063	−0.0103 (0.0063)	−0.0104 (0.0062)	−0.0107* (0.0063)	−0.0107* (0.0063)
EM	0.0000 (0.0000)	0.0000 (0.0000)	0.0000 (0.0000)	0.0000 (0.0000)	0.0000 (0.0000)	0.0000 (0.0000)	0.0000 (0.0000)
IY	0.8585*** (0.0698)	0.7463*** (0.0764)	0.7435*** (0.0797)	0.7234*** (0.0812)	0.7383*** (0.0842)	0.7287*** (0.0879)	0.6974*** (0.0882)
CSINT1		0.1713*** (0.0512)	0.1708*** (0.0514)	0.5861* (0.3339)			
CSINT2					0.1162** (0.0463)	0.1161** (0.0463)	0.0762 (0.0490)
INT−ASSEM			−0.0085 (0.0684)	0.3578 (0.2989)		−0.0265 (0.0688)	−0.1257 (0.0801)
CSINT1× INT−ASSEM				−0.1127 (0.0895)			
CSINT2× INT−ASSEM							0.0347** (0.01470)
R^2	0.3381	0.3619	0.3619	0.3653	0.3517	0.3520	0.3639
Adjusted R^2	0.3316	0.3534	0.3513	0.3525	0.3431	0.3412	0.3511
ΔR^2		0.0238	0.0000	0.0034	0.0136	0.0003	0.0119
F 值	51.4286	42.6749	34.0313	28.6789	40.8257	32.5980	28.5056
样本量	306	306	306	306	306	306	306

资料来源：笔者计算。

根据表 10 所示的检验结果，下面分别分析供应商产品集成能力和供应商流程集成能力对组装产品生产企业产品创新能力的影响，以及在其影响过程中组装产品的产品集成度发挥的调节效应。

①供应商产品集成能力方面。

供应商产品集成能力与组装产品生产企业产品创新能力的回归系数为 0.1713，且在 1% 的水平上显著相关。这种显著的影响与组装产品生产的模块化程度较高有较大关系。组装产品的生产关注供应商之间的能力匹配与协调，因此供应商集成能力越高，越容易集供应商之力为产品创新提供支持，并能够集成供应商的创新思想，提升产品的整体创新水平。长三角地区的组装产品生产企业早期以国际代工方式为主，后逐渐向中高端国际分工体系融入，在此过程中，随着国际分工地位的不断提升，与越来越多的国内外供应商建立了密切联系，因此供应商集成能力也得以提升，进而又对组装产品生产企业提升产品创新能力产生了正向的影响。

加入组装产品的产品集成度这一调节变量之后，供应商产品集成能力与产品创新能力的回归系数变为 0.1708，且在 1% 的水平上显著相关，组装产品的产品集成度本身对产品创新能力的影响系数为负值，但没有通过显著性检验。加入两者交互项后，供应商产品集成能力的回归系数在 10% 的水平上显著，组装产品的产品集成度的回归系数变为负，但仍不显著。同时，交互项对产品创新能力的影响关系不显著。这说明，组装产品的产品集成度在供应商产品集成能力影响产品创新能力的过程中没有发挥调节效应。

②供应商流程集成能力方面。

供应商流程集成能力与组装产品生产企业产品创新能力的回归系数为 0.1162，且在 5% 的水平上显著相关。从此前全样本数据回归分析结果可知，供应商流程集成能力与供应商产品集成能力之间存在一定差距，不过这种差距在组装产品生产企业中表现得比较小。从产品架构的角度来讲，组装产品的模块化水平较高，因此供应商在组装产品创新方面发挥着重要作用。供应商参与产品开发并做出技术贡献，这对于组装产品生产企业的产品创新非常重要，特别是对于一些专用化程度比较高的零部件，高水平的供应商集成能力能够大大提升组装产品生产企业的产品创新能力。

加入组装产品的产品集成度这一调节变量之后，供应商流程集成能力与产品创新能力的回归系数变为 0.1161，且在 5% 的水平上显著相关，组装产品的产品集成度本身对产品创新能力的影响系数为负值，但没有通过显著性检验。加入两者交互项后，供应商流程集成能力的回归系数不再显著，而此时，交互项对产品创新能力的影响关系表现为在 5% 水平上的显著相关，且回归系数为正（0.0347）。这说明，组装产品的产品集成度在供应商流程集成能力影响产品创新能力的过程中存在着正向的调节效应。这种调节效应意味着，组装产品的产品集成度越高，供应商流程集成能力对组装产品生产企业的产品创新能力的影响就越强。产品集成度高，意味着产品零部件的专用化程度比较高，就需要专业的供应商参与到产品的设计开发之中，供应商集成能力得以提高，产品集成度越高，供应商流程集成能力越强，对组装产品生产企业的产品创新能力的影响也就越强。

（3）集成能力与组装产品生产企业产品创新能力影响关系分析。

集成能力对组装产品生产企业的产品创新能力的影响关系如图 3 所示。从图中可以看出，集成能力对组装产品生产企业产品创新能力产生影响的主效应中，顾客集成能力、供应商产品集成能力和供应商关系集成能力均对组装产品生产企业产品创新能力产生正向的显著性影响。组装产品的产品集成度仅在供应商流程集成能力影响组装产品生产企业产品创新能力的过程中发挥正向的调节效应。组装产品的模块化水平比较高，对零部件的专用化程度要求较高，因此对供应商的要求也就比较高，因而影响关系及调节效应主要表现在供应商集成能力方面。内部集成能力的影响关系不显著，一定程度上与组装产品的生产制造特性有关。

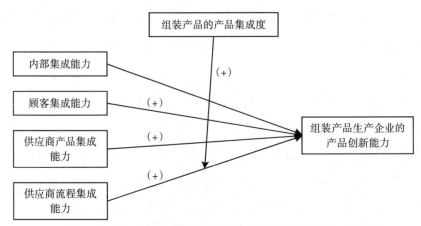

图 3　集成能力与组装产品生产企业产品创新能力关系图

2. 集成能力与组装产品生产企业产品质量能力关系分析

（1）内部集成能力、顾客集成能力与组装产品生产企业产品质量能力关系分析。

表 11 展示了 306 家组装产品生产样本企业内部集成能力及顾客集成能力与组装产品生产企业产品质量能力的回归分析结果，以及组装产品的产品集成度的调节效应回归结果。

表 11　内部集成能力、顾客集成能力与产品质量能力关系（组装产品生产企业）

变量名	因变量：产品质量能力						
	模型 4-1	模型 4-2-1	模型 4-2-2	模型 4-2-3	模型 4-3-1	模型 4-3-2	模型 4-3-3
AGE	0.0095* (0.0052)	0.01001* (0.0052)	0.0110** (0.0053)	0.0116** (0.0053)	0.0097* (0.0052)	0.0111* (0.0053)	0.0117* (0.0053)
EM	0.0000 (0.0000)	0.0000 (0.0000)	0.0000 (0.0000)	0.0000 (0.0000)	0.0000 (0.0000)	0.0000 (0.0000)	0.0000 (0.0000)
IY	0.2172*** (0.0581)	0.1826*** (0.0615)	0.2283*** (0.0693)	0.2171*** (0.0698)	0.1733** (0.0694)	0.2195*** (0.0733)	0.2128*** (0.0730)
CIINT		0.1163* (0.0693)	0.0717 (0.0760)	0.6714 (0.4799)			
CCINT					0.0591 (0.0514)	0.0410 (0.0514)	0.6597** (0.3025)

续表

变量名	因变量：产品质量能力						
	模型 4-1	模型 4-2-1	模型 4-2-2	模型 4-2-3	模型 4-3-1	模型 4-3-2	模型 4-3-3
INT-ASSEM			0.0895 (0.0630)	0.6528 (0.4495)		0.1088* (0.0576)	0.8448** (0.3645)
CIINT× INT-ASSEM				-0.1496 (0.1182)			
CCINT× INT-ASSEM							-0.1673** (0.0818)
R^2	0.0574	0.0661	0.0723	0.0773	0.0615	0.0725	0.0853
Adjusted R^2	0.0480	0.0537	0.0569	0.0588	0.0490	0.0571	0.0669
ΔR^2		0.0087	0.0062	0.0050	0.0041	0.0110	0.0128
F 值	6.1260	5.3261	4.6790	4.1740	4.9310	4.6910	4.6474
样本量	306	306	306	306	306	306	306

资料来源：笔者计算。

根据表 11 所示的检验结果，下面分别分析内部集成能力和顾客集成能力对组装产品生产企业产品质量能力的影响，以及在其影响过程中组装产品的产品集成度发挥的调节效应。

①内部集成能力方面。

在没有调节变量加入的情况下，内部集成能力与产品质量能力的回归系数为 0.1163，且在 10% 的水平上显著，这说明内部集成能力对组装产品生产企业产品质量能力产生正向影响。这种正向影响可以从全样本的回归结果中看出来。内部集成能力对产品创新能力的影响不显著，但是对产品质量能力的影响是显著的。对于组装产品生产企业来说，内部集成能力更多地表现为专用化设计和生产，因此产品质量能力受此影响较大。加入调节变量以及与调节变量的交互项之后，回归系数不再显著，交互项的回归系数也不显著。以上结果说明，组装产品的产品集成度在内部集成能力影响产品质量能力的过程中不存在调节效应。

②顾客集成能力方面。

在没有加入调节变量组装产品的产品集成度的情况下，顾客集成能力与产品质量能力的回归系数不显著。在加入调节变量之后，调节变量的回归系数显著，但顾客集成能力的系数仍不显著。在加入顾客集成能力与调节变量的交互项之后，内部集成能力的回归系数为 0.6597，且在 5% 的水平上显著，交互项的回归系数为 –0.1673，且在 5% 的水平上显著相关。以上结果表明，组织产品的产品集成度在顾客集成能力影响产品质量能力的过程中发挥着反向的调节作用。在没有加入交互项的情况下，顾客集成能力对产品质量能力的主效应不显著，加入交互项之后变得显著，这说明在考虑调节变量以后，顾客集成能力对组装产品生产企业产品质量能力开始产生影响，但是这种调节的作用是反方向的。顾客集成能力主要考虑企业对顾客需求的满足，而产品集成度高的产品，零部件的专用化程度较高，对顾客需求的考虑可能与这种专用化存在一定的冲突，因此产品集成度越高，顾客集成能力对产品质量能力的影响程度越小。

（2）供应商集成能力与组装产品生产企业产品质量能力关系分析。

表 12 展示了 306 家组装产品生产样本企业供应商产品集成能力及供应商流程集成能力与组装产品生产企业产品质量能力的回归分析结果，以及组装产品的产品集成度的调节效应回归结果。

表 12　供应商集成能力与产品质量能力关系（组装产品生产企业）

变量名	因变量：产品质量能力						
	模型 4-1	模型 4-4-1	模型 4-4-2	模型 4-4-3	模型 4-5-1	模型 4-5-2	模型 3-5-3
AGE	0.0095* (0.0052)	0.0093* (0.0052)	0.0109** (0.0052)	0.0111** (0.0052)	0.0094* (0.0052)	0.0108** (0.0053)	0.0109** (0.0052)
EM	0.0000 (0.0000)	0.0000 (0.0000)	0.0000 (0.0000)	0.0000 (0.0000)	0.0000 (0.0000)	0.0000 (0.0000)	0.0000 (0.0000)
IY	0.2172*** (0.0581)	0.1406** (0.0640)	0.1817*** (0.0661)	0.1518** (0.0670)	0.1926*** (0.0707)	0.2338*** (0.0734)	0.2066*** (0.0736)

续表

变量名	因变量：产品质量能力						
	模型 4-1	模型 4-4-1	模型 4-4-2	模型 4-4-3	模型 4-5-1	模型 4-5-2	模型 3-5-3
CSINT1		0.1170*** (0.0429)	0.1247*** (0.0427)	0.7408*** (0.2756)			
CSINT2					0.0238 (0.0389)	0.0238 (0.0387)	−0.0110 (0.0409)
INT–ASSEM			0.1273** (0.0568)	0.6707*** (0.2467)		0.1141** (0.0574)	0.0277 (0.0669)
CSINT1× INT–ASSEM				−0.1671** (0.0739)			
CSINT2× INT–ASSEM							0.0302** (0.0123)
R^2	0.0574	0.0801	0.0953	0.1105	0.0585	0.0708	0.0892
Adjusted R^2	0.0480	0.0679	0.0802	0.0926	0.0460	0.0553	0.0710
ΔR^2		0.0227	0.0152	0.0152	0.0011	0.0123	0.0184
F 值	6.1260	6.5554	6.3183	6.1905	4.6784	4.5691	4.8822
样本量	306	306	306	306	306	306	306

资料来源：笔者计算。

根据表 12 所示的检验结果，下面分别分析供应商产品集成能力和供应商流程集成能力对组装产品生产企业产品质量能力的影响，以及在其影响过程中组装产品的产品集成度发挥的调节效应。

①供应商产品集成能力方面。

在没有加入调节变量之前，供应商产品集成能力的回归系数为 0.1170，且在 1% 的水平上显著相关。这说明供应商产品集成能力对组装产品生产企业的产品质量能力产生了正向影响。供应商产品集成能力表现为供应商为企业开发零部件或者整体组件以及参与工程设计的能力，零部件及整体组件等的质量直接影响了企业产品的质量，因此供应商产品集成能力对产品质量能力能够产生直接影响。

在加入调节变量之后，供应商集成能力以及调节变量的回归系数均为正，前者在 1% 的水平上显著，后者在 5% 的水平上显著。在加入供应商集成能力与调节变量的交互项之后，供应商集成能力以及调节变量的回归系数均为正，且均在 1% 的水平上显著相关。交互项的回归系数为 −0.1671，且在 5% 的水平上显著。以上结果表明，组装产品的产品集成度在供应商产品集成能力影响组装产品生产企业产品质量能力的过程中存在反向的调节效应。这种反向的调节作用似乎很难解释，供应商产品集成能力对其产品质量能力产生的影响是正向的，加入供应商集成能力和调节变量的交互项之后，供应商集成能力的回归系数又显著变大了，但交互项本身的回归系数是负值，且通过了显著性检验。这种情况的出现，可能是由于供应商产品集成能力与调节变量之间并非是独立的，而是存在一定的相关关系，使得交互项的系数表现为负值。

②供应商流程集成能力方面。

在没有加入调节变量之前，供应商流程集成能力的回归系数不显著。在加入调节变量之后，供应商流程集成能力的回归系数仍不显著，但调节变量的回归系数在 5% 的水平上显著。在加入供应商流程集成能力与调节变量的交互项之后，供应商流程集成能力的回归系数由正变为负，且仍不显著，调节变量的回归系数变小，且由显著变为不显著，而交互项的回归系数为正值（0.0302），且在 5% 的水平上显著。以上结果表明，组装产品的产品集成度在供应商流程集成能力影响组装产品生产企业产品质量能力的过程中存在正向的调节效应。这种调节效应表现为，组装产品的产品集成度越高，供应商流程集成能力对组装产品生产企业的产品质量能力的影响越强。而从综合供应商流程集成能力在加入交互项后的表现来看，这种正向的调节作用似乎并不明显，因为加入交互项后，供应商流程集成能力的系数由正变为负，说明这种调节效应是阻碍性的。这也可能与供应商流程集成能力和组装产品的产品集成度之间的相互关系有关。

（3）集成能力与组装产品生产企业产品质量能力影响关系分析。

集成能力对组装产品生产企业的产品质量能力的影响关系如图 4 所示。从图中可以看出，在集成能力对组装产品生产企业产品质量能力产生影响的主效应中，内部集成能力和供应商产品集成能力对组装产品生产企业产品质量能力产生正向的显著性影响。而调节变量的作用表现在三组过程中，分别是：在顾客集成能力影响组装产品生产企业产品质量能力的过程中发挥反向的调节作用；在供应商产品集成能力影响组装产品生产企业产品质量能力的过程中发挥反向的调节效应；在供应商流程集成能力影响组装产品生产企业产品质量能力的过程中发挥正向的调节效应。

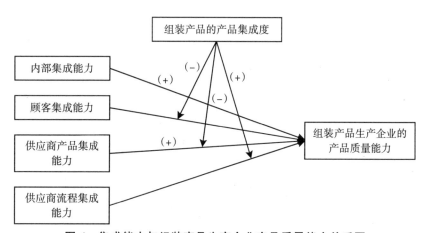

图 4　集成能力与组装产品生产企业产品质量能力关系图

（四）加工制造产品样本企业回归分析结果

1. 集成能力与加工制造产品生产企业产品创新能力关系分析

（1）内部集成能力、顾客集成能力与加工制造产品生产企业产品创新能力关系分析。

表 13 展示了 129 家加工制造产品生产样本企业内部集成能力及顾客集成能力与加工制造产品生产企业产品创新能力的回归分析结果，以及加工制造产品的产品集成度的调节效应回归结果。

表 13　内部集成能力、顾客集成能力与产品创新能力关系（加工制造产品生产企业）

变量名	因变量：产品创新能力						
	模型 5-1	模型 5-2-1	模型 5-2-2	模型 5-2-3	模型 5-3-1	模型 5-3-2	模型 5-3-3
AGE	0.0057 (0.0094)	0.0079 (0.0096)	0.0086 (0.0097)	0.0057 (0.0098)	0.0058 (0.0096)	0.0072 (0.0097)	0.0041 (0.0102)
EM	0.0000 (0.0000)	0.0000 (0.0000)	0.0000 (0.0000)	0.0000 (0.0000)	0.0000 (0.0000)	0.0000 (0.0000)	0.0000 (0.0000)
IY	0.9997*** (0.1075)	0.9338*** (0.1211)	0.9028*** (0.1321)	0.8991*** (0.1310)	0.9934*** (0.1186)	0.9347*** (0.1348)	0.9224*** (0.1354)
CIINT		0.1597 (0.1358)	0.1335 (0.1430)	1.0597* (0.5367)			
CCINT					0.0126 (0.0978)	0.0066 (0.0981)	0.6103 (0.6218)
INT-PRO			0.0580 (0.0973)	0.9267* (0.4949)		0.0855 (0.0932)	0.7053 (0.6373)
CIINT× INT-PRO				−0.2416* (0.1350)			
CCINT× INT-PRO							−0.1529 (0.1555)
R^2	0.4126	0.4191	0.4208	0.4356	0.4127	0.4167	0.4213
Adjusted R^2	0.3985	0.4004	0.3972	0.4078	0.3937	0.3930	0.3929
ΔR^2		0.0065	0.0017	0.0148	0.0001	0.0040	0.0046
F 值	29.2687	22.364	17.8695	15.6915	21.7830	17.5725	14.8010
样本量	129	129	129	129	129	129	129

资料来源：笔者计算。

根据表 13 所示的检验结果，下面分别分析内部集成能力和顾客集成能力对加工制造产品生产企业产品创新能力的影响，以及在其影响过程中加工制造产品的产品集成度发挥的调节效应。

①内部集成能力方面。

在没有加入调节变量之前，内部集成能力的回归系数不显著。这可能与目前长三角地区加工制造产品生产企业的产品架构设计和创新能力较低密切相关。由于发展时间较短，我国制造业整体的产品架构设计能力与国外相比颇显不足。本次收集的样本企业为长三角地区的电子行业和机械制造行业的企业，这两大行业的产品架构设计优势掌握在日本、美国等发达经济体，长三角地区与之相比还存在较大差距，而且就本身的产品架构设计能力来说，长三角地区制造业产品架构设计还处于学习和探索阶段，内部集成能力还未达到较高水平，而且主要关注产品质量等因素，创新能力不足，因此对产品的创新能力促进作用不明显。

在加入调节变量之后，内部集成能力的回归系数仍不显著，同时调节变量的回归系数亦不显著。在加入内部集成能力和调节变量的交互项之后，内部集成能力和调节变量的回归系数均变为显著（在10%的水平上显著），同时交互项的回归系数也在10%的水平上显著，但回归系数为负值（-0.2416）。也就是说，内部集成能力的主效应本是不显著的，在加入与调节变量的交互项后才开始显著。以上结果表明，加工制造产品的产品集成度在内部集成能力影响产品创新能力的过程中存在着反向的调节效应。这种调节效应可以表述为，加工制造产品的产品集成度越高，内部集成能力对加工制造产品生产企业的产品创新能力的影响越小。回归分析过程支持这种调节效应的存在，在没有加入交互项的情况下，内部集成能力的回归系数不显著，加入交互项之后，内部集成能力的回归系数变小，但开始显著，同时交互项的回归系数也显著，并为负值，这说明交互项的加入使得集成能力对产品创新能力的影响作用变得显著，而且是交互项越大，回归系数越小。从现实角度出发，这种调节效应的存在也是合理的。由于加工制造产品强调各个环节的衔接和配合，一个环节不合理，就需要调整其他环节，因此产品集成度越高，对企业平行设计和生产的限制就越大，集成能力对产品创新能力的影响也就越弱。

②顾客集成能力方面。

在没有加入调节变量之前，顾客集成能力的回归系数不显著。顾客集成能力对加工制造产品生产企业的产品创新能力不存在显著的影响，这可能是由于加工制造产品生产企业为了确保质量和企业高效运作而更关注于产品一体化生产体系构建和改进，而对顾客需求的满足主要基于现有的需求偏好，对增加顾客参与进而了解需求变动趋势的重视相对较少。

在加入调节变量之后，顾客集成能力的回归系数仍不显著，同时调节变量的回归系数亦不显著。在加入顾客集成能力和调节变量的交互项之后，顾客集成能力、调节变量以及二者的交互项均不显著。以上结果表明，加工制造产品的产品集成度在顾客集成能力影响产品创新能力的过程中不存在显著的调节效应。

（2）供应商集成能力与加工制造产品生产企业产品创新能力关系分析。

表 14 展示了 129 家加工制造产品生产样本企业供应商产品集成能力及供应商流程集成能力与加工制造产品生产企业产品创新能力的回归结果，以及加工制造产品的产品集成度的调节效应回归结果。

表 14　供应商集成能力与产品创新能力关系（加工制造产品生产企业）

变量名	因变量：产品创新能力						
	模型 5-1	模型 5-4-1	模型 5-4-2	模型 5-4-3	模型 5-5-1	模型 5-5-2	模型 5-5-3
AGE	0.0057 (0.0094)	0.0017 (0.0089)	0.0028 (0.0091)	0.0039 (0.0088)	0.0055 (0.0094)	0.0067 (0.0095)	0.0032 (0.0093)
EM	0.0000 (0.0000)	0.0000 (0.0000)	0.0000 (0.0000)	0.0000 (0.0000)	0.0000 (0.0000)	0.0000 (0.0000)	0.0000 (0.0000)
IY	0.9997*** (0.1075)	1.1318*** (0.1059)	1.0872*** (0.1246)	1.0060*** (0.1232)	0.8946*** (0.1263)	0.8480*** (0.1400)	1.0675*** (0.1521)
CSINT1		0.2574*** (0.0615)	0.2543*** (0.0618)	1.3709*** (0.3635)			
CSINT2					0.1467 (0.0938)	0.1392 (0.0944)	0.0168 (0.0992)
INT-PRO			0.0596 (0.0874)	0.8316*** (0.2619)		0.0720 (0.0926)	-0.0845 (0.1024)
CSINT1× INT-PRO				-0.2769*** (0.0889)			

续表

变量名	因变量：产品创新能力						
	模型 5-1	模型 5-4-1	模型 5-4-2	模型 5-4-3	模型 5-5-1	模型 5-5-2	模型 5-5-3
CSINT2× INT-PRO							0.0528*** (0.0168)
R^2	0.4126	0.4853	0.4872	0.5250	0.4240	0.4268	0.4697
Adjusted R^2	0.3985	0.4687	0.4664	0.5016	0.4054	0.4035	0.4697
ΔR^2		0.0727	0.0019	0.0378	0.0114	0.0028	0.0429
F 值	29.2687	29.2241	23.3716	22.4698	22.8172	18.3162	18.0099
样本量	129	129	129	129	129	129	129

资料来源：笔者计算。

根据表 14 所示的检验结果，下面分别分析供应商产品集成能力和供应商流程集成能力对加工制造产品生产企业产品创新能力的影响，以及在其影响过程中加工制造产品的产品集成度发挥的调节效应。

①供应商产品集成能力方面。

在加入调节变量之前，供应商产品集成能力的回归系数为 0.2574，且在 1%的水平上显著，这说明供应商流程集成能力对加工制造产品生产企业产品创新能力产生正向显著影响。这种显著影响关系的存在，一定程度上得益于供应商网络的不断完善以及网络间关系的不断加深。不论是国内供应商，还是国外供应商，在国际经济一体化趋势的推动中，更加注重产品创新及与客户企业之间的积极互动，加工制造产品生产企业也愈加有意识地将关键供应商融入本企业的产品设计与生产之中，从供应源头选择产品创新的思路。长三角地区加工制造生产企业不断融入国际生产体系之中，因此供应商对其产品创新的影响也在不断显现。

在加入调节变量之后，供应商产品集成能力仍在 1%的水平上显著，但是调节变量的回归系数不显著。在加入供应商集成能力和调节变量的交互项之后，供应商集成能力、调节变量以及两者的交互项均在 1%的水平上显著，交互项的回归系数为-0.2769。以上结果表明，加工制造产品的产品集成度在供应商产品集成能力影响产品创新能力的过程中存在着负向的调节效应。这种调节效应可以表述为，加工制造产品的产品集成度越高，供应商产品集成能力对加工制造产品生产企业的产品创新能力的影响就越弱。加工制造产品的产品集成度越高，表明关键生产工艺或生产设备主要通过自产的方式得到，对供应商的依赖程度有所降低，供应商产品集成能力对产品创新能力的影响作用也因此下降。

②供应商流程集成能力方面。

在加入调节变量之前，供应商流程集成能力的回归系数不显著。在加入调节变量之后，供应商流程集成能力及调节变量的回归系数均不显著。在加入供应商流程集成能力和调节变量的交互项之后，供应商流程集成能力及调节变量的回归系数仍不显著，调节变量的回归系数由正变为负，但两者的交互项的回归系数在1%的水平上显著，且为正值（0.0528）。以上结果表明，加工制造产品的产品集成度在供应商流程集成能力影响产品创新能力的过程中存在着正向的调节效应。这种调节效应可表述为，加工制造产品的产品集成度越高，供应商流程集成能力对加工制造产品生产企业的产品创新能力的影响就越大。加工制造产品生产企业的产品集成度越高，企业对外部的零部件和组件的依赖就越低，供应商无法直接供应企业所需要的关键零部件或整体组件，但可以参与到企业的项目开发与关键零部件设计中，为企业提供技术和知识支持，供应商这种流程参与的方式可以提高企业的产品创新能力。

（3）集成能力与加工制造产品生产企业产品创新能力影响关系分析。

集成能力对加工制造产品生产企业的产品创新能力的影响关系如图5所示。从图中可以看出，集成能力中只有供应商产品集成能力对加工制造产品生产企业的产品创新能力产生正向的显著影响。而调节变量的作用表现在三组过程中，分别是：在内部集成能力影响加工制造产品生产企业产品创新能力的过程中发挥反向的调节作用；在供应商产品集成能力影响加工制造产品生产企业产品创新能力的过程中发挥反向的调节效应；在供应商流程集成能力影响加工制造产品生产企业产品创新能力的过程中发挥正向的调节效应。

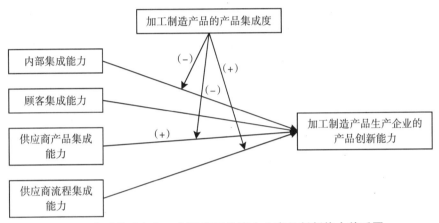

图5 集成能力与加工制造产品生产企业产品创新能力关系图

2. 集成能力与加工制造产品生产企业产品质量能力关系分析

（1）内部集成能力、顾客集成能力与加工制造产品生产企业产品质量能力关系分析。

表15展示了129家加工制造产品生产样本企业内部集成能力及顾客集成能力与加工制造产品生产企业产品质量能力的回归结果，以及加工制造产品的产品集成度的调节效应回归结果。

表15 内部集成能力、顾客集成能力与产品质量能力关系（加工制造产品生产企业）

变量名	因变量：产品质量能力						
	模型 6-1	模型 6-2-1	模型 6-2-2	模型 6-2-3	模型 6-3-1	模型 6-3-2	模型 6-3-3
AGE	0.0012 (0.0072)	0.0037 (0.0073)	0.0039 (0.0074)	0.0033 (0.0075)	0.0031 (0.0072)	0.0038 (0.0073)	0.0028 (0.0077)
EM	0.0000 (0.0000)	0.0000 (0.0000)	0.0000 (0.0000)	0.0000 (0.0000)	0.0000 (0.0000)	0.0000 (0.0000)	0.0000 (0.0000)

续表

变量名	因变量：产品质量能力						
	模型 6-1	模型 6-2-1	模型 6-2-2	模型 6-2-3	模型 6-3-1	模型 6-3-2	模型 6-3-3
IY	0.1249 (0.0822)	0.0521 (0.0920)	0.0415 (0.1005)	0.0407 (0.1008)	0.0477 (0.0891)	0.0167 (0.1015)	0.0129 (0.1023)
CIINT		0.1763* (0.1032)	0.1674 (0.1088)	0.3705 (0.4132)			
CCINT					0.1536* (0.0735)	0.1504** (0.0738)	0.3370 (0.4696)
INT-PRO			0.0198 (0.0740)	0.2103 (0.3810)		0.0452 (0.0701)	0.2368 (0.4813)
CIINT× INT-PRO				−0.0530 (0.1039)			
CCINT× INT-PRO							−0.0472 (0.1174)
R^2	0.0382	0.0603	0.0609	0.0629	0.0710	0.0741	0.0753
Adjusted R^2	0.0151	0.0300	0.0227	0.0168	0.0410	0.0365	0.0298
ΔR^2		0.0303	0.0006	0.0020	0.0328	0.0031	0.0012
F 值	1.6554	1.9910	1.5951	1.3646	2.3677	1.9684	1.6562
样本量	129	129	129	129	129	129	129

资料来源：笔者计算。

根据表 15 所示的检验结果，下面分别分析内部集成能力和顾客集成能力对加工制造产品生产企业产品质量能力的影响，以及在其影响过程中加工制造产品的产品集成度发挥的调节效应。

①内部集成能力方面。

在没有加入调节变量之前，内部集成能力的回归系数为 0.1763，且在 10% 的水平上显著，这说明内部集成能力对加工制造产品生产企业的产品质量能力产生正向的显著影响。有关内部集成能力对加工制造产品生产企业的产品质量能力产生正向影响的解释，在前面部分已有所提及。由于长三角地区加工制造产品生产企业对产品创新和产品质量的侧重点落在后者，因此虽然产品创新能力不足以从内部集成能力的提升中得以提升，但产品质量能力提升却到了一定保证。

在加入调节变量之后，内部集成能力的回归系数不再显著，同时调节变量的回归系数亦不显著。在加入内部集成能力和调节变量的交互项之后，内部集成能力、调节变量以及两者的交互项的回归系数均不显著。以上结果表明，加工制造产品的产品集成度在内部集成能力影响产品质量能力的过程中不存在显著的调节效应。

②顾客集成能力方面。

在没有加入调节变量之前，顾客集成能力的回归系数为0.1536，且在10%的水平上显著，这说明顾客集成能力对加工制造产品生产企业的产品质量能力产生正向的显著影响。由于加工制造产品的一体化程度相对较高，因此在产品设计与生产中更能全面融入顾客的需求偏好，并将顾客的反馈放入下一轮的产品开发之中，对顾客需求的密切、及时和全面考虑为企业提升产品质量提供了一面最真实的镜子，因此顾客集成能力的提高能够促进产品质量能力的提高。

在加入调节变量之后，顾客集成能力的回归系数变为0.1504，且在5%的水平上显著，但调节变量的回归系数不显著。在加入顾客集成能力和调节变量的交互项之后，顾客集成能力、调节变量以及二者的交互项均不显著。以上结果表明，加工制造产品的产品集成度在顾客集成能力影响产品质量能力的过程中不存在显著的调节效应。

（2）内部集成能力、顾客集成能力与加工制造产品生产企业产品质量能力关系分析。

表16展示了129家加工制造产品生产样本企业供应商产品集成能力及供应商流程集成能力与加工制造产品生产企业产品质量能力的回归结果，以及加工制造产品的产品集成度的调节效应回归结果。

表 16　供应商集成能力与产品质量能力关系（加工制造产品生产企业）

变量名	因变量：产品质量能力						
	模型 6-1	模型 6-4-1	模型 6-4-2	模型 6-4-3	模型 6-5-1	模型 6-5-2	模型 6-5-3
AGE	0.0012 (0.0072)	−0.0025 (0.0066)	−0.0020 (0.0067)	−0.0020 (0.0067)	0.0010 (0.0071)	0.0018 (0.0073)	−0.0021 (0.0067)
EM	0.0000 (0.0000)	0.0000 (0.0000)	0.0000 (0.0000)	0.0000 (0.0000)	0.0000 (0.0000)	0.0000 (0.0000)	0.0000 (0.0000)
IY	0.1249 (0.0822)	0.2489*** (0.0780)	0.2264** (0.0919)	0.2288** (0.0944)	0.0263 (0.0960)	−0.0005 (0.1066)	0.2416 (0.1106)
CSINT1		0.2414*** (0.0453)	0.2399*** (0.0456)	0.2074 (0.2785)			
CSINT2					0.1377* (0.0713)	0.1334* (0.0719)	−0.0017 (0.0721)
INT-PRO			0.0300 (0.0644)	0.0075 (0.2007)		0.0414 (0.0705)	−0.1316* (0.0745)
CSINT1× INT-PRO				0.0080 (0.0681)			
CSINT2× INT PRO							0.0582*** (0.0122)
R^2	0.0382	0.2173	0.2187	0.2188	0.0663	0.0689	0.2152
Adjusted R^2	0.0151	0.1921	0.1869	0.1804	0.0362	0.0310	0.1766
ΔR^2		0.1791	0.0014	0.0001	0.0281	0.0026	0.1463
F 值	1.6554	8.6078	6.8859	5.6946	2.2006	1.8206	5.5769
样本量	129	129	129	129	129	129	129

资料来源：笔者计算。

根据表 16 所示的检验结果，下面分别分析供应商产品集成能力和供应商流程集成能力对加工制造产品生产企业产品质量能力的影响，以及在其影响过程中加工制造产品的产品集成度发挥的调节效应。

①供应商产品集成能力方面。

在加入调节变量之前，供应商产品集成能力的回归系数为 0.2414，且在 1%的水平上显著，这说明供应商产品集成能力对加工制造产品生产企业的产品质量能力产生正向的显著影响。对于加工制造产品生产企业来说，关键零部件或者整体组件可能是由自己设计生产，但是原材料和基础材料是保证零件和组件质量的基础，而这些就需要供应商产品品质的保证，同时对于某些专用化要求相对较低的零部件，还可以委托供应商设计生产，因此供应商集成能力在保证加工制造产品品质方面发挥着很大作用。

在加入调节变量之后，供应商产品集成能力仍在1%的水平上显著，但是调节变量的回归系数不显著。在加入供应商集成能力和调节变量的交互项之后，供应商集成能力、调节变量以及两者的交互项均不显著。以上结果表明，加工制造产品的产品集成度在供应商产品集成能力影响产品质量能力的过程中不存在显著的调节效应。

②供应商流程集成能力方面。

在加入调节变量之前，供应商流程集成能力的回归系数为0.1377，且在10%的水平上显著，这说明供应商流程集成能力对加工制造产品生产企业的产品质量能力产生正向的显著影响。对于那些专用化程度比较高的零部件和组件，企业为了保证更高的质量，可以邀请供应商参与其设计与开发，提供专业化的支持和服务。因此较高的供应商流程集成能力能够促进加工制造产品生产企业的产品质量能力的提升。

在加入调节变量之后，供应商流程集成能力的回归系数仍在10%的水平上显著，但调节变量的回归系数不显著。在加入供应商流程集成能力和调节变量的交互项之后，供应商流程集成能力及其回归系数仍不显著，但调节变量的回归系数由正变为负，且在10%的水平上显著，两者的交互项在1%的水平上显著，且为正值（0.0582）。以上结果表明，加工制造产品的产品集成度在供应商流程集成能力影响产品质量能力的过程中存在着正向的调节效应。这种调节效应意味着，加工制造产品的产品集成度越高，供应商流程集成能力对加工制造产品生产企业的产品质量能力的影响就越强。产品集成度越高，说明零部件和组件的专用化程度越高，如果企业要自行生产，需要更加专业化的技术支持，而这种支持需要从专业化的供应商处获得，因此越高的产品集成度要求越高的供应商集成能力，进而促进企业产品质量能力的提升。

（3）集成能力与加工制造产品生产企业产品质量能力影响关系分析。

集成能力对加工制造产品生产企业的产品质量能力的影响关系如图 6 所示。从图中可以看出，四种集成能力均对加工制造产品生产企业的产品质量能力产生正向的显著影响。加工制造产品的产品集成度的调节效应仅发生在供应商流程集成能力影响加工制造产品生产企业产品质量能力的过程中，正向地调节这一影响过程。

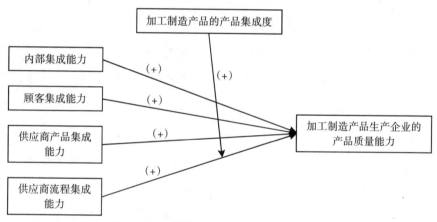

图 6　集成能力与加工制造产品生产企业产品质量能力关系图

五、研究结论与建议

（一）研究结论

本章主要研究了四种集成能力对产品创新能力和产品质量能力的影响，并利用长三角地区 405 家电子行业和机械制造行业企业的数据，分析了各种集成能力对产品创新能力和产品质量能力的影响。在全样本分析之后，又较为详细地讨论了组装产品生产企业和加工制造产品生产企业各自的情况。本章的研究结论主要包括以下五点：

（1）内部集成能力对产品创新能力的影响作用不明显。全样本回归分析和子样本回归分析都证实了这一点。一方面，与样本中组装产品生产企业占比较大因而样本企业产品的模块化平均水平相对较高有关；另一方面，也与长三角地区企业自身的产品架构设计能力水平不高有关。

（2）虽然描述性统计结果显示顾客集成能力高于其他类型的集成能力，但其对产品创新能力和产品质量能力的影响相对而言更不稳定。从组装产品生产企业样本回归结果来看，顾客集成能力对产品质量能力的影响主效应不显著，在加入其与调节变量的交互项之后，才开始显著。从加工制造产品生产企业的样本回归结果来看，不论是否考虑调节变量的调节效应，顾客集成能力对产品创新能力的影响均不显著。这可能与企业从概念向产品转化的能力水平有限相关。企业在产品概念设计和开发等环节以及在使用过程中，听取顾客的意见，对顾客反馈做出响应，但将这些意见和思想融入到产品开发和改进中，并最终变为市场上的产品，是一个较为复杂的过程，中间受很多因素的影响，在这些复杂过程中顾客集成能力的影响力被弱化了。

（3）供应商产品集成能力对产品创新能力和产品质量能力产生的影响比供应商流程集成能力对产品创新能力和产品质量能力产生的影响大。不论是全样本回归分析结果，还是两个子样本的回归分析结果，都说明了这一点。这一点与长三角地区制造业企业与供应商之间主要构建的是产品（或零部件及组件）供应关系的情况也正好吻合。目前，供应商参与企业产品零部件设计开发的水平还比较低，供应商与企业之间相互独立的关系更为明显。

（4）供应商产品集成能力是唯一一种对两类企业的产品创新能力和产品质量能力均产生影响的集成能力。从前面所示的四种影响关系图中可以看出，不论是组装产品生产企业，还是加工制造产品生产企业，供应商产品集成能力均对其产品创新能力和产品质量能力产生显著的正向影响。这与前一点结论有相似的解释，由于长三角地区企业更多是从供应商处直接获取关键零部件或者整体组件，因此供应商产品集成能力对企业产品竞争能力的影响关系普遍显著。

（5）产品集成度的调节效应最容易发生在供应商流程集成能力对产品创新能力和产品质量能力产生影响的过程中。在前面部分所示的四种影响关系图中，不论是组装产品生产企业，还是加工制造产品生产企业，供应商流程集成能力对其产品创新能力和产品质量能力的影响均受产品集成度的相应调节。产品集成度的高低决定了企业有没有可能邀请供应商加入到产品关键零部件和组件的设计开发中来，由此影响了供应商流程集成能力的高低，进而影响供应商流程集成能力对产品创新能力和产品质量能力的影响效果。

（二）关于提升长三角地区制造业产品竞争力的建议

《中国制造 2025》坚持创新推动，强调智能制造，着力推进制造业的生产过程智能化，培育新型生产方式，全面提升企业研发、生产、管理和服务的智能化水平，这一指导思想为长三角地区制造业转型升级提供了方向。提升创新能力，推进产品生产方式的创新，提升产品架构设计能力，推进产品架构的创新，是长三角地区提升制造业产品竞争力的重要方向。在这一方向引领下，本研究提出以下几点关于促进长三角地区转型升级、提升制造业产品竞争力的建议。

（1）发挥顾客和供应商的作用，拓宽产品创新思路，提升产品质量能力。

产品创新最终是为了满足顾客的需求，产品质量能力提升也是为了赢得顾客满意，培养顾客忠诚度，因此顾客在企业的产品创新和质量提升中扮演着重要角色。除了顾客作为产品的使用者能够对产品创新和质量提升产生影响外，在企业生产中发挥着重要作用的供应商也具备这些功能。供应商掌握着更为专业化的零部件或半成品生产技术，能够为企业技术创新和质量提升提供支持和保障。顾客对产品创新和质量提升提出需求，供应商帮助企业满足这些需求，整个价值链在集成能力提升中得以升级。长三角地区的制造业企业要合理供助顾客和供应商这两大力量，将顾客意见和供应商参与融入企业的产品设计和开发之中，与顾客及供应商建立更为密切的联系，提升自身在价值链中的地位和重要性。

（2）以智能化为导向发展高端装备制造业，提升制造业技术创新能力。

随着劳动力成本的提升，要降低劳动力成本带来的压力，可以发展装备制造业，这也是未来制造业的发展趋势。制造业转型升级的关键是实现生产技术含量的提升，如果技术体现在进口更高技术水平的机器设备上，则难以实现通过提升产品质量获取更高的国际分工利益。产品技术含量和附加值的高低归根到底取决于投入的劳动类型，更高的技术含量和附加值来源于更多的熟练劳动力的投入。发展装备制造业可以为长三角地区发展高端制造业和转型升级提供基础。长三角地区应充分利用良好的区域优势、人才优势、技术优势，发展先进的装备制造业，加速制造业产业转型升级。为了响应《中国制造 2025》中国家对智能制造的重视，长三角地区可以大力发展机器人等高科技产品。上海市目前已成为我国产业规模最大的机器人产业集聚区，国际机器人巨头均在上海市设有机构，国内领头企业也纷纷落户上海，预计到 2020 年机器人产业规模将达到 600 亿~800 亿元；浙江省培育的七大万亿元级别产业中，机器人是制造业代言人；江苏省机器人产业 2014 年年均增长 25%。[①]

（3）提升制造业跨国生产能力，深度融入国际创新网络。

目前长三角在国际生产网络中参与的主要还是制造环节，基本被排除在国际创新体系之外。参与甚至构建全球创新网络，从国际生产体系参与者走向国际创新体系参与者甚至构建者，是长三角转型升级的重要方向。

---

① 资料来源：http://www.bjzq.com.cn/syjq/ShowArticle.asp?ArticleID=212341。

实现在国际生产网络中的角色转型的关键是利用全球产业重新布局的机遇提升制造业的跨国生产能力，同时深度融入国际创新网络。长三角地区目前在世界生产体系中的基本角色是国际生产网络的加工装配者，成为跨国公司主导的国际生产网络低端环节的重要配置地，在国际生产网络中处于被动地位。相较于发达经济体的企业，长三角企业在品牌、技术和研发能力等战略性资产上处于劣势。随着长三角企业国际化经验和能力的提升，通过国际化经营整合全球优势要素尤其是获取诸如技术、品牌、研发要素等战略性资产，提升制造业在全球范围内生产布局的能力，融入国际创新网络之中，掌握最前沿的先进技术，应该是长三角制造业企业未来提升竞争力的重要手段。

对于传统加工制造企业来说，长三角地区服装、纺织、家用电器等传统加工制造业一直缺乏关键技术及自有品牌，一般采取 OEM 或者 OEA 方式嵌入全球价值链，应该与跨国公司建立合作关系，融入全球生产及营销网络。传统加工制造企业可以立足自身的比较优势，在参与全球生产网络的过程中，不断提高生产效率、改进产品功能，逐步建立自身技术、品牌优势，开发新产品，实现工艺流程、过程升级。对于高新技术制造企业来说，长三角地区高新技术产业是在嵌入全球价值链生产网络与技术突破、自主品牌建设中逐步诞生的，是内生与外生因素共同作用的结果。高新技术产业升级可以采取"重点突破，以点带面"的升级策略，以 OEM 生产方式为基础，融入全球价值链体系后形成自身的制造优势，实现工艺流程升级。

（4）依托本土优势，着眼全球布局，提升产品架构设计能力。

本地企业与外资企业相比拥有本土优势，特别是针对国内市场，具有东道国优势。本土企业为了解本地的文化，容易洞察顾客的需求变动，更容易融入本地生产网络，与供应商建立更为密切的关系。长三角地区制造业要把握并充分利用本土优势，将顾客集成能力转化为产品创新能力。在发挥本土优势的同时，要放眼全球布局，在国际生产网络中不断优化自己的位置，努力融入国际创新网络，以世界先进水平为标准努力提升产品创新能力和技术创新能力。要优化自身在国际生产网络中的地位，并融入国际创新网络，需要企业培养自身的产品架构设计能力，不再只是满足于在别国企业制定好国际分工后去承担其中的一部分，而是变被动为主动，提升自身设计产品架构的能力，努力成为国际分工的制定者或者重要参与者，为制造业转型升级和提升国际竞争力开拓更广阔的空间。

参考文献

[1] 陈秀山，徐瑛. 中国制造业空间结构变动及其对区域分工的影响 [J]. 经济研究，2008（10）.

[2] 干春晖，贺书锋和余典范. 转型期中国经济增长的产业结构和制度效应——基于一个随机前沿模型的研究 [J]. 中国工业经济，2010（2）.

[3] 郭熙保，罗知. 外资特征对中国经济增长的影响 [J]. 经济研究，2009（5）.

[4] 何德旭，姚战琪. 中国产业结构调整的效应、优化升级目标和政策措施 [J]. 中国工业经济，2008（5）.

[5] 何雄浪，李国平. 专业化产业集聚、空间成本与区域工业化 [J]. 经济学（季刊），2007（3）.

[6] 何艳. 外商直接投资的出口溢出效应——基于产业关联的分析 [J]. 管理世界，2009（1）.

[7] 贺俊，吕铁. 从产业结构到现代产业体系：继承、批判与拓展 [J]. 中国人民大学学报，2015（3）.

[8] 黄阳华，林智和李萌. "互联网+" 对我国制造业的影响 [J]. 中国党政干部论坛，2015（7）.

[9] 黄阳华，吕铁. 市场需求方因素与新兴产业成长 [J]. 中国人民大学学报，2013（3）.

[10] 黄阳华. 德国 "工业 4.0" 计划及对我国的启示 [J]. 经济社会体制比较，2015（2）.

[11] 江飞涛，耿强，吕大国和李晓萍. 地区竞争、体制扭曲与产能过剩的形成机理 [J]. 中国工业经济，2012（6）.

[12] 江飞涛，曹建海. 市场失灵还是体制扭曲——重复建设形成机理

研究中的争论、缺陷与新进展 [J]. 中国工业经济，2009 (1).

[13] 江小涓，李辉. 服务业与中国经济：相关性和加快增长的潜力 [J]. 经济研究，2004 (1).

[14] 金碚. 中国工业化的资源路线与资源供求 [J]. 中国工业经济，2008 (2).

[15] 孔宪丽，高铁梅. 中国工业行业投资增长波动的特征及影响因素——基于 10 个主要工业行业的实证分析 [J]. 中国工业经济，2007 (11).

[16] 兰德斯. 1750~1914 年间西欧的技术变迁与工业发展 [A]//哈巴库克，波斯坦. 剑桥欧洲经济史（第六卷）：工业革命及其以后的经济发展 [M]. 北京：经济科学出版社，2002.

[17] 李钢，陈志和金碚. "资源约束下经济增长" 的经济学解释 [J]. 财贸经济，2007 (9).

[18] 李小平，卢现祥. 中国制造业的结构变动和生产率增长 [J]. 世界经济，2007 (5).

[19] 刘世锦. 我国进入新的重化工业阶段及其对宏观经济的影响 [J]. 经济学动态，2004 (11).

[20] 刘伟，张辉. 中国经济增长中的产业结构变迁和技术进步 [J]. 经济研究，2008 (11).

[21] 刘志彪. 全球价值链中我国外向型经济战略的提升——以长三角地区为例 [J]. 中国经济问题，2007 (1).

[22] 刘志彪，于明超. 从 GVC 走向 NVC：长三角一体化与产业升级 [J]. 学海，2009 (5).

[23] 罗长远. FDI 与国内资本：挤出还是挤入 [J]. 经济学（季刊），2007 (1).

[24] 马林，章凯栋. 外商直接投资对中国技术溢出的分类检验研究 [J]. 世界经济，2008 (7).

[25] 皮建才. 中国地方政府间竞争下的区域市场整合 [J]. 经济研究, 2008 (3).

[26] 平新乔. FDI 在中国的分布、市场份额与享受的税收优惠 [J]. 经济社会体制比较, 2007 (1).

[27] 上海立信会计学院课题组. 提升上海在全球价值链中的地位研究 [J]. 科学发展, 2015 (7).

[28] 尚玉英. 提升上海在全球价值链中的地位 [N]. 解放日报, 2015-05-19.

[29] 谭顺福. 中国产业结构的现状及其调整 [J]. 管理世界, 2007 (6).

[30] 王业强, 魏后凯. 产业特征、空间竞争与制造业地理集中——来自中国的经验证据 [J]. 管理世界, 2007 (4).

[31] 王岳平. 促进产业结构升级的主要对策措施 [J]. 经济研究参考, 2009 (2).

[32] 吴波. FDI 知识溢出与本土集群企业成长——基于嘉善木业产业集群的实证研究 [J]. 管理世界, 2008 (10).

[33] 吴福象, 刘志彪. 城市化群落驱动经济增长的机制研究——来自长三角 16 个城市的经验证据 [J]. 经济研究, 2008 (11).

[34] 项枫. 基于国内价值链的产业升级突破路径 [J]. 浙江经济, 2014 (9).

[35] 杨汝岱. 制度与发展: 中国的实践 [J]. 管理世界, 2008 (7).

[36] 姚洋, 郑东雅. 重工业和经济发展: 计划经济时代再考察 [J]. 经济研究, 2008 (4).

[37] 于良春, 付强. 地区行政垄断与区域产业同构互动关系分析——基于省际的面板数据 [J]. 中国工业经济, 2008 (6).

[38] 严任远. 促进产业升级的生产性服务业发展的路径选择 [J]. 统计与决策, 2013 (9).

[39] 原小能，宋杰. 外商直接投资企业的外溢效应：基于外资企业问卷调查的研究 [J]. 世界经济，2007（12）.

[40] 张辉. 全球价值链下地方产业升级模式研究 [J]. 中国工业经济，2005（9）.

[41] 张平. 论中国三大区域产业结构的差异 [J]. 经济评论，2007（9）.

[42] 张平. 致力推动经济从高速转向高效增长 [J]. 求是，2013（19）.

[43] 中国社会科学院工业经济研究所课题组. 第三次工业革命与中国制造业的应对战略 [J]. 学习与探索，2012（9）.

[44] 周叔莲，吕铁和贺俊. 我国高增长行业的特征及影响分析 [J]. 经济学动态，2008（12）.

[45] 周学仁，李东阳. FDI 与东道国可持续发展相互作用的研究综述 [J]. 世界经济，2009（8）.

[46] Ali, A., Kalwani, M. U. and Kovenock, D. Selecting Product Development Projects: Pioneering Versus Incremental Innovation Strategies [J]. Management Science, 1993, 39: 255-274.

[47] Akamatsu, K. A Historical Pattern of Economic Growth in Developing Countries [J]. The Developing Economies, 1962（1）: 3-25.

[48] Buzzell, R.D. and Gale, B.T. The PIMS Principles: Linking Strategy to Performance [M]. New York: Free Press, 1987.

[49] Chandler, A. Scale and Scope: The Dynamics of Industrial Capitalism [M]. Cambridge: Harvard University Press, 2005.

[50] Chenery, H. Patterns of Industrial Grow [J]. American Economic Review, 1960, 50（4）: 624-654.

[51] Chenery, H. and L. Taylor, Development Patterns: Among Countries and Over Time [J]. The Review of Economics and Statistics, 1968, 50（4）: 391-416.

［52］ Deeds, D. L. and Hill, C. W. L. Strategic Alliances and the Rate of New Product Development: An Empirical Study of Entrepreneurial Biotechnology Firms [J]. Journal of Business Venturing, 1996, 11: 41–55.

［53］ Doll, W. J. and Vonderembse, M. A. The Evolution of Manufacturing Systems: Towards the Post–Industrial Enterprise [J]. Omega, 1991.

［54］ Fujimoto, T. and Oshika, T. Empirical Analysis of the Hypothesis of Architecture–based Competitive Advantage and International Trade Theory [Z]. MMRC Discussion Paper, 2006.

［55］ Garvin, D. A. What Does "Product Quality" Really Mean? [J]. Sloan Management Review, 1984: 25–43.

［56］ Gereffi, G. International Trade and Industrial Upgrading in the Apparel Commodity Chain [J]. Journal of International Economics, 1999, 48: 37–70.

［57］ Gereffi, G., Humphrey, J. and Sturgeon, T. The Governance of Global Value Chains [J]. Review of International Political Economy, 2005, 12: 78–104.

［58］ Gereffi, G. and Korzeniewicz, M. Commodity Chains and Global Capitalism [M]. Westport: Prager, 1994.

［59］ Hall, R. W., Johnson, H. T. and Turney, P. B. B. Measuring Up: Charting Pathways to Manufacturing Excellence [M]. Homewood, IL: Business One Irwin, 1991.

［60］ Humphrey, J. and Schmitz, H. Developing Country Firms in the World Economy: Governance and Upgrading in Global Value Chains [J/OL]. INEF Report, 2002 (61), http: //www.ids.ac.uk/ids/global/vwpap.html.

［61］ Klevornick, A. K., Levin, R. C., Nelson, R. R. and Winter, S. G. On the Sources and Significance of Interindustry Differences in Technological Opportunities [J]. Research Policy, 1995, 24: 185–205.

[62] Kojima, K. The "Flying Geese" Model of Asian Economic Development: Origin, Theoretical Extensions, and Regional Policy Implications [J]. Journal of Asian Economics, 2000, 11: 375-401.

[63] Kotabe, M. and Swan, K. S. The Role of Strategic Alliances in High-Technology New Product Development [J]. Strategic Management Journal, 1995, 16: 621-636.

[64] Koufteros, X., Vonderembse, M. and Jayaram, J. Internal and External Integration for Product Development: The Contingency Effects of Uncertainty, Equivocality, and Platform Strategy [J]. Decision Sciences, 2005, 36: 97-133.

[65] Mosakowski, E. Organizational Boundaries and Economic Performance: An Empirical Study of Entrepreneurial Computer Firms [J]. Strategic Management Journal, 1991, 12: 115-133.

[66] Okita, S. Special Presentation: Prospect of Pacific Economies, Korea Development Institute. Pacific Cooperation: Issues and Opportunities (pp.18-29). Report of the Fourth Pacific Economic Cooperation Conference, Seoul, Korea, April 29-May 1, 1985: 21.

[67] OMEGA: International Journal of Management Science, 1991, 19 (5): 401-411.

[68] Peneder, M. Structural Change and Aggregate Growth [R]. WIFO Working Paper. Austrian Institute of Economic Research, Vienna, 2002.

[69] Schoonhoven, C. B., Eisenhardt, K. M. and Lyman, K. Speeding Products to Market: Waiting Time to FirstProduct Introduction in New Firms [J]. Administrative Science Quarterly, 1990, 35: 17-207.

[70] Yeoh, P. L. and Roth, K. An Empirical Analysis of Sustained Advantage in the U.S. Pharmaceutical Industry: Impact of Firm Resources and

Capabilities [J]. Strategic Management Journal, 1999, 20: 637-653.

[71] Zahra, S. A. and Nielsen, A. P. Sources of Capabilities, Integration and Technology Commercialization [J]. Strategic Management Journal, 2002, 23: 377-398.

新一轮工业革命与上海市制造业

转型升级的影响研究

黄群慧　等*

* 课题主持人：黄群慧，中国社会科学院工业经济研究所所长、研究员，国家制造强国战略
咨询委员会委员。
课题组成员：中国社会科学院工业经济研究所贺俊，研究员；刘湘丽，研究员；郭朝先，
研究员；黄阳华，副研究员；江鸿，副研究员。

前　言 / 253

一、新一轮工业革命的特征与演进脉络 / 256

　　(一) 新一轮工业革命的特征 / 256

　　(二) 新一轮工业革命的演进脉络 / 264

二、新一轮工业革命对上海制造业的影响 / 274

　　(一) 新一轮工业革命为上海制造业带来的机遇 / 274

　　(二) 新一轮工业革命为上海制造业带来的挑战 / 279

三、国外推进智能制造的战略部署及其对上海的启示 / 282

　　(一) 美国：率先实现先进制造技术突破，推动科技与产业优势

　　　　再配对 / 282

　　(二) 德国：扎根本国制造业创新模式，技术突破与应用

　　　　优先并重 / 285

　　(三) 日本：以本国需求为基本出发点，研发投资向新兴

　　　　领域集中 / 288

　　(四) 韩国：将智能工厂建设作为重点，充分发挥大企业

　　　　中坚力量 / 291

　　(五) 国外智能制造战略部署的启示 / 294

四、上海应对新一轮工业革命的总体战略与措施 / 298

　　(一) 上海应对新一轮工业革命的总体战略 / 298

　　(二) 上海应对新一轮工业革命的政策措施 / 300

前 言

2012 年初，"新工业革命"、"第三次工业革命"、"工业 4.0"等概念一开始出现便引起了我国各界的高度关注，并在经济进入"新常态"的背景下迅速成为我国产业发展战略和产业政策研究的热点问题。新一轮产业革命正在实践和研究两个层面重新定义制造业，重塑了制造业的形象，使得国内外制造业分工格局出现新的变化。面对新一轮工业革命带来的全球产业发展趋势深刻转变，上海市作为我国重要的制造业地区，在产业大力实施"五大战略"和力争实现"三大转变"中，必须牢牢把握乃至引领这些趋势。

按照问题导向的层次，我国对第一轮产业革命的研究大致经历了三个不断深化的阶段。第一阶段（2012~2014 年）的研究主题是"是什么"。这一阶段的研究是从不断涌现的新技术对产业的影响，剖析新一轮工业革命背景下产业技术和产业组织方式等潜在的发展方向。这一阶段的一个重要研究成果，是充分认识到新一代互联网技术具有改造既有生产方式的巨大潜力，使得制造业朝着数字化、智能化和网络化的方向发展。与工业生产方式相关的一系列因素都可能因之而变，包括微观层面的制造技术、生产方式、工业管理模式、企业战略，中宏观层面的产业结构、产业组织、产业竞争力、产业布局和产业要素结构都将出现连续变化。"智能制造"逐渐成为"新一轮工业革命"的同义词。

第二阶段（2014~2015 年）的研究主题是"做什么"。这一阶段的一个重要外部因素是美、德、日等工业强国相继出台了制造业振兴方案，旨在全球产业竞争新格局中增强本国制造业竞争力。通过比较研究主要工业强国振兴制造业的方案可以发现，各国都不约而同地将新一代信息技术视为改变制造业未来的新型通用技术，只是根据本国国情选择不同的实现方式。这一阶段我国学者对新一轮工业革命的研究更加突出了"本土意识"，回归到中国制造业如何应对和利用新一轮工业革命促进我国制造业转型升级的问题上。政策层面的重要成果之一是出台了立足中国国情的《中国制造 2025》，作为指导我国制造业应对新一轮工业革命的纲领性文件。

第三阶段（2015 年以来）的研究主题是"怎么做"。由于中国产业发展基本状况与发达工业化国家存在较大的不同，所以在制造业朝着智能化方向发展的共识之下，中国如何深化体制机制改革，完善促进制造业智能化发展的政策工具组合，重新定向中国在未来全球制造业分工格局中地位成为这一阶段的研究主题。也是在这一阶段，中国各地产业转型升级也更加主动地对接新一轮工业革命的趋势，特别是在制造业转型升级任务更加紧迫的东部地区出现了不同形式的制造业智能化方案，自下而上发展中国特色的智能制造方案的内生动力不断增加。如长三角地区的浙江省实施智能制造发展行动方案，江苏省加快工业智能化标准的顶层设计；珠三角地区的广东省加速工业智能产业和服务的发展；西部成渝地区也在探索"工业 4.0"的国际合作新模式。地区层面探索利用新工业革命做强做优实体经济，将成为今后我国区域产业结构调整和地方政府辖区竞争的新领域。

主动适应和引导新一轮工业革命是做强实体经济，促进制造业转型升级的现实选择。本课题首先剖析新一轮工业革命的演进脉络与特征，提出制造业的核心资源基础、产业组织形态、竞争范式和经济地理等方面对现有制造范式带来深度变革。在新一轮工业革命渐次推进的背景下，上海市正在加快建设具有全球影响力的科技创新中心。"十三五"时期，上海市在五大发展理念的引领下，国民经济社会发展以激发发展新动力、增强整体协同性、共建生态家居家园和形成开放型经济新优势为发展目标。新一轮工业革命引发的制造范式变革无疑为上海市建设具有全球影响力的科技创新中心提供了历史机遇，是推进上海市制造业转型升级、重塑上海市在我国制造业体系中地位的重要机遇。工业革命史的研究表明，历次制造范式的转换不仅是产业领域的根本变革，还会为国民经济乃至社会体系带来重大的变革。上海市抓住新一轮工业革命促进制造业转型升级还将为国民经济结构调整、产业与城市关系、科技创新资源的配置方式等带来巨大的发展空间。同时，制造范式的转变又将在竞争优势、人才基础、优势企业的培育、产业融合和商业模式创新等方面对上海市制造业转型升级带来严峻的挑战。

应对新一轮工业革命需要经验借鉴。本课题比较研究了美国、德国、日本、韩国等制造强国应对新一轮工业革命的战略部署，提出上海推进以智能制造为核心的新一轮工业革命的战略部署应以"扬长补短"为原则、应覆盖全产业链各环节、应重视企业管理能力提升，以及应向重视中小企业发展倾斜。

结合上海实际，本课题提出上海应对新一轮工业革命的总体战略应突出三个方面的先行先试的基本原则，构建四大智能经济体系，集中优势资源发展五大重点领域，着力落实八大智能经济工程，将上海打造成为上海智能经济创新发展的先行区和全球智能经济发展的重要节点。为此，本课题提出如下政策建议：第一，加快制定实施上海的"先进制造技术突破和应用计划"，加快推进先进制造技术的推广和扩散；第二，以现代"母工厂"建设为抓手，推进上海的先进制造技术和设备应用能力的提升，以及现代生产管理方法的改进与创新；第三，依托母工厂建设，加强高技能和知识型员工的培养；第四，加强信息基础设施建设和行业工程数据库建设；第五，协同推进上海战略性新兴产业的培育和先进制造技术的发展；第六，促进新的服务业态的发展，促进基于商业模式创新的服务业与制造业的融合；第七，充分吸收和借鉴美国、日本、德国应对新工业革命的共同经验和普遍做法，加快有利于新兴制造技术创新与扩散的制度基础建设。

一、新一轮工业革命的特征与演进脉络

（一）新一轮工业革命的特征

1. 新一轮工业革命将重塑制造业竞争优势

在制造层面，新一轮工业革命常被称为智能制造。智能制造以大数据积累为前提，以制造对全球的个性化市场需求的快速反应为核心，是新一轮工业革命取得突破和深入发展后的结果。它所代表的是全球化个性制造范式，它既是全球化浪潮下企业为适应日益激烈的跨国竞争而发展的结果，也将通过其影响力改变传统制造业的竞争范式。

技术基础、生产方式以及产业组织模式的更替，使得新一轮工业革命中的产业发展和竞争呈现出差异化趋势，其根源在于以数据要素为核心投入的智能制造系统具有更高的柔性，能够发挥范围经济优势，适应发展的个性化需求的要求，从而形成企业的核心竞争力。第一，刚性生产系统转向可重构生产系统，客户需求管理能力的重要性不断提升。可重构生产系统以重排、重复利用和更新系统组态或子系统的方式，根据市场需求变化实现快速调试及制造，具有很强的兼容性、灵活性及突出的生产能力，实现生产制造与市场需求之间的动态匹配。例如，德国大众汽车开发的"模块化横向矩阵"实现在同一生产线上生产所有车型的底盘，可及时根据市场需求在时间上和空间上的变化灵活调整车型和产能。这一事件表明制造业从产品模块化演化为生产线模块化。第二，大规模生产转向大规模定制，范围经济可能超过规模经济成为企业的优先竞争策略。可重构生产系统使得大规模定制具备经济可行性，企业依靠规模经济降低成本的竞争策略的重要性也将有所下降。未来，满足消费者个性化需求将取代规模经济成为企业的主流竞争策略，企业将开放更多的接口直接面对消费者，演变为连接用户和员工之间的平台。

智能制造背景下的新竞争范式主要有以下特点。第一，制造的战略功能被重新定义，客户需求的快速响应成为竞争焦点。在传统的创新系统中，产品生产的一般模式是"产品设计—产品开发—产品制造"，所谓的产品创新主要指的是实验室的产品设计和开发，制造仅仅是"实现"创新的一个环节，一种新产品从构思、设计、试制到商业性投产，在 19 世纪大约要经历 70 年的时间，在 20 世纪两次世界大战之间则缩短为 40 年，"二战"后至 20 世纪 60 年代更缩短为 20 年，到了 20 世纪 70 年代以后又进一步缩短为 5~10 年，而到现在只需 2~3 年甚至更短的时间，这种态势必然导致市场竞争焦点的快速转移。随着全过程智能制造技术的成熟，"设计、开发和制造"的一体化产品发展将使传统的"线性"创新过程变为一体化的"并行"创新过程，产品创新周期将大幅压缩，制造直接成为创新的一部分，现场像实验室一样成为创新的场所，制造资产成为企业创新系统的一部分。差异化和低成本制造方式使得快速响应客户需求成为企业生存的关键，通过发展智能制造技术、改进生产方式和调整组织架构来加强企业的产品创新能力，同时保证足够低的生产成本，将成为技术领先企业的战略方向。在此过程中，区分不同类型消费者及其需求是企业关注的重点，在此基础上，根据不同需求推行快速交货，保障高质量、低成本和重环保的市场供应便成为影响竞争优势的关键性因素。

第二，知识型员工成为核心竞争资源。任何一次工业革命都是对劳动力的解放，但与此同时却又提高了对劳动力素质的要求。第一次工业革命要求劳动力掌握机器操作，第二次工业革命要求劳动力高效率生产。而在新一轮工业革命背景下的机械化和自动化必然会导致机器和系统对人的替代。可以预见，从事制造行业的劳动力人数将大幅减少，而剩余的劳动力则需要成为机器维护员和软件的设计者，只需通过操纵智能软件管理机器人完成生产任务，制造企业的关键人力资源基础将由操作型员工和技能型员工向知识型员工转变。在这种生产方式下，生产人员不仅具备传统大规模定制范式和丰田精益生产方式所要求的掌握多种机械工作原理、熟悉机械操作诀窍的能力，而且兼具能够准确理解市场需求和产品架构并能直接参与产品设计和生产的创造能力和执行能力，能对客户需求快速响应。这种具有稀缺性和差异性的创造性劳动不仅是经营成本，更是企业竞争的战略性资产。所以知识型员工将构成企业的核心竞争力的一部分。

第三，设计制造的区域分工转向一体化，实现基于价值链的资源整合。第一次工业革命中蒸汽机的发明让企业不必因为依赖水力而将工厂建立在接近水源的区域。第二次工业革命中实行大规模生产的企业为降低劳动力成本、广泛利用稀缺自然资源而开展区域间的分工，形成了以跨国代工为特点的全球价值链。在新一轮工业革命中，机器人的普及将使劳动力占比不断减少，而且随着 3D 打印机的大范围应用，原有一些以组装为重点、强调廉价劳动力的生产区域将会因此失去竞争优势。相反，为了贴近客户即时回应需求，设计人员和生产人员将会趋向集中同一区域实现零距离互动，从而彻底改变现有的产业区域分工与布局。现代企业竞争优势的基础已经超出了单个企业自身的能力和资源范围，它越来越多地来源于企业与产业价值链上下各环节的有效整合，企业以培育核心竞争力为基本目标，集中力量发展关键环节，针对市场的快速变化通过调用、整合价值链上所有资源的优势来快速响应市场，使得企业之间由传统行业中单纯的竞争关系转变为竞争与合作并存的竞合关系。

第四，知识产权保护成为产业生态良性发展的必要条件。知识产权是影响产业竞争力的核心要素。新一轮工业革命强化了计算机软件等数字化作品在生产设计与制造中的重要性，从而改变了各种知识和信息的存储地。在网络环境下，各种数字化作品具有容易复制、传输方便和形态多样的特点，不同于生产设备等物化的知识产权，这类知识产权的创作行为，涉及的社会关系、权利内容等都更为复杂多样，这对于确定知识产权所有人和有关权属是一个挑战，在这一背景下，对各类侵权行为的确认以及各类知识产品的保护将变得更加困难。也正因如此，知识产权问题对产业生态的影响力加大，能否有效保护知识产权成为影响产业发展态势的关键性条件。

2. 新一轮工业革命将改变制造业产业组织形态

新一轮工业革命背景下的新生产方式推动了产业组织形态的变革，无论产业内部还是产业之间的组织方式都呈现出新趋势，其具体表现为以下三个方面：

第一，智能制造重塑了产业间，尤其是第二、第三产业间的关系，促进了产业间技术服务的融合，产业边界变得模糊。其一，从第二、第三产业关系来看，由于制造业的生产制造主要由高效率、高智能的新型装备完成，与制造业相关的生产性服务业将成为制造业的主要业态，制造业企业的主要业务将是研发、设计、IT、物流和市场营销等，制造业和服务业将深度融合。更为重要的是，为了及时对市场需求做出反应，要求制造业和服务业进行更为深度的融合，包括空间上更为集中，以及第二、第三产业的界限模糊化。其二，从就业结构上讲，一方面，生产环节大量使用新型装备替代劳动力，使得制造业环节的劳动力需求绝对减少；另一方面，随着服务业活动成为制造业的主要活动，制造业的主要就业群体将是为制造业提供服务支持的专业人士，这就使得第二、第三产业的相对就业结构朝着服务业就业人口比重上升方向发展。在这样的产业发展趋势下，低技能的生产工人对产业发展的重要性下降，高技能的专业服务提供者的重要性进一步增加，这对各国的教育、人才培育和就业结构将产生极为深远的影响。

第二，智能制造提高了管理能力要求，促使企业进行内部组织结构调整，以适应网络化经济环境。新一轮工业革命中制造业智能化建设显著增加了生产的复杂度，对企业管理复杂度的能力也提出了更高要求，企业内部组织结构必须进行调整，以适应生产管理需要，提高数据要素的附加值。为此，企业内部架构，从产品设计、原型开发、企业资源、订单、生产计划获取和执行，到物流、能源，再到营销、售后服务，都需要按照新的产品价值链加以整合，包括：顺应制造业服务化的趋势，提升企业内部支撑制造的服务部门的重要性；顺应从提供单一产品到提供一体化的解决方案的趋势，增强与消费者的互动能力；利用新型基础设施进行投融资方式和商业模式创新；加大对员工（特别是技术工人）终身学习计划的投入；等等。

在以知识为基础的经济和市场中，企业通过网络跨越边界与环境相联系已成为普遍的现象。一方面，企业将原来在企业内部的纵向链条上的生产过程分离出去，或者说从价值链体系的某些阶段撤离出来，转而依靠外部供应商来供应所需的产品、支持服务或者职能活动，形成纵向分离；另一方面，原有的竞争对手，或者不同产业的企业都因为技术、产品或业务的横向联系形成新型竞争协同的网络关系。企业外部边界模糊使得内部组织与外部市场联系更加紧密，企业组织将把触角伸到市场的各个角落，以占有更大的市场份额，获取更丰厚的利润。与网络化相对应的是企业内部组织结构的扁平化，结构层次精简，淡化组织中的等级制度，使结构富有弹性，从而促进信息的传递。

第三，智能制造改变传统产业布局，导向产业集群虚拟化。基于特定地理范围的产业集群是重要产业组织模式，会对产业的空间布局及竞争优势产生巨大影响。随着基于数据要素的智能制造出现，传统的工厂集中生产将转向社会化，产能呈现分散化，大量物质流被数字化为信息流，借助于发达的信息、通信手段以及网络平台传播，将逐步降低企业生产的信息成本，引起产业布局的改变。当企业组织生产中的各环节可被无限细分，生产方式开始呈现碎片化特征时，产业集群的集聚范围、内容和形式会快速变化，传统地理集群的空间局限将被逐渐突破并形成网络意义上的集聚，即产业集群发展的虚拟化。利用网络经济所创造的先进信息技术支撑系统，各类产品服务在虚拟环境下得以实现。相比传统意义上的产业集群，虚拟产业集群中的企业对市场和技术变化的反应更为敏感，可以在较短时间内以较低成本整合各种资源，具有很强的开放性与灵活度。这一新的资源配置方式会在很大程度上影响产业内部组织形式，众多中小企业和个体私营企业会借由虚拟产业集群突破资源困境，能够以低制造成本快速推出新产品而获得成长。事实上，我国一些地区已出现专门为网络设计者、用户提供制造和产销服务的在线社区工厂，有效降低了产业的进入门槛；社交网络上出现了由个体组成的"虚拟工厂"，个人能够通过在线交流进行产品的研发、设计、筛选和完善，社会制造这一新型产业组织逐渐形成。这将有利于向全社会疏散产能，有效防范产能的集中和过剩风险，对制造业转型升级有着重要意义。

3. 新一轮工业革命将改变全球制造业经济地理

新一轮工业革命背景下的智能制造将重塑国家间比较优势，改变国际分工和产业结构，从而引起全球制造业经济地理变化，这也将带来全球利益分配机制和分配格局的变化，给广大的发展中国家和新兴产业带来更大竞争压力。

一方面，智能制造的推广将使"大规模定制"生产成为主流，需求终端产品的竞争优势来源不再是同质产品的低价格竞争，而是通过更灵活、更经济的新制造装备生产更个性化的、具有更高附加值的产品，发展中国家通过低要素成本大规模生产同质产品的既有比较优势将可能丧失。如果发展中国家的低要素成本优势不能在未来"大规模定制"中重新占据一席之地，将失去生产高附加值终端产品的竞争优势。另一方面，支撑制造业"智能化"、"数字化"的新型装备和新一代互联网基础设施是实现终端产品"大规模定制"的基础，基础设施、网络的搭建需要大量资金的投入，新型制造装备技术和生产能力更是智能制造的瓶颈，资本和技术密集的网络基础设施和新型装备更符合发达国家的比较优势。

就中国的情况而言，低劳动力成本比较优势主要反映在制造环节，而在新一轮工业革命浪潮中，随着制造本身重要性的下降、直接从事制造行业人数的减少以及制造中装配组装成本比重的下降，中国现有低成本劳动力比较优势将被削弱。国家间比较优势、国际分工和产业结构的改变将进一步引起全球制造业经济地理格局的改变。目前，发达国家制造业主要集中于成套设备、核心元器件等领域，工业产品生产和出口中，汽车、计算机、机械装备、电子元器件、武器、生物制品、医疗设备所占的比重较大，这些产品具有不同的技术演进规律和产品架构特征，但都属于技术密集型和劳动集约型行业。随着新一轮工业革命的到来，发达国家加大了对制造业的扶持力度，具有比较优势的汽车制造、装备制造、电子信息、生物医药等行业出现国际投资"回溯"的迹象：其一，当发达国家重新获得生产制造环节的比较优势时，曾经为寻找更低成本要素而从发达国家转出的生产活动有可能重新回流至发达国家，制造业重心向发达国家偏移。其二，由于发达国家拥有技术、资本和市场等先发优势，将更有可能成为新型装备、新材料的主要提供商。在此趋势下，发达国家有可能成为未来全球高附加值终端产品、主要新型装备产品和新材料的主要生产国和控制国，发达国家的实体经济将进一步增强。其三，由于与第二产业的融合度更高，发达国家在高端服务业领域内的领先优势将得到进一步的加强。

当然，新一轮工业革命浪潮下的"回溯"是有范围和条件的。第一，将劳动密集型制造业搬回国内，既不符合发达国家的比较优势和产业环境，也降低了生产要素在全球的配置效率。相比较而言，技术密集型和劳动集约型制造业"回溯"本国的可能性更大。第二，高新产业国际投资"回溯"的必要条件是中低端传统产业的加快转出。发达国家发展高新技术产业需要优化国内外资源配置，只有加快中低端传统产业向国外转移，实施鼓励实体经济发展的优惠政策才能够聚焦于高附加值、高素质劳动需求的高新产业。因此，新一轮工业革命虽然能够在一定程度上促进产业的国际转移，但是从发达国家向发展中国家转移的产业将以中低端制造业和已经处于生命周期末端的夕阳产业为主，技术密集型和劳动集约型的新兴产业的国际分工格局则有可能向发达国家"回溯"。

随着全球制造业经济地理格局的改变，新一轮工业革命背景下智能制造的发展将改变现有生产关系并带来分配方式的革新，全球利益分配机制和格局也将发生变化。其一，生产制造环节低附加值的格局可能会发生改变。当前生产制造环节附加值低的重要原因是将产业转移至低要素成本的发展中国家完成简单、重复性的生产任务，进入门槛较低，而这一模式在新一轮工业革命中将难以为继。生产制造环节由更多、更高效、更智能的资本产品和装备产品参与，不仅要完成简单、重复性的工作，还要完成更为灵活、更为精密的任务，生产制造环节的利润更高，这也是制造业回流至发达国家的重要驱动因素。其二，新一轮工业革命强化了服务业对制造业的支撑作用。服务业在很大程度上是由专业技能人员组成，其所提供服务的价值更高、行业的进入门槛更高、从业人员谈判能力更高等各种因素，使得服务业在整个价值链分配中所占的份额更大。因此，随着更高附加值的制造业和相关专业服务业向发达国家进一步集中，发达国家更有可能享受国家间产业结构调整的"结构红利"。

经历全球金融危机之后，发达国家将产业政策重点聚焦于新一代信息技术、新能源、生物新材料等新兴产业，以适应未来技术发展方向和市场需求变化，致力于启动新一轮工业革命。新兴产业的发展关键在于研发技术和产品市场两个条件，相较于发展中国家而言发达国家在两方面都更具优势。以美国为例：虽然在新能源、新能源汽车领域，美国的战略布局晚于日本、欧盟，甚至晚于中国等发展中国家，但是它储备了大量新兴产业发展所需的基础知识和通用技术，在政策的支持下，新兴产业能够迅速发展起来。而且新兴产业发展初期，技术研发和市场开拓成本高，产品价格一般高于同类传统产品，需要充分的市场来消化。发达国家人均可支配收入高，社会保险和消费信贷体系完善，人均消费水平领跑全球。技术和市场条件决定了发达国家在新兴产业发展过程中的竞争优势，因此在新一轮工业革命浪潮中，发达国家对智能制造的重视和对新兴产业的战略布局将对发展中国家相关产业的发展形成巨大压力，进而影响新兴产业的全球分布格局。

（二）新一轮工业革命的演进脉络

工业革命史的研究表明，历次工业革命的演进都是一个规律性的过程。首先，从技术突破到非均衡产业结构变化是一个漫长、复杂但层次清晰的历史过程。在此过程中，创新的发生及其扩散居于核心地位，先导产业是激进创新的载体。其次，激进创新的扩散需要与核心投入、基础设施和生产组织协同演化，促进先导产业部门的成长。最后，先导产业通过直接或间接的产业关联和示范效应，带动产业体系发生显著变化。整个这个过程也被称为技术经济范式的转变。所以，在技术层面看似跳跃的工业革命在经济层面却是连续展开的，"革命"一词虽然突出了工业革命对经济社会的巨大影响，但模糊了技术创新及其扩散过程的连续性。相应地，学者提出 18 世纪中期英国第一次工业革命实现了工业机械化，实质是第一、第二次创新浪潮的演进过程，19 世纪第三、第四次创新浪潮实现了工业自动化为特征的第二次工业革命。依照上述理论分析框架和历史过程研究，有学者推断 20 世纪下半叶以来的"第三次工业革命"，很可能是第五、第六次创新浪潮的涌现与拓展过程。当前引起热切关注的新一轮产业变革极可能是第六次创新浪潮，应该继续按照成熟的技术经济范式进行系统化的深入研究（如图 1 所示）。

1. 制造业智能化将改变制造业的核心资源基础

种种迹象表明，不同于以往技术经济范式的转换高度依赖于物理装备的升级，以智能制造为核心的新一轮工业革命的关键驱动要素将是数据。

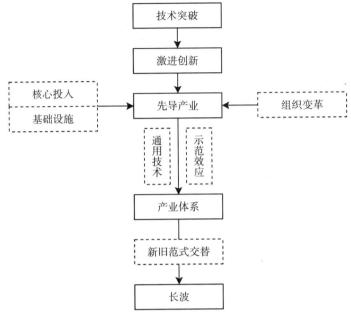

图 1 工业革命演进的分析框架

换言之，数据要素将会成为决定未来工业化水平的最稀缺的要素。

虽然工业机器人、3D 打印、人工智能等新型制造装备进一步提升了生产的自动化和柔性，但是仅是生产效率的提升尚不足以引发"革命性"的变化。因此，相比于先导产业的更替，核心要素的更替更具革命性。按照目前美国"工业互联网"、德国"工业 4.0"计划和我国"互联网+"战略的设计和部署，迅猛发展的新一代互联网技术将加速向制造业领域渗透，与新型制造技术深度融合后推动既有制造系统发生重大转变，也就促使数据要素成为驱动生产组织方式变革的关键要素。自 20 世纪 70 年代工厂引入"可编程控制器"（Programmable Logic Controller，PLC）后逐渐完成了初等信息化，但是与智能制造仍然有显著区别。PLC 仅实现虚拟信息世界向现实物理世界的单向输出，物理世界并不能对信息世界做出反馈，数据的产生、采集、分析和利用也都是单向的，数据要素对企业边际利润的贡献附着于物质资本，缺乏显著性和独立性。

新一代互联网技术向生产的全面渗透将彻底改变这种局面，大幅提升数据对企业边际利润的贡献。当前，代表全球制造业最高水平的国际知名企业的探索实践预示着数据的获取和配置不仅进一步提高生产效率，而且正在挑战流水线生产方式。博世集团和西门子集团等德国的工业巨头是德国"工业 4.0"计划的主要倡导者和实践者，正在围绕数据构建智能环境和以此为基础的"智能工厂"，即在制造装备、原材料、零部件、生产设施及产品上广泛植入智能传感器，借助物联网和服务网实现终端之间的实时数据交换，达到实时行动触发和智能控制，实现对生产进行全生命周期的个性化管理。智能工厂为智能产品的生产奠定了坚实的基础。智能产品记录了消费者的需求特征以及从生产、配送到使用的全过程数据，在生产过程当中可根据消费者的个性化需求，以数据交换的形式与生产设备"对话"，选择最优的配料和排产方案，极大地提高了制造系统的柔性。曾被福特制替代的"大规模定制"这一生产组织方式重新具有了技术和经济可行性。

数据要素对于生产系统重构的意义还在于形成智能工厂和智能产品的闭环。依托物理—信息系统，生产数据和消费数据形成大数据系统，经实时分析和数据归并后形成"智能数据"，再经可视化和交互式处理后，实时向智能工厂反馈产品和工艺的优化方案，从而形成"智能工厂—智能产品—智能数据"的闭环，驱动生产系统智能化。这一切的实现既依赖于数据这一新型生产要素的生成和利用，也依赖于"云设施"的升级与完善。如同资本要素的供给来自于资本积累，劳动要素的供给来自于人口增长和教育，数据要素的供给则依赖于传感器和高速通信设施的广泛应用。因此，在数据要素成为核心投入的过程中，"可以廉价获得"的传感器便是新一轮工业革命中派生出的核心要素。按照德国"工业 4.0"计划的部署，新型传感器单价将降至 1 欧元以下，即便广泛植入也不会造成使用成本的显著增加，这样便可以有效提高数据要素的积累效率。

事实上，数据要素的关键性在国际范围内已受到高度重视，新一代互联网基础设施正在加速集聚爆炸式发展所需的资源。首先，在政府层面，美国、欧盟和日本等的公共研究机构已经立项研究新一代互联网技术路线，讨论和制定新一代互联网的协议。例如，2011 年美国通过了《联邦政府云战略》，将 1/4（约 200 亿美元）联邦政府 IT 支出用于采购第三方公共云服务；2012 年欧盟提出"发挥欧洲云计算潜力"战略，在各领域推广云计算的应用。其次，在产业层面，2012 年，13 家全球主要电信运营商共同发起了网络功能虚拟化组织，截至 2014 年 10 月，已有 250 家网络运营商、电信设备供应商、IT 设备供应商以及技术供应商参与。同时，2013 年全球主要电信设备和软件公司联合开发 SDN 控制器和操作系统。再次，在技术层面，新一代光网络、新一代无线网络（5G、Wi-Fi）、物联网、云计算（云网络）等网络基础设施在硬件设备开发，网络协议和标准制定，网络传输速度和频谱利用率提升，功耗和延时降低，兼容性、灵活性和安全性提升等方面取得了一定的进展。最后，新一代互联网基础设施在应用层的潜力逐步显现。在产业应用层面，以物联网为例，2012 年全球物联网市场规模约 1700 亿美元，预计 2015 年将接近 3500 亿美元，年增长率约 25%。2012 年全球云计算市场规模达到 1072 亿美元，预计 2017 年将达到 2442 亿美元。在企业应用层面，除了上述德国企业正在利用物联网和服务网构建智能工厂，谷歌公司数据中心通过 SDN 将链路平均使用率从 30% 提升至 95%，并于 2014 年第一季度投入 23 亿美元，采用最新网络技术构建骨干网满足公司快速增长的需要。新一代互联网基础设施的逐步完善将为数据要素的积累和配置提供有力支撑，而大数据的广泛利用能够进一步提升新一代互联网基础设施的投资收益率。

因此，我们必须承认，以智能制造为核心的新一轮工业革命改变了传统制造业的核心资源基础，凸显了数据作为核心驱动要素的重要地位。数据要素的不断积累和有效配置将进一步提高各行业生产效率，改变生产方式，为行业的发展提供有力支撑。

2. 通信基础设施的重要性将超过交通基础设施

核心投入与基础设施的动态匹配是促进先导产业快速发展的必要条件。历史经验表明，核心投入"可以廉价获得"是基础设施快速完善的产业基础，基础设施建设的巨大需求为核心投入产业的发展提供初始市场，从而形成正反馈效应。例如，与铁、煤相匹配的基础设施是运河和铁路，与钢相匹配的基础设施是钢轨和钢船，与石油、天然气相匹配的基础设施是高速公路、机场等，与集成电路相匹配的是互联网。随着数据要素（及其派生的传感器）成为新一轮长波的核心投入，现在的问题是：第五次长波中形成的基础设施（互联网）是否与新兴的数据要素相适应？对此问题的解答，需从互联网的演进历程加以剖析。

互联网发展至今经历了三个阶段。第一代互联网（1969~1989年），即军事和科研阿帕网，主要作为公共部门的内网使用。第二代互联网（1990~2005年），即基于个人计算机的万维网，刺激了电子商务呈爆炸式增长。在互联网取得巨大成功的同时也面临着严峻的挑战：一是架构灵活性不高，难以适应不断涌现的新业态的需求；二是难以满足未来海量数据增长的需求；三是实时性、安全性和灵活性尚不能满足产业融合发展所需，工业互联网、能源互联网、互联网金融、车联网等对互联网的升级提出了强烈且迫切的需求。为了克服这些问题和局限性，互联网技术正在通过多条技术路线向第三个阶段演进。其中，传统IP网络向软件定义网络（SDN）转变便是一大趋势，可实现数据层和控制层的分离，定义和编程网络设备资源，实时反馈网络及网络设施的运行状态，提高网络部署的灵活化和稳定性。

当前，新一代互联网基础设施对核心要素和先导产业的支撑还远远不够，但是已经在加速集聚爆炸式发展所需的资源。在政府应用层面，2014年6月，新加坡推出世界上首个"智慧国家2025计划"，为大多数家庭提供超快的1Gbps网速，在线提供98%的政府公共服务。我国政府也提出了"互联网+"，大力促进互联网技术更广泛、更深入地融入到各行各业。

我们认为，新一代互联网基础设施的逐步完善将为数据要素的积累和配置提供有力支撑，同时数据的利用能够提升新一代互联网基础设施的投资收益率，从而形成第六次长波的两大核心构件。

3. 制造智能发挥先导产业的作用

新一代互联网技术与制造业融合后，将为制造业的效率提升和价值创造带来新的机遇。第一，引领产品的智能化和网络化。"硬件+软件+网络互联"正逐渐成为产品的基本构成，并呈现出个性化和差异化趋势。例如，消费领域的智能手机、可穿戴设备、智能家电、智能家居，工业领域的智能机器人、智能专用设备以及新型传感器、视觉识别装置等组件。智能产品可通过网络实时和厂商、第三方服务提供商或上层智能控制平台通信，拓展产品功能和延伸服务需求。第二，推动生产和管理流程智能化。企业内部制造流程将整合至一个数字化、网络化和智能化平台，各种机器设备和数据信息互联互通，为优化决策提供支持。制造业的柔性进一步提高，消费者的个性化需求能够得到充分满足。第三，推动研发设计的网络化协同发展。研发设计部门和生产制造部门的界面信息进一步整合，"虚拟制造"可有效提高研发效率，客户还可以通过网络参与在线设计融入个性化需求，有效缩短研发设计周期。第四，推动企业组织变革。不同层面的数据和信息可通过高速网络便捷传递，企业组织进一步扁平化。企业间组织趋于模块化，最大程度降低信息成本，重塑产业价值链。第五，推动制造业企业服务化转型。制造过程高度数字化，产品数据全生命周期集成，企业通过互联网及时获取消费者需求从而实现服务型制造，"私人定制"、"按需定制"和"网络定制"等服务模式将更加普遍。

制造业智能化将为其他领域提供通用技术。第一，在生产端，智能工厂生产的智能化装备和中间产品是其他产业的投入物。无论是新一代互联网设施的建设，传感器价廉量大的供给，还是智能交通、智能电网、智能物流、智能家居等智能系统的建设，都依赖于智能中间品的供给。第二，在消费端，应该认识到满足消费者对智能化、个性化产品需求的前提是生产系统的智能化，没有制造业智能化的商业模式的创新将是空中楼阁。第三，智能制造还对其他产业产生了较好的示范效应。以美国通用电气公司的工业互联网为例，该公司的新一代GEnx飞机发动机上装有26个传感器，以16次/秒的频率监测300个参数，仅一次长途飞行就可以存储1.5亿份数据，翔实地记录了航班的运行状态，以及发动机性能与效率。这些数据被传送至驾驶室和地面数据中心，经分析后用于监测、预测和改进发动机性能，有效缓解飞机的维修压力，从而降低航班延误的损失。仅此一项，就可以为该公司节约20亿美元/年的成本。以数据为核心进行生产和服务流程再造的案例越来越多。

4. 新型生产组织方式的兴起

虽然企业内部治理结构的扁平化和企业间网络不断增强，但是并不表示生产组织方式不会出现"革命性变化"。以数据为核心投入、智能制造为先导部门、新一代互联网基础设施为主要内容的新一轮技术经济范式正在蚕食福特制（及其改进版）的经济合理性。

经典的产业创新模式研究的现实基础是传统的流水线生产方式，其基本逻辑如下。第一，实现零部件的标准化。标准化具有双重含义：一是对原来种类繁多、格式不一的零部件进行"简统"，以尽可能少的标准零部件实现尽可能多的功能；二是对不同零部件之间的接口进行标准化，以尽可能少的接口联结尽可能多的产品。第二，建立起流水线。通过引入大功率生产设备，将原来分散的生产流程组合起来，或者将短流程拓展为长流程。零部件的标准化是流水线生产的前置条件，流水线实现了标准化零部件的快速移动和配置，推进了企业整体资源管理的水平。第三，沿着流水线深化专业化分工。流水线出现之前，为降低不同工序之间的协调成本，生产过程由掌握多项技能技术的工人主导，技术工人是企业的核心资产，但也是工艺水平提升的"短板"。零部件和流水线有效降低了生产过程对技术工人的依赖程度，推进了专业化分工。第四，专业化分工最终形成了大规模生产方式。专业化分工对需求和供给带来了双重影响。其一，专业化分工促进了生产效率的快速提升，从而为从业人员提高工资水平，促进了需求的增长。其二，与专业化分工相伴随的是规模经济，促进了大规模生产方式的形成与拓展。第五，大规模消费与大规模生产方式主导产业方式。零部件的标准化提高了产量，大规模生产降低了产品的成本，企业需要更大的市场需求吸纳剧增的产出；同时，更高的工资水平刺激了消费者的需求。在这种双重效应的作用之下，大规模消费与大规模生产形成闭环。

流水线生产方式的形成和拓展受到技术水平的限制，在获得规模经济与市场需求增进收益的同时，也存在着生产环节缺乏柔性、需求居于被动地位和资源环境不友好的内在矛盾。虽然 20 世纪 70 年代之后引入信息技术对生产方式进行改造升级，但是大规模生产和大规模消费的基干并没有出现根本的改变。

流水线生产方式具有高生产效率和低技能门槛的特点，在过去一个世纪里成为全球范围里通行的生产组织方式，因此可被称为"传统模式"。传统模式也是过去经典产业创新理论研究与应用研究的现实基础。在传统模式之下，产业创新活动发生在如下方面：增进零部件标准化的水平、提高自动化和流水线生产效率、深化产业分工、引导消费者更多地购买产品，这些活动又被进一步归纳为不同的线性创新模式。因此，以标准化为核心的福特制虽然提高了生产效率，但是必须支付制造系统柔性低下的机会成本。通过上述对新一轮工业革命的特征分析，可以进一步在流水线生产方式上对新一轮工业革命的演进脉络做深入的理论分析（如图 2 所示）。

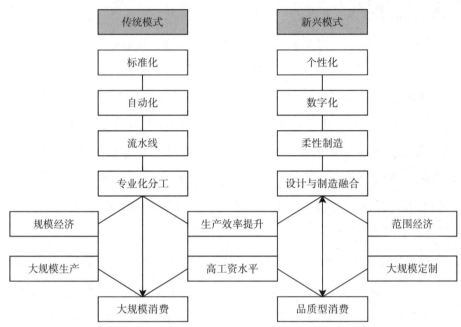

图 2　两种生产方式内在逻辑异同

注：在传统模式下，供给（生产）与需求（消费）的典型特征是单向关系；在新兴模式下，供给（生产）与需求（消费）的典型特征是双向关系。这一转变的关键，是利用新一代信息技术实现供给（生产）与需求（消费）数字化并实现数据的互联互通。

从发展特征看，当前新一轮工业革命对制造业所带来的影响，是对流水线生产方式形成逻辑的改变，表现在如下几个不同之处。在新一代信息技术的支持下，工业生产的起点不是产品和零部件的标准化，而是根据消费者的个性化需求进行柔性制造，取代流水线生产，按照流水线生产进行的专业化分工也将让位于设计与制造的融合。在新的生产方式之下，制造的数字化实现了在自动化时代难以实现的生产效率提升和灵活生产之间的平衡，因此有可能在需求侧实现高工资水平和大规模定制的共存，满足消费者对更高品质消费的需求。以数据为核心投入的新型制造系统具有更高的柔性。① 刚

---

① 快速成型技术（俗称 3D 打印）的发展也将提高生产流程的柔性。根据笔者在印度的调研，印度一家以柔性制造著称的领先的精密加工企业已经将 3D 打印列为未来几年企业重点开发的工艺，以进一步提高企业的柔性，满足不同客户对精密产品的定制化需求。

性生产系统转向可重构生产系统，客户需求管理能力的重要性不断提升；大规模生产转向大规模定制，范围经济可能超过规模经济成为企业的优先竞争策略；企业内部组织结构需要调整，以提高数据要素的附加值；工厂制造转向社会化制造，产能呈现出分散化的趋势。

总之，新一轮产业变革在如下方面发生"革命"：数据要素将成为新型核心投入，以新一代互联网技术为支撑的通信基础设施的重要性将超过交通基础设施，以数据和新一代互联网技术驱动的制造业智能化将引领国民体系的智能化。最终，大规模生产也将受到严峻挑战，大规模定制化和社会化制造等新的生产组织方式将兴起。

二、新一轮工业革命对上海制造业的影响

近年来，上海市经济传统优势出现弱化，新的优势尚未形成，资源、环境、空间和成本约束加剧等，国内其他地区的创新发展对上海造成的冲击较大。特别是随着发展阶段和发展条件的转变，上海工业技术、产品质量、品牌等在国内的领先优势明显弱化，核心技术、设计、品牌等对外依存度较高的情况没有明显改变，具有国际竞争力和产业魄力的本地企业较少。近年来，上海市加快了对工业转型升级的推动，部分高新技术产业和战略性新兴产业呈现较好的发展势头，产业结构不断优化。正在孕育的新一轮工业革命，为上海把握全球新一轮科技和产业发展先机带来新契机，也带来深刻的挑战。

（一）新一轮工业革命为上海制造业带来的机遇

1. 建设具有全球影响力的科技创新中心的新路径

每一次工业革命都带来了世界经济格局的深刻变革。从 18 世纪 60 年代开始，以瓦特蒸汽机的广泛应用为标志的第一次技术革命直接带动了纺织、机械、冶金、采煤、造船等制造业的迅速发展，大英帝国也因此成为世界技术创新中心和经济中心。19 世纪 70 年代，电力技术、内燃机、通信技术、化工技术等先后取得突破，带动了化学工业、钢铁工业、汽车工业、石油工业、船舶工业等制造产业的迅速兴起，美国、德国迅速崛起。20 世纪 40 年代，信息技术广泛用于原子能、电子计算机技术、空间技术等学科，并引起了传统制造业的自动化和大发展，带动了电子计算机、通信设备、生物医药等新兴制造业的发展。日本在此次技术革命中很好地实现了新技术的产业化，并成为新的世界技术创新中心与经济中心。

上海正在全面部署创新链、产业链、资金链、政策链，着力提高科技

创新能力，加快建设具有全球影响力的科技创新中心。正在兴起的新一轮工业革命与上海加快建设具有全球影响力的科技创新中心形成历史性交汇，主动应对和适应新一轮工业革命，加快在新一轮工业革命核心领域形成优势，是上海建设具有全球影响力的科技创新中心的重要抓手。

2. 重振全国制造业创新中心的新契机

发展实体产业要有新思路，能否重塑全国制造业创新中心对上海市的发展仍然具有至关重要的意义。上海市在"智能制造产业"、"绿色制造产业"、"数字产业"等与新一轮工业变革密切相关的产业上具有较好的发展基础和提升条件，是上海市重振全国制造业创新中心的重要基础。

一是在智能制造产业领域，上海市在全国率先开展机器人研究，是我国最主要的机器人产业集聚区之一，在技术研发方面也具备一定基础。除ABB、发那科、安川电机、库卡等全球工业机器人领军企业在上海已经建立合资企业之外，上海电气集团所属企业、沃迪自动化、安乃达、未来伙伴机器人等内资企业在技术研发和产业化应用方面也都取得了较快发展。上海IT基础设施完备，信息化程度普遍较高。软件和信息服务业近年来以超过20%的年均增幅快速增长，工业软件发展在多个产业领域都有所建树。目前，在钢铁、城市轨道交通、数控系统、仪器仪表和自动控制领域等产业领域，上海市均处于全国领先地位，并且也形成了宝信软件、卡斯柯公司、开通数控公司、上海电气自仪股份等一批具有技术优势的企业。

二是在绿色制造领域，上海市绿色能源技术和产业领域具有较好的发展基础，在国内具有一定的领先优势。上海核电设备制造也在全国处于优势地位，总体市场占有率超过35%。在太阳能产业方面，上海聚集了尚德电力、晶澳太阳能、超日太阳能等一批知名企业，一些示范应用项目也在有序推进。在风电产业方面，上海电气风电设备公司加快扩大规模并不断完善产业链配套；上海华锐、华仪风电等知名企业也在加速布局，风电产业总体规模不断扩大。此外，上海在可再生能源装备生产（如太阳能装备）

和使用（如电池储能和充电式交通系统）方面已经具备一定优势，为分布式能源系统快速发展奠定重要基础。

三是在数字服务产业领域，上海市在发展数字服务特别是云计算方面有较好基础。IT 基础设施特别是网络宽带及普及率、城市发展信息化水平、制造业信息化水平等均处于国内领先水平，再加上信息服务业发展迅速，上海云计算发展既有产业基础，又有迫切需求。此外，上海独特的开放和区位优势也有助于上海打造国内云计算服务平台。近年来，上海对接长三角地区乃至全国的云计算服务需求，积极搭建云计算技术和服务平台，在推动关键技术研发、示范应用、公共服务商业模式创新等方面取得了明显进展。上海市开始实施"云海计划"，并启动"上海市云计算创新基地"、"上海市云计算产业基地"建设。目前，以宝信软件、万达信息、盛大网络、华东电脑等为代表的本地企业已成功向云计算转型，银联数据等一批云服务龙头企业实现销售额过亿元，初步形成了"以自主创新为主体，以云海产业联盟为支撑，以闸北、杨浦产业基地为载体，以应用示范工程为核心"的云计算产业发展格局。

3. 提高创新资源的配置效率的新导向

上海市研发资源丰富，科技服务业紧跟国际发展前沿，金融中心地位不断提升，一直以来都是我国高技术产业、资本密集型产业的火车头。上海依托技术、人才、资金和产业配套方面的优势，在全国率先做好迎接新一轮工业革命的准备。2015 年上海科技服务业产业规模达到 8578.79 亿元，占服务业总产出比重为 17.5%；科技服务业增加值 3051.78 亿元，占 GDP 比重超过 10%。按照上海市科技创新"十三五"规划，全社会研究经费支出占全市生产总值的比例达到 4.0% 左右，这将达到发展工业化国家的水平。上海着力构建了以扶持科技型中小企业发展为主体，创新服务和科技成果转移转化服务"双轮驱动"的科技创新服务体系，构建了以"创新苗圃计划"、"创新资金政策"和"科技小巨人工程"三位一体的中小企业全链条服务体系，形成大院大所大企业、专业化平台和国际化众创空间等符合上海资源禀赋和特点的三类众创空间 500 余家，其中涌现了一批高端创新创新平台，如杨浦区、上海交通大学分别成为国家首批双创示范基地，上海工业自动化仪表研究院成为首批国家专业化众创空间示范单位，另有 47 家众创空间纳入国家孵化器管理体系。按照新一轮产业变革的逻辑和智能制造范式对上海市丰富的科技创新资源进行整合，是提高科技创新资源配置效率的重要形式。

4. 提升服务业发展水平的新模式

新一轮工业革命的到来将进一步加深第二、第三产业融合发展的趋势。信息技术向工业、服务业全面嵌入，以及制造技术的颠覆性创新将打破传统的产品生产流程，制造业和服务业不仅是在产业链上的纵向融合，产业链本身也将重组，在产品从设计、生产到销售的各个环节都需要第二、第三产业的深入融合。同时，第二、第三产业在地域上将呈现聚集的趋势，城市人口多、消费需求旺盛，将成为未来第二、第三产业融合发展的中心。

上海服务产业发达，服务业占地区生产总值的比重，以及生产性服务业占服务业的比重远高于全国平均水平，具有发展服务型制造的产业基础和市场需求。特别值得关注的是，上海信息化发展水平国内领先，光纤到户覆盖能力和用户规模全国第一，WLAN 覆盖密度国内城市第一，城域网出口带宽全国第一，高清片源和高清电视、高清 IPTV 用户数全国第一，部分指标达到国际先进水平。这些为上海发展信息服务业奠定了基础。近年来，上海市信息服务业呈现较快的增长势头，上海信息传输、计算机服务和软件业增加值也实现了较快增长，增速领跑上海市经济、工业和服务业主要行业。上海市正在建设"智慧"城市，以新一代信息技术为基础，构建数字化、网络化、智能化的高效便捷城市感知和智能应用体系，提高城市现代化水平，这为新产品产业化提供了巨大的市场空间，有利于新兴产业在上海率先成长。上海科技服务业紧跟国际发展态势，迈入快速发展期。2015 年上海科技服务业产业规模达 8578.79 亿元，占服务业总产出比重为 17.5%；科技服务业增加值 3051.78 亿元，占 GDP 比重为 12.2%。一批在国内有影响力的科技服务机构涌现出来；一些跨国公司高端人才溢出，积极创办技术转移服务机构，将发达国家科技服务理念和模式本土化，为上海经济发展带来新的增长点。

5. 引导知识经济发展的新需求

在新一轮工业革命中，大部分生产工作将由机器人完成。从事制造行业的劳动力人数将大幅减少，而剩余的劳动力则需要成为机器维护员，软件的设计者，通过智能软件操纵机器人完成生产任务。在这种生产方式下，生产人员需要很高的知识水平和技能，对客户需求的快速响应也要求劳动力有良好的设计能力与创意。知识型员工将成为企业核心的竞争资源。

上海市具有一大批高素质的产业工人，产业人员的转型较快，根据上海市总工会的统计，上海高技能人才占工人的比例十年内实现翻番，产业工人将是上海产业转型的战略资源。目前上海人才总量已超过 476 万人，894 名海外高层次人才入选中央"千人计划"，798 名海外高层次人才入选上海"千人计划"，3073 名优秀留学人员入选"上海市浦江人才计划"，1292 人入选上海市"领军人才计划"，1268 人入选上海市首席技师"千人计划"。来沪工作和创业的留学人员已达 14 万余人，留学人员在沪创办企业 4900 余家，注册资金超过 7 亿美元，常住上海的外国专家达 9.3 万人。上海市连续四年在"魅力中国—外籍人才眼中最具吸引力的中国城市"评选中拔得头筹。新一轮工业革命将对上海市知识经济的发展形成明显的带动作用。

（二）新一轮工业革命为上海制造业带来的挑战

1. 定制化、柔性化的生产方式将对上海市出口导向和外资支撑的产业体系形成挑战

数字化制造将使得某些行业（特别是生产生活资料的有关行业）的规模经济变得不明显，个性化定制、分散生产成为新特点。为更贴近市场，更快响应市场需求，企业会更多选择在消费地进行本地化制造，从而将对全球产业分工格局和全球生产体系产生重大影响，产业分工体系有可能沿着两个方向发展：一是延续产业链分工，主要体现在原材料、零部件等生产资料领域；二是靠近市场需求的就地生产，主要集中在个性化需求突出的生活资料领域。后一种趋势将使全球化呈现新的发展方向，对地区产业格局逐步产生深刻影响。在此趋势下，上海大量引进外资并依赖外部市场的产业体系受到的潜在冲击较大。特别是在发达国家借助新一轮工业革命促进制造业复兴与逆全球化相互结合后，外部市场需求和全球资本流动都面临着较大的不确定性，上海制造业既有的要素支撑和出口都面临着较大挑战。

2. 合作、分散的创新特征对传统的产业政策提出新的挑战

新一轮工业革命的组织模式与以往有很大不同，扁平化结构、分散合作式商业模式更为普遍，创新型中小企业的作用更为突出，生产者与消费者的互动关系更为紧密，对市场需求的快速反应能力更为重要，企业家的创新精神更为重要。这些变化对体制机制的适应性提出了新要求。如果政府对企业微观活动的直接干预较多，那么不利于创新的行政性审批就会越多，缺乏针对性的集中决策也会越多。上海政府是发展城市经济的主体，对城市的各种资源直接进行配置，再通过现有资源吸收整合外资、民资，共同来经营城市。整个战略是政府做的，市场体系是政府建的，游戏规则也是政府定的。这种强势政府模式虽然有效，但短期有效是以牺牲长期活

力为代价的，特别是抹杀了企业家精神、创新精神和创业竞争，不利于经济长期发展，也不利于抓住新一轮工业革命带来的发展机遇。

3. 数字化、集成化的制造系统与创新主体缺失挑战

德国"工业 4.0"计划和美国工业互联网虽然表现形式有所差异，但基础架构都是三位一体的"智能装备+智能软件+网络互联"，围绕着数据的采集、交互式分析、智能决策实现制造系统的实时优化。从全球工业强国推进新一轮工业的情况看，一些大企业甚至发挥着主导性作用，如美国GE 公司是"工业互联网"的提出者和推进者，德国西门子、博世、英飞凌等大企业是德国"工业 4.0"计划的重要参与方。大企业的主要功能是探索和推广先进制造系统，是新一轮工业革命全面推广不可或缺的主体。目前，上海市多个符合第三次工业革命发展方向的新兴产业中，重点企业和重点项目缺乏多以单点形式存在，上下游延伸不够，为高端环节提供配套的一级、二级供应商聚集度低，产业链内部及产业链间协调互动发展的格局尚未形成。高端装备产业在大部分领域不能提供成套装备，系统集成能力差，产业链建设、工程成套和服务能力弱。大型企业还不能在上海新兴产业技术创新和成果转化中起到排头兵、领头羊的作用。

4. 技能型、知识型人才培育的挑战

上海市人力资源整体呈"哑铃"形分布，上海市作为重要的中国教育和技术研发中心，并不缺乏顶尖人才，作为流动人口最多和吸纳外来务工人员最多的城市之一，也不缺乏最基层的普通工人，但是处于人力资源结构中游的知识型和技能型人才却长期供给不足。技能型工人数量不足是长期困扰"上海制造"档次提升的主要障碍，由于缺乏成熟有效的职业教育体系，也缺乏完善的劳动保护和社会保障体系，中国工业人力资源结构中缺乏普通工人向技能型工人转化的通道。上海高技术产业发达，对技能型工人的需求大，与其他省市比较，技能型工人短缺的问题更加严峻。同时，第三次工业革命将改变制造业生产模式，在新兴的产业领域，工人不仅要

能够熟练地操作先进机器设备，而且还要在生产过程中表现出创造和创新思想，而中国目前满足这种要求的工人几乎还没有。对于上海而言，在未来吸引知识型工人方面还面临很大的瓶颈。由于知识型工人人力资源投入较大，因此对工作生活环境、子女教育、休闲娱乐的诉求要高于普通工人。上海市物价水平高，户籍制度改革缓慢，如果不能提供足够高的薪酬，很难引进和留住知识型工人，这对上海未来新兴产业，特别是制造行业的发展将是一个严峻的挑战。

三、国外推进智能制造的战略部署及其对上海的启示

（一）美国：率先实现先进制造技术突破，推动科技与产业优势再配对

"制造业复兴"战略是美国"再工业化"战略的基本内容和具体体现，发展以智能制造为代表的先进制造业又是"制造业复兴"战略的核心。该战略的重点是构建国家制造业创新网络（NNMI），率先实现人工智能、数字制造等制造技术和制造工艺的突破，加快新工业革命进程，推动全球工业生产体系向有利于美国技术禀赋优势的智能制造方向转变，促进本国在ICT、新材料等领域长期积累的基础研究和技术优势与产业优势重新配对。相关政策具有明确的问题导向，焦点在于打通先进制造（包括智能制造）技术从基础研究到应用研究，再到商业化、规模化生产的创新链条，防止那些由美国发明创造、对先进制造至关重要的高技术产品的生产制造活动流向海外。美国将塑造并利用新工业革命带来的生产制造范式变化，建立本土化的全产业链先进制造能力，将新材料、人工智能、纳米、生命科学等领域中的技术优势切实转化为美国企业在工业机器人、生物医药、航空航天、新材料、3D 打印等高端制造业部门中的竞争优势。

2012 年 7 月发布的"美国制造业复兴计划"是迄今为止美国发展先进制造业最为重要的政策文件，包括三大类、十六项建议，不仅制定了完备的政策框架，而且创建了多层次的组织保障。①管制政策、税收政策、金融政策和贸易政策多管齐下，引导和鼓励资本进入先进制造业。减少对先进制造业企业的管制和审批，降低向制造企业投资的间接成本；对（先进）制造业企业减税；强化、简化、常态化先进制造业研发信贷等政策手段；设立新的贸易强化专业小组，加强争夺国际贸易利益。②完善先进制造产

业的技术基础设施，构建先进制造业部门创新体系。在国家层面建立识别和优先发展关键领先技术的系统性过程；建设国家制造业创新网络，建设全国性的先进制造业门户网站，建立广大企业能够便捷接入并检索的制造业资源数据库；放松企业使用高校研发设施的限制，鼓励企业嵌入高校创新生态系统，强化产学研合作。③大幅增加政府对先进制造技术研发的资金支持。相关项目包括基因材料、智能制造、生物制造、机器人等计划；在企业主导的产业创新体系下，为保障和协调研发投资，美国政府还设立了由商务部牵头的部际"国家先进制造业计划办公室"。2013年，美国总统财年预算列支了22亿美元的先进制造业研发支出，较2012年增长了19%。④稳定制造业人才吸纳通道，培育先进制造业所需的技能工人和专业人才。多部门协作，完善先进制造业技能认证和鉴定体系，扩大先进制造业的劳动力供给；推动大学开发新的教育项目和课程，加强对先进制造业的关注；设立全国性的先进制造业奖学金和实习制度，为制造业就业创造条件。⑤建立与先进制造业发展要求相适应的组织和管理体系。新设多个旨在促进政策落实的专门机构和由主要政府部门（如白宫、商务部、国防部、教育部、能源部、NASA等）牵头的工作小组；各机构分工明确、权责清晰，为先进制造技术创新提供组织保障。

围绕上述框架，美国政府各部门采取了一系列针对性的"再工业化"措施，已经完成了多项与智能制造产业直接相关的工作，其中最重要的就是国家制造业创新网络建设。美国政府于2012年启动了"国家制造业创新网络"，计划建立45家制造业创新中心，目前已建成7家，分别是美国制造中心、数字化制造与设计创新中心、未来轻量制造中心、美国合成光电制造中心、美国柔性混合电子制造中心、电力美国和先进复合材料制造创新中心。①组织分工。每个创新中心专注于一个特定领域，从事先进制造共性技术的应用性研究、试验性开发、商品化试制，把实验室环境下的技术能力转化为产业环境下的生产能力，将先进制造技术成果快速推广到产业界。②会员系统。创新中心均设立了可容纳各类机构的多层次会员制度，将政府部门、大中小企业、行业联盟与协会、高等院校、社区学院、国家重点实验室以及非营利组织等纳为会员，构建了一个以特定先进制造技术为基础、"产学研政"共同参与的创新生态系统。值得注意的是，在这一系统中，中小企业是产业界的核心代表，具有极高的参与度和话语权。中小企业在国家制造业创新网络的领导委员会中保有一定比例的席位，且每个创新中心组建时必须有较大数量的中小企业参与（美国制造中心的150 个会员机构中有 1/3 是中小企业）。③创新链条。创新中心通过项目定制和招标，推动会员之间紧密联系、信息共享和合作研究，达成共同的利益关注和资源投入，形成从基础研究到应用研究，再到商品化和规模化生产的技术创新链条，促进先进制造技术成果应用。④融资方式。创新中心由联邦政府和私有部门按照 1∶1 比例出资筹建，形成 5~7 年的合资计划。联邦政府出资总额多在 0.7 亿~1.2 亿美元，且逐年递减。期间，创新中心应建立起可持续的收入模式，收入来源包括会员费、服务费、技术转化项目筹资、知识产权使用费、合同研究、产品试制等，最终实现资金独立。⑤标准建设。创新中心与产业界、国内外技术标准制定者及政府部门合作，积极参与并主导适用于新兴技术的各种标准制定。为加快标准推广，创新中心还为制造企业提供各种适应新标准的软硬件设施与服务，包括技术参考数据、科学和工程数据库、技术应用的相关设施等。

在国家制造业创新网络建设之外，美国在智能制造推进方面还有两项较为突出的部署。一是政府部门直接出资，组织培训先进制造技术人才，创造先进制造就业机会。例如，美国教育部和劳工部共同设立"社区职业大学基金"，用于培训 200 万名技能工人；美国国防部设立"军方认证与许可特别工作组"，专门为军人创造能够胜任高技能先进制造工作的机会。二是为整体推进智能制造技术应用，美国政府联合产业界成立了智能制造领导联盟（SMLC）。联盟成员既包括美国国家标准技术研究所等政府机构和 3M、Honeywell、GM 等高技术企业，也包括加州理工、普渡大学等高校和研究院所，以开放性平台的形式为不同规模（特别是产业链中游的中小企业）的制造业企业提供获取较便利、投资可承担、无须对现有生产系统进行大规模改造即可应用的跨行业智能制造方案。

（二）德国：扎根本国制造业创新模式，技术突破与应用优先并重

德国应对新工业革命和智能制造变革的战略部署，体现了对本国制造业固有的"提升产品质量的渐进性创新"模式的维护与发展。该模式根植于德国的独特制度框架，受德国就业政策和限制企业过度竞争政策的影响尤其明显。一方面，德国政府对劳动者薪酬、工作条件、社会保险和裁员均实施严格管制。这种管制弱化了企业压缩生产成本的能力，驱使企业转而重视产品质量和职业技能，不断提升产品和工艺创新能力。另一方面，提升产品品质需要与关联企业（机构）共享产品和工艺改进信息，共同寻求技术解决方案。德国产业界因此建立了有效的互补性外部治理制度（如产业标准政策和企业合作促进政策）。德国制造业竞争优势不在于低成本要素投入，而在于能够在有限的优势产业部门中进行持续的产品开发和创新。受国内创新模式的影响，尽管德国智能制造相关政策与美国一样，大致按照"竞争前—商业化"的线性过程展开，在前一阶段加强关键技术突破，在后一阶段加速创新成果产业化，但相对更注重新技术的体系化应用。

面对新工业革命的挑战，德国虽然和美国一样强调先进制造技术的突破，但是并非简单追求单一领域的技术突破，而是根据"应用优先"的原则推动新技术整合应用，希望在生产方式和商业模式创新上走在世界前列，尽快收获技术革命的成果。作为德国应对新工业革命的最新顶层设计，德国联邦政府于 2010 年发布的《国家高技术战略 2020》充分体现了这一战略思路。该文件主要包括三方面内容：①资助战略性新兴技术突破。

德国政府重点资助气候和能源、健康和营养、交通、安全、ICT 等重点领域，希望关键技术的突破能够引致新产品、新工艺和新服务，维持德国在上述领域的领先地位。②全流程优化创新环境。德国政府在鼓励创业活动、提升中小企业创新能力、发展风险投资、加强标准化建设、提升工人技能、优化创新产品与服务采购等方面出台了多项有针对性的支持政策，持续引导社会资源流向创新商业化活动。③重点加速创新成果产业化。德国政府继续支持产学研合作，促进创新成果向市场和终端用户流动；支持科研机构和中小企业申请和应用专利，促进学术成果的商业化；升级校园资助项目，继续实施"领先集群竞争"和创新联盟等行之有效的政策。

德国"工业 4.0"计划属于《国家高技术战略 2020》中 ICT 领域的重点项目。"工业 4.0"计划虽然在概念上开全球之先河，但从概念提出到应用实践，无不与德国"提升产品质量的渐进性创新"的产业创新模式和侧重新技术整合应用的产业政策思路密切关联。总体来看，该计划是通过加速新一代互联网技术和先进制造技术的整合与应用，确保德国"高工资就业"下产业创新模式和产业竞争力的可持续性，以制造业的智能化带动国民经济体系的全面智能化。

第一，制造技术和 ICT 技术的优势以及成熟的产业创新合作网络构成了实施"工业 4.0"计划、推进制造体系和经济体系智能化的基础。德国"提升产品质量的渐进性创新"模式带来了持续的产业研发投入，制造技术精益求精。因此，德国企业在嵌入式系统①和复杂工业流程管理方面积累了丰富经验，专业化程度不断提高，为进一步融合 ICT 技术和制造技术，消除"高工资就业"对德国竞争力的不利影响奠定了基础。从目前的实践情况看，德国制造业和 ICT 产业领先企业是"工业 4.0"计划的积极倡导者

---

① 嵌入式系统（Embedded System）是一种计算应用系统，通过在机器设备和工厂植入微处理器，实现对大规模设备的控制或者监视。

和实践者，德国重点技术型大学、著名的弗朗霍夫研究所、主要相关行业协会也都深度参与到该计划之中。这也是长期以来德国产业创新模式下互补性外部治理制度发展的自然结果。

第二，以产业智能化带动国民经济体系智能化是德国"工业 4.0"计划最突出的要点，也是该计划的"灵魂"。发展"数字物理系统"是德国"工业 4.0"计划的重点，其核心是利用网络在更高层次上实现自动化元器件等硬件和工业以太网、数据分析建模仿真技术等软件的全面整合，构建系统化的工业物联网。工业物联网的本质，一是生产制造系统的智能化，利用嵌入式系统提高生产设备和生产线的智能化水平，通过生产设备的互联互通生成、存储和分析大数据，提高生产的柔性和效率；二是超越生产制造系统的更大经济系统的智能化，通过不同生产系统之间以及生产系统与能源系统、交通系统、消费系统等其他系统的互联互通，全面提高经济系统的资源优化配置水平。

为保证德国"工业 4.0"计划的有序推进，德国国家工程院、联邦教育研究部等政府部门和制造业企业、ICT 企业、技术型大学、弗朗霍夫研究所、行业协会等机构共同搭建了"工业 4.0"平台。该平台设立了由各方代表共同参与的"指导委员会"，下设董事局和 5 个专家工作组。董事局下设秘书处，作为平台的办事机构，由 3 个行业协会联合运作；5 个专家工作组分别针对智能工厂、现实环境、经济环境、人与工作、技术要素等领域，组织解决重大技术和管理难题。

为部署和推广智能制造和工业物联网的核心系统"数字物理系统"，"工业 4.0"平台建议在德国范围内实施"双领先"战略。①对外实施"领先供应商战略"，目标是发挥德国在先进制造技术解决方案和 IT 解决方案方面的优势，维持德国作为全球领先制造技术供应商的优势地位。该战略的基本思路是：按照制造业特定需求优化互联网技术，促进制造业对接物理—信息系统；加强研发、技术创新和培训，开展应用试点工作；根据产业发展新情况，创新商业模式，升级价值网络。②对内实施"领先市场战略"，目标是维持德国作为全球制造业领先市场的地位，利用本土市场促使国际化大企业和区域性中小企业共同接入全新的价值链。该战略的基本思路是：建立健全知识和技术转化机制，加速创新成果商业化；实施示范工程和最佳实践政策，降低中小企业接入物理—信息系统的门槛；建设技术设施，教育和培训技能工人；按照个性化、高效率的原则调整组织，有效管理复杂性。"工业 4.0"平台进一步将"双领先"战略具体化为 3 个层次的重点工作：①提升企业适应能力（管理复杂系统、调整企业组织结构）；②促进物理—信息系统发展（建设高速宽带设施、保证数据安全）；③强化产业创新体系（标准化、行业规制、职业发展、提高资源效率）。

（三）日本：以本国需求为基本出发点，研发投资向新兴领域集中

日本智能制造相关政策在导向和目标上与美国、德国多有相似，在税收等政策工具的运用上也与美国"制造业复兴"措施大致相同。不过，和美、德两国从资源供给（本国创新能力和创新模式）出发推进智能制造创新与应用的战略思路相比，日本的显著特征在于从本国需求出发，把解决社会问题、满足本国需要的过程作为促进制造业发展的突破口，注重在具有重大社会效益的领域实现技术突破，以此为基础培育新产业、新市场，维持国家竞争优势。日本对智能制造等新兴制造业领域的选择性支持充分体现了这种需求驱动的实用性特征。2011~2013 年，日本制造业连续出现贸易赤字，日本认为这是本国企业不断增加海外投资、外迁制造业基地所致。为避免原材料、零部件等目前还留在日本国内的生产环节继续向海外迁移，造成制造业产业链中游的中小企业集群全面崩溃，引发企业破产、失业增加等严重社会问题，日本必须强化国内制造业基础，打造适应新工业革命要求的高生产率产品制造基地。而与其他国家相比，在不少随着新

工业革命发展起来的新型制造业领域，日本也的确拥有较大的社会需求。日本自然资源匮乏，人口老龄化程度全球最高；在这种社会条件下，智能制造技术有着巨大的应用前景。如果日本在该领域实现突破，不仅能够解决制造业外流和人力资源不足的国内问题，而且还可以输出技术与经验，形成国际竞争优势。

结合日本国内用工短缺的实际情况和日本在精密制造领域的比较优势，日本将智能机器人和增材制造技术作为推动智能制造发展的重点，将其融入制造业乃至整体经济复兴的总体规划之中，通过长期规划框架向相关新兴产业积极投放政策与资源。2013 年 6 月颁布的"日本复兴战略"由"产业复兴计划"、"战略市场创造计划"和"国际拓展战略"三项行动计划组成，并衍生出众多不同层次的具体行动方案。从制造业整体行动方向和关键绩效指标来看，日本在增材制造、智能机器人、智能装备等方面具有很大的发展愿望和统一的战略部署。

就增材制造技术而言，日本曾较早申请了一些 3D 打印相关技术的专利，但由于后续投入不足而丧失了产业化的机会，落后于欧美国家。日本认为，增材制造技术将加速精密制造领域的工艺创新和产品创新，而精密制造是日本制造业的优势领域，聚集了大量对日本制造业体系保持全球竞争优势至关重要的中小企业供应商，从业人员规模也十分庞大。因此，在精密制造领域普及增材制造技术，对经济发展和社会稳定都具有重要的战略意义。为了开发出具有世界一流水平、适合日本国情的低成本增材制造技术，日本近年设立了一批国家项目，联合大学、产业、企业开展关键技术攻关，以期跟上新工业革命的步伐。

就智能机器人和智能装备而言，日本的"新经济增长战略"把机器人产业作为本国经济增长的重要支柱，制定了到 2020 年制造业机器人使用量增加 2 倍、市场规模达到 2.85 万亿日元的目标。日本政府的其他政策措施也注意从多方面巩固、落实这一战略目标。例如，在日本复兴战略及相关行动计划的基础上，日本经济产业省选定的 7 个重点发展领域即以机器人为首，调动财政、科研及制度变革等政策措施（如表 1 所示），集中促进这些领域的研发、投资以及产业化。"战略市场创造计划"围绕国际社会及日本共同面临的四大社会"课题"展开，希望通过率先解决这些问题来开辟新兴产业；在这些"课题"中，健康医疗、环境与能源、新一代基础设施等都与智能制造直接相关。2014 年日本政府推出的两大科技创新计划则围绕"战略市场创造计划"提出的重点领域，进一步明确了各领域的绩效目标，不少目标直指智能机器人的发展，如"到 2030 年实现运用包括传感器和机器人的先进技术，对所有重要的基础设施进行有效监控和维修"。

表 1 日本制造业政策的主要措施

措施	目的	手段
促进制造业装备技术升级	强化国内制造基础	• 对企业投资先进设备提供减税优惠 • 对企业以租赁形式引进先进设备提供补助 • 对企业引进省能源、省人力、高效的设备提供补助金
促进增材制造技术开发	推动增材制造技术普及	• 实施国家技术攻关项目 • 修订相关技术地图、标准与法律 • 添置、更新 3D 数字制造设备 • 向大学提供购买 3D 打印机的补助金
促进企业技术开发	提高生产率，增强竞争力	• 根据企业研发费用占销售额比例减免一定比例的法人税
培育战略性新兴产业	• 解决社会问题，满足社会需要 • 占据世界领先地位	• 加大对机器人、新一代汽车、飞机、碳纤维、IPS 再生医疗、生化医疗和新化学产业的研发、投资与产业化支持
促进新技术普及	• 提高制造业整体技术水平 • 提高研究开发效率	• 构建基础共性技术开发与应用平台，促进国家研究设备、研究成果向社会开发

资料来源：根据日本经济产业省《产品制造白皮书》（2014 年版）整理。

值得注意的是，在微观层面上，日本企业素有严密保护核心技术的传统，对智能制造核心技术也自发实施保密策略，通过智能装备"设计中心"和"制造中心"相分离的组织安排，在软件和硬件上对智能制造技术分别进行加密和保护。就软件开发而言，智能装备"设计中心"往往将智能软件核心技术"固化"在保密装置之内，有效防止复制或盗版。例如，发那科为避免技术的外溢与复制，将作为核心技术的控制软件封装在"黑匣子"（如承载无人控制机床核心控制系统的 NC 装置）中再交付客户。就硬件开发而言，智能装备"制造中心"（在很多日本大中型制造企业中被称为"工机部"）独立于研发中心或试制中心。研发中心的主要职责是新技术、新产品、新工艺的研究开发，试制中心的主要职责是使用装备建设小规模生产线，试制新产品；"制造中心"的位置则在二者之间，其主要职能就是将研发中心的新技术、新工艺"固化"在智能生产装备之内，向公司内部、分公司及海外据点提供自动化、智能化生产线需要的机械装备，预防装备外协加工造成技术秘密外泄。例如，日本阿斯莫微电机公司丰桥工厂的"智能装备制造中心"统揽了该公司日本国内 70%的新技术生产设备制造。

（四）韩国：将智能工厂建设作为重点，充分发挥大企业中坚力量

与德国"工业 4.0"计划利用工业物联网推动国民经济系统整体智能化的宏大愿景不同，韩国从本国制造业能力基础和发展现状出发，将工作重点锁定在企业生产制造系统的智能化，集中力量推进智能工厂特别是中小企业的智能工厂建设。韩国贸易、工业和能源部于 2014 年 6 月推出了《制造业创新 3.0 战略》，又于 2015 年 3 月公布了补充完善的《制造业创新 3.0 战略实施方案》，将"普及并增加智能工厂"明确列为推进智能生产方式的首要任务（如表 2 所示）。按照上述方案，韩国计划在 2020 年前打造 1 万家智能工厂，将员工规模超过 20 人的国内工厂的 1/3 都改造为智能工厂。韩国科学、信息和通信技术与发展规划部（MSIP）依托"信息研究基础设施建设项目"和"智能工厂联结项目"，重点提高物联网生产数据连接技术、信息物理系统模拟技术、支持增强现实的可穿戴设备技术等领域的

技术发展速度。在组织与技术的双重支援下，韩国智能工厂建设项目成效卓著。据韩国中小企业厅次长崔寿圭的介绍，截至 2016 年，通过智能工厂建设和改造项目，韩国中小企业的生产成本降低了 29%，不良率减少了 27%，整体生产效率提高了 25%。在此基础上，韩国开始拓展智能工厂建设战略的活动边界，在继续提高制造工程领域智能化水平的同时，积极推动策划、计划、物流、流通等"工厂外"环节的智能化，力求实现全产业链智能化。

表 2　韩国制造业创新 3.0 战略

推进方向	细化推进课题
智能生产方式	• 普及并增加智能工厂 • 开发 8 大智能制造技术 • 强化制造业软实力 • 促进生产设备投资
打造新产业，创造经济	• 初步实现智能融合产品 • 30 大智能材料、零部件开发及商品化 • 促进民间研发及实际投资
地域制造业的智能革新	• 通过创造经济革新中心促进制造业创业 • 区域工业园的智能化 • 培育地域特色智能新产业
促进企业整改，打好革新基础	• 促进企业自发重组 • 改善融合新产品 • 培养创新人才，为制造业革新打好人才基础

资料来源：根据《制造业创新 3.0 战略》和《制造业创新 3.0 战略实施方案》整理。

韩国智能工厂发展战略的最大特点是综合利用大集团、中坚企业的技术力量和政府公共机构的未来发展专项资金投入，重点扶持创新型中小企业向智能化方向发展。考虑到中小企业生产效率较低、研发实力不足的特点，韩国政府确立了由大企业带动中小企业、由试点地区逐渐向全国扩散的"渐进式"智能工厂建设和推广战略。2014 年 9 月，韩国政府宣布将在省级行政区建立大企业和"创新经济中心"合作帮扶中小企业的创业支援体系，为韩国智能工厂发展战略的实施奠定基础。根据这一政策，韩国政府已经一对一绑定了 15 家大企业集团和 17 个地区，政企共建"创新经济中心"（部分与智能制造相关的创新中心如表 3 所示），并明确了各地区发展智能工厂建设的重点产业（如表 4 所示）。例如，三星集团与大邱市于 2014 年 9 月共同组建了韩国首家创新经济中心，一期提供 17.4 亿韩元的扶持资金建设创新经济工业园，用于培育 16 个智能工厂项目，单个项目扶持资金最高达到 5 亿韩元（约 285 万元人民币）；2016 年 10 月，该中心开始招募第三期智能工厂项目，计划在 2017 年底前再投资 900 亿韩元（约 5 亿元人民币）用于培育智能工厂项目。SK 集团和大田市政府合作设立的大田创新经济中心 2014 年 10 月开始运营，已有 10 多家创新型智能工厂项目入驻。

表 3 韩国地方政府与大企业集团共建的部分创新经济中心

合作企业与地方政府	产业支援方向
三星集团（庆尚北道、大邱市）	培养优秀创业、风险企业
现代汽车集团（光州市）	未来环保汽车领域
LG 集团（忠清北道）	打造以专利为主的相互合作环境
SK 集团（大田、世宗市）	设立及运营共同成长基金
韩华集团（忠清南道）	培养太阳能领域的创业、中小企业
POSCO 集团（浦项市）	着力打造共同成长环境
乐天集团（釜山市）	设立影像、电影产业发展基金
GS 集团（全罗南道）	支援农水产、观光、生物化学风险企业
斗山集团（庆尚南道）	支援机械产业革新、培养替代水资源
晓星集团（全罗北道）	支援碳素、农生命、文化产业

资料来源：根据网络资料整理。

表 4 韩国智能工厂重点发展产业地域分布表

区域	重点发展产业
大田市	无线通信、生物医药、机器人自动化、知识产权服务、金属加工
蔚山市	新能源汽车零部件、精密化学、造船器材、能源、环境
大邱市	精密模具、医疗器械、知识产权服务、家庭式绿色发电、保健相关生物医药
世宗市	汽车零部件、生物医药

续表

区域	重点发展产业
光州市	智能家电、人体修复体制造、复合模具、设计、超精密生产加工系统
庆尚南道	智能机械、机械零部件航空、风力发电零部件、抗老化生物医药
釜山市	智能机械、超精密机械零部件、模具热处理、数码文化

资料来源：根据网络资料整理。

在以中小企业为智能工厂项目重点发展对象的原则指导下，韩国政府在推广方式、资金投入、标准建设等方面采取了一系列配套措施：①从推广方式看，建立官民合作智能工厂推进团。韩国在 2015 年 6 月时就设立了民官合作智能工厂推进团，以推进团为中心，通过教育培训、咨询服务、组织工厂参观、支持注册资金等方式，积极协助中小企业建设适合自己实际情况的智能工厂。②从资金来源看，积极发动民间资本参与投资智能工厂建设。韩国智能工厂建设项目的资金扶持对象为符合地方政府产业发展规划的韩国企业，扶持资金最高达到 1 亿韩元，其中政府资金和民间资本各占 50%。2016 年 8 月，韩国开始投资 1500 亿韩元（约 8.5 亿元人民币），帮助中小企业建设 900 家智能工厂，整体投资构成为：政府投资 450 亿韩元，大企业投资 100 亿韩元，产业银行政策融资 500 亿韩元，中小企业自身投资 500 亿韩元。③从标准建设看，注重发展"智能工厂"标准体系。参与智能工厂建设项目的韩国各方力量积极执行生产机械、硬件系统、软件系统、工厂之间相互兼容的标准化工作，尽快建立统一的智能工厂供应标准，降低中小企业进入智能工厂供应链的门槛，使其能够在"智能工厂"体系下尽早开始运作，与其他主体顺利对接。

（五）国外智能制造战略部署的启示

（1）推进智能制造的战略部署应以"扬长补短"为原则。综观各国智能制造相关政策安排，都充分体现了发展利用本国制造业固有优势、回避弥补新工业革命背景下特定劣势的系统性特征。美国在继续加强信息技术和新材料等通用技术优势的同时，通过优化制造业的整体发展环境来培育先进生产制造技术创新和应用的土壤。德国在利用装备工业和信息应用优势推动工业物联网发展的同时，通过鼓励创业活动、提升中小企业创新能力、发展风险投资等措施克服传统渐进性创新模式对激进技术创新支持不足的缺陷。日本在促进工业机器人等智能设备成本降低和性能提升的同时，加速弥补增材制造等技术短板，试图构筑新的全球优势。相对美、德、日等国而言，韩国制造业基础较差，但注意充分发挥国内少数大型综合企业集团的强劲实力，大力提升中小企业智能化水平。有鉴于此，上海市要推进智能制造，应首先明确上海制造业在新工业革命生产制造范式变革下的强项与弱点，在传统强项中寻找突破口，破除产业智能化的可能瓶颈，使发展智能制造与上海制造业既有创新模式相适应，又能提高相关政策的效率和收益。

（2）推进智能制造的战略部署应覆盖全产业链各环节。充分发掘智能制造创新成果，不仅需要产业链特定环节实现关键技术的突破与应用，而且需要上下游环节根据智能制造的最新技术要求相应调整开发、生产和供应方式，甚至需要整条产业链协同调整生产组织方式。美国制造业创新中心的位置选择，均充分考虑了当地在相关产业、人才、科技等方面的优势，以及创新链上下游的配套情况，如美国未来轻量制造创新中心设在底特律，与该地区是美国汽车产业集聚区密切相关。美国智能制造领导联盟（SMLC）将打造共享的、开放的智能制造平台作为核心任务，希望能够在标准化基础设施的基础上为企业打造个性化的智能制造系统，使各生产企业及其供应链上下游的智能制造系统与数据能够实时整合，在产业层次上提高智能化水平和资源配置效率。韩国近年来开始从策划、计划、物流、流通等环节入手，将智能工厂建设项目的内涵拓展为产业链智能化。德国"工业4.0"计划更是将智能化从单一产业提高到整个生产制造系统乃至国民经济系统的高度。有鉴于此，上海市推进智能制造政策的指导思路，需要从塑造精英企业转向培育产业链智能制造生态。2015 年，上海共有 9 个项目入选"国家智能制造专项"，3 个项目被列为当年工信部"智能制造试点示范项目"。但是，目前上海市还缺乏全市层面的智能制造产业发展路径顶层设计，未来政策有必要从支持单个项目、特定企业向支持全产业链智能化改造转型升级。

（3）推进智能制造的战略部署应重视企业管理能力的提升。实践智能制造的最终主体仍然是大量的微观企业。培养适应智能制造等先进制造体系的专业人才和管理人才是"美国制造业复兴计划"的重要组成部分；美国智能制造领导联盟（SMLC）在为企业打造智能制造平台的过程中，还特别提供了帮助企业应对智能制造相关管理风险和商业风险的咨询服务。德国"工业 4.0"计划突出了企业管理工艺复杂度的重要性，并主张采取优化组织流程、通过终身学习延长技能工人职业生命、推出最佳实践示范项目等措施，增强企业自身管理能力，防范企业智能化转型带来的风险。日本选择将智能机器人和增材制造技术作为发展本国智能制造的重点领域，很大程度上源于日本企业在精密制造和精益管理方面的长期沉淀，极大降低了智能化转型可能造成的系统性风险。有鉴于此，上海市在有序引导和鼓励企业朝智能化方向发展的同时，必须重视智能化进程中工艺复杂性的增加对企业管理能力提出的全新要求，从职业培训和高等教育两方面推动形成与智能制造等先进制造业相匹配的人才结构。一方面，加强技术工作者和管理工作者之间的对话与合作，防范企业盲目转型的潜在风险；另一方面，推进高校管理科研院系和理工科院系的跨学科合作，建设适应智能制造范式的教育培训体系。

推进智能制造的战略部署应向扶持中小企业倾斜。面对新工业革命带来的各种激进性技术变革，相比资源基础雄厚的大企业，新创企业和中小企业十分缺乏智能化转型所需的各类资源，却对前沿技术发展更加敏感，更是产业链智能化不可或缺的组成部分。为此，美国制造业创新中心明确要求必须保证中小企业充分参与中心活动，大企业应联合中小企业共同探索和开发适用于各领域技术创新的商业模式，使先进制造技术能够快速实现规模化应用。日本为推广先进制造设备应用，在 2013 年拨出 2000 亿日元的先进制造设备投资提供补助金，并特别提高中小企业投资先进制造设备的补助比例（其他企业可获得相当于投资额 1/5 至 1/3 的补助，中小企业则可获得相当于投资额 1/4 至 1/2 的补助）。这项政策在促进日本企业尤其是中小企业装备技术升级、保留国内制造基地以防止产业空心化方面起到了一定作用。韩国则将中小企业作为智能工厂建设项目的重中之重。有鉴于此，上海市在推进智能制造的过程中，不能简单地瞄准技术制高点、依托大型企业集中资源开展攻关，更要帮助广大中小企业持续参与这一过程；在企业自身资源有限的情况下，引导中小企业正确理解智能制造，从管理提升、流程优化、软硬件适配等直接投资较少的措施入手，尽快破题智能制造。

四、上海应对新一轮工业革命的总体战略与措施

（一）上海应对新一轮工业革命的总体战略

促进由个别要素优势向形成综合成本优势和新的竞争优势转变。在机械替代劳动力的压力下，未来发达工业国家向发展上海市的制造业国际直接投资增速可能逐渐放缓，甚至出现回流。在这种情况下，上海如果希望继续通过吸引国际投资来强化技术和管理能力，就必须提高基于综合成本的区位吸引力。制造的区位优势不仅是由劳动力成本决定，而是由包括劳动力、税收、管制、贸易条件、知识产权保护、土地、资本、能源、交通、商业信誉、物流等因素在内的综合成本决定。以美国为例，过去 10 年里，其对外直接投资的最大经济体不是上海，而是劳动力成本相对高但综合成本更低的欧洲国家，其中仅对爱尔兰一国的直接投资总额就是对上海直接投资总额的 3 倍多。因此，未来上海加强竞争优势的思路，不是一味抑制传统低价格要素的成本上涨，而是通过降低制度性的经营成本，形成综合成本比较优势。在加强综合成本优势的基础上，要进一步通过促进先进制造技术的应用形成工业新的竞争优势。

按照"对接国家战略、发展上海经济"的基本思想，根据突出三个方面先行先试的基本原则，构建四大智能经济体系，集中优势资源发展五大重点领域，着力落实八大智能经济工程，将上海打造成为上海智能经济创新发展的先行区和全球智能经济发展的重要节点。

突出三个方面先行先试。一是在智能经济先进发展理念方面先行先试。把五大发展理念和《上海制造 2025》提出的"创新驱动、质量优先、绿色发展、结构优化、人才为本"五个基本方针全面贯彻落实到上海智能经济工作的组织实施当中。二是智能经济重大任务实施路径的先行先试。围绕

《上海制造 2025》的九大战略任务、五大工程等，结合上海产业优势与特点，探索新的方法、路径、模式和经验。三是支撑智能经济的重大政策举措的先行先试。强化体制机制创新，在重大政策举措落地、工作推进方式方法等方面积极探索实践，着力构建有利于上海智能制造业和智能服务业创新发展的环境。

构建四大智能经济体系。即加快构建具有上海特色和优势的智能产业体系、区域协同创新体系、人才培养体系和政策支持体系，其中，智能产业体系是核心，上海要突出本地区的智能装备、智能产品、智能应用的优势特色和制造业智能、绿色、服务的升级方向，把长板做强；区域协同创新体系和人才培养体系是关键支撑，注重激发创新创业活力，吸引创新人才、高技能人才等不断集聚，打造智能经济人才洼地；政策支持体系是有力保障，通过出真招、出实招，为智能经济发展构建更加有利的外部环境。

集中优势资源发展五大重点领域，即包含智能软件、智能装备、智能零部件在内的智能装备产业；包含智能生产线、智能工厂、数字物理系统在内的智能制造，以智能消费品为主的智能终端；包含数字工厂解决方案、电子商务在内的智能服务，以及智能交通、智慧医疗、智慧城市等领域的智能前沿应用。加快促进各个重点领域之间的融合发展和互动发展，形成"城市—产业—科技—市场"一体化发展的良好格局。

着力落实八大智能经济工程。一是加强顶层系统设计，形成以智能经济发展构筑上海经济发展新动能的共识；二是积极搭建数据平台，集聚数据资源，抢占智能经济竞争的制高点；三是加快智能城市建设，形成智能经济体系；四是强化本地市场需求拉动，以智能技术和产品应用带动智能产业发展；五是构建智能创新体系，提升智能技术自主创新能力；六是推进第二、第三产业融合，激发智能经济商业模式创新；七是打造虚拟产业集群，消除中小企业发展信息鸿沟；八是拓展合作开放发展，积极整合利用国内外高端要素资源。

（二）上海应对新一轮工业革命的政策措施

"新工业革命"的运营管理和产业竞争含义，要求上海的制造业发展战略从过去不断强化"成本优势"向构筑新的"综合竞争优势"转变。在过去资本、技术和管理要素相对稀缺的情况下，上海制造业之所以能够快速发展，主要是因为充分利用了政策优势和庞大市场规模的比较优势，即"以市场换技术"、"以低要素成本吸引资本和技术管理要素的集聚"。在各种要素价格的抑制和控制变得越来越没有空间的情况下，未来上海的工业发展战略必须朝着形成新的竞争优势（而不是人为抑制产品成本）的方向转变。相应地，产业政策必须围绕新的战略思路及时进行调整，甚至突破。

（1）加快制定实施上海市的"先进制造技术突破和应用计划"，加快推进先进制造技术的推广和扩散。为加快推进先进制造技术发展，美国的《制造业行动计划》提出，要通过技术创新和智能制造实现下一代生产率；加快部署新的制造工具和技术的创新和实施，应用计算机建模和模拟技术促进美国高效能运算能力达到超大规模级，促进建模和模拟技术的工业应用，加强科学、技术、工程和数学教育，并促进这些学科与工厂的结合。欧洲的《未来工厂计划》则提出，要加大对现代制造技术的研发投资和政府企业间合作，加快发展可持续的绿色制造、ICT智能制造、高效能制造和基于新材料的制造。上海应尽快制定和实施符合上海产业结构调整要求的"先进制造技术突破和应用规划"，并制定相应的产业政策和实施细则，加大前沿制造技术和设备的技术突破力度，积极推广应用先进适用制造技术，特别是促进先进制造技术对上海具有比较优势的大规模生产的改造和提升。

（2）以现代"母工厂"建设为抓手，推进上海的先进制造技术和设备应用能力的提升，以及现代生产管理方法的改进与创新。目前政府对企业创新活动的扶持过度倾向于实验室建设和产品技术创新，而对生产制造环节的扶持、引导不足。建议借鉴日本的"母工厂"做法，遴选设备先进、系统管理能力强、现场管理工作扎实的工厂进行重点建设和投资，将这些"母工厂"建设成为上海先进制造技术突破、应用的场所，建设成为先进制造技术和先进现场管理方法持续改善的"现场实验室"，从而最终以点带面地推进上海制造业水平的整体提升。鼓励企业在"母工厂"建设中加强与西门子、丰田、GE 等国际领先企业在基础研究、试验发展、人才共同培养、国际标准制定等领域的合作交流。鼓励企业开展国际技术交流活动，采取科技合作、技术转移、技术并购、资源共同开发与利用、参与国际标准制定、在国外设立"母工厂"和"子工厂"等多种方式，扩大上海"母工厂"在全球的影响力和话语权。吸引有实力的跨国公司在国内建设高水平的"母工厂"，带动上海的"母工厂"建设和生产制造水平提升。支持国内外企业及行业组织间开展"母工厂"建设的交流与合作，做到引资、引技、引智相结合。积极发挥协会的协调组织作用，举办"现代工厂建设国际论坛"，围绕智能制造、数字工厂、技能形成、知识型员工培养等重大问题展开企业界和学术界的对话交流。

（3）依托母工厂建设，加强高技能和知识型员工的培养。"母工厂"不仅是企业先进制造技术和先进制造设备率先应用的场所，更是企业探索新的生产管理方法、积累人员技能的"管理实验室"和"培训实验室"。一方面，在"母工厂"建设中突出鼓励企业进行管理模式、管理手段的创新和应用。另一方面，加强"精英型"的实用技术人才和工程人才的培养、培训。目前上海的技术人才和工程人才培养主要依托大中专和职业教育。由于生源质量差，这些学校的学生虽然可以适应一般的标准化操作，但却无法胜任先进复杂制造所要求的知识反馈。建议根据上海教育体制和教育观念的现实情况，在清华大学、北京大学、浙江大学、上海交通大学等一流大学设置专门的"技术工程学院"，在教育内容的设计上，既要体现机械工程、生产管理等专业理论知识，也要加强实操性技能的培养，为"母工厂"

建设培育"精英型"的技术工程人才，填补上海"低端职业教育"不能满足"高端制造"发展要求的空白。依托"母工厂"建设，加大引进海外高层次生产制造技术人才、管理人才和高技能技术工人的力度。加强与"母工厂"建设相适应的高技能人才和智能制造人才培训，培养一批能够实现现代生产工艺创新的高层次领军人才，一批既擅长制造管理又熟悉信息技术的复合型人才，一批能够开展生产制造技术开发、技术改进、业务指导的专业技术人才，一批门类齐全、技艺精湛、爱岗敬业的高技能人才。促进"母工厂"和院校合作探索性地建设终身学习机制。鼓励有条件的高校、院所、"母工厂"，培养满足现代生产制造发展需求的高素质技术技能人才。

（4）加强信息基础设施建设和行业工程数据库建设。由于人工智能、数字制造等都是基于 ICT 发展起来的基础制造技术，因此信息技术成为现代制造技术体系中最底层的技术，信息存储、传输和处理能力成为决定先进制造技术和制造系统的技术成熟度和应用效果的关键因素，工业信息的计算和处理能力已经成为新的影响制造业竞争力的战略性资产。美国竞争力委员会（2011）甚至提出将高效能运算定义为"改变全球制造业游戏规则的机器"，并建议通过积极的政府企业合作来推进美国"计算资源"的协调和整合，将美国的前沿计算能力转化为制造业竞争力。而德国和日本等工业强国也纷纷出台计划和政策加大对高效能运算的研发和应用支持。例如，德国在斯图加特大学设立了专门的高效能运算中心，为德国的企业应用和学术研究提供高效能运算服务。上海应当通过建立高效能运算研发中心和高效能运算服务中心，在加快高效能运算前沿技术突破的同时，重点加快促进既有的高效能运算技术储备转化为商业应用和公共服务。同时，加快推进行业工程数据库的建设。工程数据库建设可以采取政府出资、独立非营利性社会组织运营的组织方式，对于数据库数据采取会员企业自愿提供、共同分享的工作方法，形成持续投入、有效运营的可持续发展机制，通过基础技术进步促进上海工业产品质量和性能的大幅提升。

（5）协同推进上海战略性新兴产业的培育和先进制造技术的发展。一方面，先进制造技术的突破离不开战略性新兴产业的支撑。例如，云计算、云储存、新材料等新技术和新产品是现代制造技术和制造系统的基础技术，这些领域的技术常常成为制造技术突破的瓶颈。另一方面，战略性新兴产业的发展离不开现代制造技术的推动。第一，多数战略性新兴产品仍然处于实验室的概念化和初步设计阶段，以数字制造为代表的现代制造技术可以大幅提高新产品设计的可制造性，缩短战略性新兴产品的工程化、产业化周期，有利于抢占战略性新兴产业发展的先机。第二，在新兴产业市场化的初期，传统的大规模生产并不适用于这种市场容量小、高度细分的市场结构。在这种情况下，可重构生产系统和添加制造等个性化制造就能够充分发挥其多品种、小批量、低成本的优势。因此，战略性新兴产业的发展必须与现代制造技术的研发、应用结合起来，协调推进，通过战略性新兴产业的发展，为先进制造技术突破提供应用场所和市场支撑；通过先进制造技术的发展，为战略性新兴产业的工程化、产业化提供工艺保障。

（6）促进新的服务业态的发展，促进基于商业模式创新的服务业与制造业的融合。服务形式的要素投入和服务型产品多以"无形资产"的形式存在，相比于过去的实物产品，工业设计、系统软件等技术和服务产品更容易被剽窃、复制和模仿。因此，为了鼓励服务型产品的创新，上海必须对过去主要服从于有利于本地企业技术引进和学习的知识产权保护框架和机制的做法适时地进行调整。同时，由于现代制造的应用多伴随着商务模式创新的服务和技术协同创新的过程，与传统产业的技术创新相比，新兴技术和商务模式的创新具有更大的不确定性。在这种情况下，过去以"扶持"为主的产业政策思路就要逐渐向"以改善企业经营环境"为主的政策思路转变，因为"扶持"性产业政策更适用于在已经明确了技术路线和商业模式的条件下，对企业投资进行激励；而加强、完善经营环境对企业的服务能力，则更有利于创业和中小企业的发展，有利于产业生态多样性的增强和动态竞争能力的形成。

（7）充分吸收和借鉴美国、日本、德国应对新工业革命的共同经验和普遍做法，加快有利于新兴制造技术创新与扩散的制度基础建设。在"工业 3.0"时代，虽然美国仍然在数控机床等一系列生产装备方面取得了技术领先地位，却逐步走上了"去制造业"和丧失制造业竞争优势的道路。究其原因，最主要是因为美国没有进行与先进设备相适应的互补性战略创新（如精益生产方式）。正因如此，在新一轮的工业革命中，发达工业国家的政策目光都不仅瞄准技术创新本身，而且重视互补性的经济条件和制度建设。例如，针对新兴制造技术的要求，发达工业国家都强调通过终身学习制度建设提升产业工人的技能和知识水平，通过先进制造技术研究所或产业联盟建设加强共性技术的供给。建议借鉴这些国家的共同经验，尽快设立上海先进制造技术研究所或工业技术研究院，加快共性技术和先进生产管理方式的突破以及面向广大中小企业的推广。同时依托公共服务机构和工艺咨询师队伍建设，促进先进适用制造技术的推广应用。面对新兴制造技术形成的挑战与机遇，美国的战略聚焦点仍然是通用技术和底层技术，德国力图在工业物联网方面取得突破，而日本则重点在 3D 打印和工业机器人等现代装备方面进行布局。基于此，建议上海从自身的技术能力、市场优势和产业基础出发，在加强前沿技术等制高点布局的同时，重点促进智能化、数字化、网络化技术和系统与大规模生产方式的结合，形成既体现上海比较优势又有利于形成新的竞争优势的差异化竞争战略。建议借鉴美国的退休经理服务团（SCORE）政策和日本的企业诊断指导制度，设立政府认证的工艺技术咨询师，根据企业提出的服务需求为企业指派咨询师，咨询师以邮件或现场服务的方式为企业提供规划、研究、设计、分析、试验、评价和实施等各方面的咨询服务。

上海市老年照料劳动力需求研究报告

封　婷　郑真真[*]

报告执笔人：
封　婷，中国社会科学院人口与劳动经济研究所助理研究员；
郑真真，中国社会科学院人口与劳动经济研究所研究员。

摘　要 / 307

一、引言：研究背景 / 311

二、研究方法与资料来源 / 316

　　（一）定义 / 316

　　（二）研究思路 / 316

　　（三）数据来源 / 317

　　（四）澳大利亚基本情况简介 / 318

三、上海未来老年照料劳动力需求测算 / 324

　　（一）需要照料的老年人数量和照料水平提高（情境1）/ 325

　　（二）老年人口中年龄和性别结构的变化（情境2）/ 327

　　（三）老年人健康状况的改善（情境3）/ 331

　　（四）来自家庭的非正规照料（情境4）/ 331

　　（五）"9073"方案的测算 / 332

　　（六）预测结果的敏感性分析 / 334

四、结论与讨论 / 339

参考文献 / 344

摘　要

中国正经历快速人口转变，带来家庭规模小型化、结构老化、成员地域分割，使长期以来由家庭内部提供老年照料的模式难以持续，服务主体需要向社会转移，以社会化、专业化和产业化的方式解决家庭内部照料能力不足的问题。老年照料是"劳动力密集型"产业，一支数量充足、专业化的劳动力队伍是老年照料产业发展的关键。

现有研究普遍认为目前老年照料劳动力数量缺乏，与老年人照料需求之间存在巨大的缺口。对老年照料劳动力需求进行准确的估计和预测是应对这一严峻形势的基础。然而，中国人口老龄化历史较短，老年照顾服务发展不健全，缺乏相关经验和数据，很大程度上制约了估计和预测。本研究选择澳大利亚作为参考标准，该国人口转变在发达国家中相对较晚，但已建成较为完善的老年照料体系，以政府计划和政策引导、公立和非盈利为主的模式较为适合中国借鉴，而且澳大利亚老年照料制度和劳动力状况的资料丰富，从老年人口到照料需求再到劳动力的转化都有全国性的准确调查资料可供参照。

上海是全国第一个进入老龄化社会的城市，并且老龄化程度在特大型城市中处于首位。上海老龄化的特点被归纳为"区域人口老龄化、老龄人口高龄化、居住形式空巢化"，另外，未来独生子女老年父母将成为上海老龄化社会的主体，也使依靠家庭进行老年照料困难更大。随着老龄化发展，未来需要正规照料的老年人数量以及照料服务需求强度都会快速增长。上海市具备较强的劳动力吸纳能力，有能力也有必要加快建设老年照料劳动力队伍，补足缺口，并为将来早做准备。准确的劳动力需求估计和预测是应对的基础。但目前老年照料行业经验和需求数据的缺乏很大程度上制约了估计和预测。本研究在上海人口预测的基础上，借鉴澳大利亚养老体系设置，假设上海的老年照料服务逐步达到澳大利亚的水平，将相关因素依次纳入测算，分四种情景预测至 2050 年对劳动力需求的情况。

尽管目前我国已全面实施一对夫妇可生育两个孩子的政策，然而预测期间的老年人目前均已出生，生育政策调整将不会对老年人口总量和内部结构产生影响，上海老年照料劳动力需求将快速增长的结论基本不受影响。相对于老年照顾服务发展不健全、落后于老年人需求的"旧账"，上海人口进一步老化的趋势确定性高，是加重劳动力需求的"新账"，老年人口规模的持续增长始终是需求加深的因素，而老年人口结构因素的作用力则是先抵减老年人口规模扩大的压力，而后加重照料需求并取代规模因素成为老龄化中的又一主要驱动力。因为只考虑老龄化的规模要素而未及结构要素，"9073"政策设计从中长期来看低估了需求；非正规照料能力和老年人健康改善是递减因素，来自家庭的照料可以立竿见影地减轻劳动力需求，可以用于部分抵消照料服务提升在前期激增的压力；健康改善的作用则具有长期效果。

在依次考虑了老年人数量、老年人性别和年龄结构、未来自理能力改善以及非正规老年照料的作用之后，估计 2030 年和 2050 年照料劳动力需求分别为 28 万人和 102 万人，在整个预测期间上海老年照料劳动力需求年均复合增长率为 7.8%。按照情景 4 的估计，至 2050 年老年照料劳动力总数将占到届时上海劳动年龄人口的 8.4%，这将使老年照料产业的劳动力占比仅次于工业与批发和零售业，是所归属的卫生和社会工作行业（只占劳动年龄人口的 1.3%）2013 年劳动力占比的 6.48 倍。不过，如果将劳动人口年龄向上推移 5~10 岁，老年照料劳动力总数占劳动年龄人口的比例将明显下降，这意味着挖掘大龄劳动人口的潜力，吸引更多 50 岁及以上的人参与老年照料工作，将有助于缓解需求压力。

当前主要问题在于老年照料服务供给跟不上需求的增长，产业发展滞后，造成供给限制下较低的可获得性。在老龄化加剧和劳动力人口数量下降的未来，应将照料劳动力的增长看作释放劳动力潜力、提高劳动参与率、优化人力资本配置的对策，而不是对逐渐萎缩的劳动力资源的一种争夺，特别是对以上海为代表的劳动力吸纳能力强的区域来说，应大力推动老年服务水平的提升，培育老年照料产业发展，扩充劳动力队伍，满足老年人及其家庭的需求。

根据本研究分析结果，提高家庭养老能力具有持续效果，可以直接减轻正规老年照料服务扩充的压力；改善老年人健康水平从长期来看效果卓著，但因其效应需要较长时间累积，需要尽早进行，才能在高龄化带来的劳动力需求快速增长之前缓解养老困境。中期为减量因素的老年人性别、年龄别结构，到了2030年之后成为相当重要的需求增长驱动力，高龄和女性老年人是老年照料需求的重点人群，应作为养老资源配置的关键指标。而"9073"方案等从老年人数量出发的政策，在深度老龄化时会低估老年照料的实际需求，需要在2030年高龄化之前进行调整。

从澳大利亚老年照料行业的发展过程和改革中，我们可以得到一些可供借鉴的经验：

（1）注重收集老年照料产业和劳动力的数据资料，以多种调查结果为依据，不断解决制约老年照料劳动力队伍发展的问题，提高政策实施效率和照料服务水平。

（2）为扶持老年照料产业发展，修改户籍与居住证政策吸引符合条件的外来人口，补充照料劳动力队伍。

（3）发展老年照料产业应与提升老年人收入水平并举，如提高养老金覆盖面和水平。老年人及其家庭是相对弱势的群体，公共财政补贴的比例大，这方面可以借鉴澳大利亚相关经验，兼顾社会公平与公共资源配置效率。

从澳大利亚经验来看，老年照料劳动力多为中老年女性，而上海人口中60~64岁人口比例占60岁以上老年人口比例很高，在预测期间始终超过

20%，2015~2020 年更是超过 30%，如果能将这些低龄老年人的劳动能力很好地利用起来，不仅能缓解照料劳动力供给的压力，还能够成为他们从全职工作到完全退休的缓冲，有利于其身心健康，推进和谐社区建设，减轻未来照料需求。

一、引言：研究背景

中国人口在 21 世纪的发展趋势具有三个特点：低生育率的持续将逐渐积累人口负增长惯性，史无前例的庞大独生子女家庭群体正在形成，人口老龄化进程将不断加快。中国人口总量预期在 2030 年左右达到峰值，之后将持续下降，人口总量的负增长将会一直持续到 21 世纪末。根据联合国人口司 2015 年预测的方案，2100 年的中国人口将下降到 20 世纪 80 年代初的规模。① 需要指出的是，这个人口下降过程并不是均匀分布在各年龄组的，而是以新出生人口和青年人口总量减少为主。

中国人口老龄化的特点是，老龄化水平超前于经济发展水平，而且老龄化速度快。直到 21 世纪中叶，中国人口老龄化将一直显著地超前于经济发展。而从人口老龄化发展速度看，中国 65 岁以上老年人占总人口的比例从 7% 提升到 14% 只需要 27 年，发达国家大多用了 45 年以上的时间。中国老年人口的比例会不断上升，将在 21 世纪后半叶达到 30%，约一半人口在 45 岁以上。虽然关于中国人口老龄化有不同的预测，但都显示出 2050 年之前中国老年人口比例的快速上升趋势。

中国人口老龄化的同时，老龄人口的高龄化也在加速。根据预测，到 2050 年中国的老年人口大约 3 亿~4 亿，且 80 岁以上的老年人比例将升高。2000 年第五次全国人口普查时，中国百岁以上老人为 17877 人，10 年之后这个数量几乎翻了一番，为 35934 人。80 岁以上的老年人对照料的需求更多、需求程度更高，未来如何满足老年照料需求将是一个重大挑战。而在劳动人口规模萎缩的同时，健康照料部门的劳动力需求将会持续增长，导

---

① United Nations，Department of Economic and Social Affairs，Population Division ［EB/OL］. World Population Prospects：The 2015 Revision，http：//esa.un.org/unpd/wpp/.

致健康照料部门从业者比重上升，意味着劳动力将从其他产业向健康照料转移。

由于家庭规模的小型化和家庭内部养老资源（经济和人力）日趋不足，老年人必然转向社会，寻求必要的支持和服务，对社会养老资源的需求将快速增长。中国传统的养老模式是家庭养老，但是将来家庭养老的资源不足，就需要更多社会支持。社会支持是有形的、实在的，它需要金融财政保障和人力支持，具体提供养老服务的仍然是劳动力。以社区照料为例，生育率下降和长期低迷导致一部分社区尤其是城镇社区的家庭结构单一，即使社区希望为居民提供帮助，但是可能找不到必需的人力资源。

在老龄化迅速发展的背景下，老年照料对劳动力具有刚性需求，机械和器具可以减轻劳动强度，但不可替代人的照料作用。对于长期低生育率、家庭养老能力日益弱化的社会，老年照料的劳动力需求更是重点关注的议题。近年来，国内外广泛开展了老年照料需求的相关研究。然而，相对于微观层面对老年照料需求的特征、决定模式、对家庭成员劳动供给影响的研究，中国在宏观层面对社会照料劳动力需求的研究相对较少。现有研究主要集中在几个方面：从替代家庭照料方面，研究社会照料与家庭照料之间的关系（刘柏惠和寇恩惠，2015；田北海和王彩云，2014；Bookman 和 Kimbrel，2011），关注需要社会养老服务的家庭特征，以及社会照料对家庭照料的替代关系；对需求照料老年人总量的预测研究（俞卫和刘柏惠，2014；周元鹏和张抚秀，2012），根据人口预测和自理能力的分类，按不同方案进行了需要养老服务人数的预测，主要分析需要照料的老年人规模以及为老服务的容量；对老年照料劳动力需求的研究主要关注失能老人和长期护理人员的需求，如宋春玲（2013）通过将全国人口预测结果按比例折算出失能老人，进而根据假设测算出护理员和长期护理护士的需求数。

已有研究为老年照料所需要的社会劳动力定量分析、测算提供了基础。但总体上，对老年照料的劳动力需求测算的研究尚不多见，这与我国养老服务社会化处于起步阶段，相关经验和数据的缺乏有关。此外，由于中国的人口老龄化具有较大的区域差异和地方特征，小区域研究可向区域性规划提供更准确的实证依据，因而更具有应用价值。对于上海市这种经济社会发展水平高、吸纳劳动力能力强的区域，结合普查、调研资料和人口数量结构等数据，借鉴国外相应经验，对老年照料的劳动力需求进行宏观的定量研究不仅可行，还具有重要的现实意义。

上海是全国第一个进入老龄化社会的城市，并且老龄化程度在特大型城市中处于首位。2015 年底，上海市户籍人口中 60 岁及以上老年人口435.95 万人，占户籍人口的比例达到 30.2%，而 80 岁及以上高龄老年人口78.05 万人，占户籍老年人口的 17.90%。户籍人口预期寿命达到 82.75 岁，其中男性 80.47 岁，女性 85.09 岁，已达到发达国家的水平（上海市老龄科研中心，2016）。

图 1 展现了 2010 年第六次人口普查时上海市分户籍常住人口的年龄性别结构。总的常住人口呈"伞形"分布，劳动年龄人口比例较高，但 60 岁及以上老年人口比例依然超过了 15%，远高于我国 10% 老龄化划分标准。从户籍来看，外来人口中绝大多数是劳动年龄人口，而老年人口中绝大多数都是上海户籍人口。

上海老龄化的特点被归纳为"区域人口老龄化、老龄人口高龄化、居住形式空巢化"，另外，未来独生子女老年父母将成为上海老龄化社会的主体，也使依靠家庭进行老年照料困难更大。为应对严峻的老龄化形势，上海市规划了"9073"的养老服务格局，即 90% 的老人在社会化服务协助下通过家庭照料养老，7% 的老人通过社区的养老服务设施，接受日间照料、助餐等服务及相关上门服务居家养老，3% 的老人在养老机构接受服务。

老年照料对劳动力具有刚性需求，机械和器具可以减轻劳动强度，但不可替代人的照料作用，老年照料的劳动力需求是重点关注的议题。因

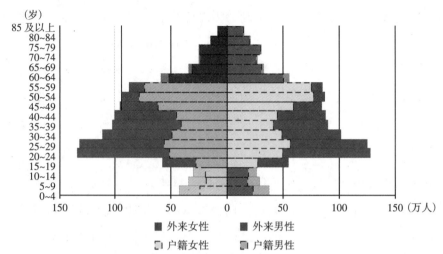

图 1 2010 年第六次人口普查上海市分户籍常住人口年龄数量结构
资料来源：第六次人口普查数据集（2012）。

此，面对上海老龄化程度深、大体量、多层次的养老需求，以及动态变化的人口形势，有必要结合现状和未来发展趋势对老年照料劳动力需求进行定量测算和评估。

从目前照料劳动力数据来看，2015 年上海养老护理人员近 5 万人，主要在养老机构、老年护理机构，以及社区居家领域开展养老护理服务。其中，养老机构和社区居家养老的护理人员中，持有国家职业资格证书的占17%。预计到 2020 年，护理人员将新增 7.8 万人（上海市人民政府发展研究中心，2016）。从全国来看，2014 年全国养老服务机构职工总数近 30 万人，而其中取得养老护理员职业资格证书的养老护理人员只有 5 万人（刘建华，2014）。广东省民政厅的资料显示，广东省需要养老护理人员 27 万人，但现有的护理人员约 2.3 万人，其中有职业资格的仅约 1.4 万人（卢文洁和杨洋，2015）。现有研究认为，从老年人生理健康和日常生活需求来看，目前已有的老年照料服务远远不能满足需要，供需存在巨大的缺口（王德文，2012；史薇和李伟旭，2014；曹煜玲，2014）。

对老年照料服务需求方面，俞卫和刘柏惠（2012）预测了上海需要老年照料服务的老年人数量，估计在 2015 年数量在 360 万人，至 2020 年和 2030 年将分别增长到 430 万人和 460 万人，未来 15 年间增长 30%。曾毅等（2012）估计全国生活自理能力残障的老年人数量到 2030 年将达到 1898 万人，是 2000 年的 2.9 倍，需要家人照料工作日数将达到 53.40 亿，是 2000 年的 3.0 倍；而 2050 年残障老年人进一步增长到 3730 万人，是 2000 年的 5.7 倍，家人照料工作日数达到 110 亿人，是 2000 年的 6.2 倍。该研究还发现，无配偶、不与子女一起住的老年人残障率增幅将明显高于与子女一起住的残障老人，2050 年将会增长到 2000 年水平的 7.9 倍。胡宏伟等（2015）预测全国处于失能状态的老年人口数量将从 2014 年的 8255 万人增加到 2050 年的 2.19 亿人，重度失能老年人口增长更快。

从 OECD 国家的经验来看，1990~2003 年经历了快速的人口老化，其间老年负担系数增长了近一倍，由此带来健康照料部门劳动力的比例增长了超过 20%（Hashimoto 和 Tabata，2010）。而在我国老年照料劳动力需求数据不足和发展标准不确定的情况下，参考其他国家的经验设定标准是比较可行的手段。如有学者以老年护理人才为对象，将 65 岁及以上老年人需要照料的比例固定在 8.9%，然后借鉴 OECD 国家中需要照料老年人进入养老机构的最低比例 20% 为目标，并按照住房与城乡建设部颁布的老年养护院建设要求的每名机构养老的老年人配备 0.8 个护理人员的水平，预测到 2050 年养老机构护士和护工的总数将达到 678 万人（宋春玲，2013）。

随着老龄化发展，未来需要正规照料的老年人数量以及照料服务需求强度都会快速增长。上海市具备较强的劳动力吸纳能力，有能力也有必要加快建设老年照料劳动力队伍，补足缺口，并为将来早做准备。准确的劳动力需求估计和预测是应对的基础。但目前老年照料行业经验和需求数据的缺乏很大程度制约了估计和预测。本研究将在上海人口预测的基础上，借鉴澳大利亚养老体系设置，假设上海市老年照料服务逐步达到澳大利亚的水平，将相关因素依次纳入测算，预测至 2050 年对劳动力需求的情况。

二、研究方法与资料来源

（一）定义

长期以来我国绝大多数老年人养老依靠家庭为主的非正规照料，目前家庭照料能力趋于弱化，以社会化、专业化为特征的正规长期老年照料服务（Long-term Care）是亟待发展的照料形式，也是本研究关注的照料承担方。本文所称机构老年照料，是指服务承担方为提供老年照料床位的养老机构，而社区照料的照料服务多在老年人家中进行，也可以以日间照料中心等方式集中进行，以老年人在自己家中居住为特点，由社区养老机构提供服务。本研究所指劳动力，是在正规老年照料服务专门机构中的正式雇员，主要包括护理人员和其他工作人员。

（二）研究思路

文献和数据的梳理显示，目前上海老年照料与发达国家的差距主要集中在供给方面，即使用照料服务的老年人数量占有照料需求老年人数量之比偏低，本研究将这个比例称为照料服务可获得性，作为反映照料服务水平的指标。本研究采用照料服务可获得性均匀线性增长的假设，即在目前水平和目标水平之间按年份进行线性差值。以此计算的劳动力需求结果在预测期前段增长率较高，但因为从低水平发展时劳动力绝对数量较少，年均增长数量比较低，在劳动力供给弹性限制下比较容易实现，也能够在高龄化浪潮之前有所准备。

本研究所指的照料劳动力需求预测，应该理解为从供给限制下部分实现的需求，向未来随着养老转型和老年照料产业发展释放出的真实需求转变的过程。本研究将以人口变动为基础，从需求端入手预测老年照料劳动力需求数量。从老龄化需要照料服务，从而形成劳动力需求这一思路出发，借鉴澳大利亚的数据和经验，测算老龄化产生的老年照料需求多大程度、以何种形式转化为对正规老年照料劳动力需求。

影响因素方面，将逐一考虑我国未来老年人口数量的增长、女性化和高龄化的趋势、自理能力改善以及非正规照料的情况。日益庞大的老年群体无疑是老年照料需求增长的首要驱动力；此外，对老年人口中结构的变动，即老年群体自身也更为老化和需求相对更高的女性老年人占比提高，也是重要的影响因素；在长期预测中，随着期望寿命不断延长，老年人进入残障期的平均年龄也在增加，年龄别自理能力也会提高，将成为照料需求的抵减因素；最后，受儒家文化影响，目前满足照料需求更大可能是来自家庭成员的非正规照料，从而使需要正规照料劳动力承担的需求较大程度降低。另外，采用本研究思路测算上海"9073"政策方案下照料劳动力需求，并与其他预测结果进行比较。通过考虑以上影响因素，提高研究的相关性和准确性，同时也可以考察这些因素对劳动力需求影响的敏感性，展现不同因素作用的方式，而长期预测不确定性大，敏感性分析对政策的启发可能更胜于预测结果。

本研究思路如图 2 所示，即从澳大利亚资料出发，以同样的方法分析上海照料劳动力数据，估计出目前老年照料服务可获得性的水平，然后从现有水平向目标趋近，并与人口预测结合，形成预测期间上海照料劳动力的预测结果。各情境不同之处在于采用的老年照料劳动力配比算法。

（三）数据来源

本研究所使用的澳大利亚和中国全国人口数据主要来自 2015 年版联合国《世界人口展望》（UN，2015）。上海人口预测来自华东师范大学李强副教授提供的上海人口规划课题概率预测结果（李强，2015）。

劳动力方面使用了《上海养老服务发展报告》（白皮书）和上海 2013 年

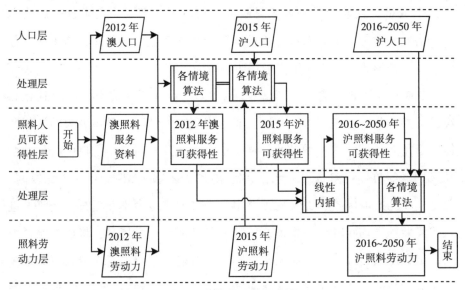

图 2　本研究思路示意图

第三次经济普查数据，澳大利亚的资料来自澳大利亚 2007 年和 2012 年老年照料劳动力调查、2008 年社区养老调查、2011 年生产力委员会报告、2012 年老年照料改革法案等。

（四）澳大利亚基本情况简介

本研究选择澳大利亚作为参考标准，主要有三方面的原因：其一，该国人口转变在发达国家中相对较晚，从快速老龄化带来老年照料行业发展来说，其历史经验和现状与上海市具备一定的可比性；其二，澳大利亚已建成较为完善的老年照料体系，以政府计划和政策引导、公立和非盈利为主的模式较为适合借鉴；其三，老年照料制度和劳动力状况的资料丰富，特别是数据资料翔实，不仅有劳动力总量、变化趋势、内部结构的普查数据和政府预测报告，且从老年人口到照料需求到劳动力的转化都有准确的调查资料可供参照。

1. 澳大利亚和上海老龄化趋势

澳大利亚人口的老龄化水平高于上海，但上海的老龄化发展更为迅速（见图3），预计将在 2023 年超过澳大利亚，而户籍人口期望寿命目前已高于澳大利亚的水平。在更高的期望寿命以及出生高峰人口进入高龄的作用下，上海高龄化浪潮在 2031~2040 年到来，届时 65~79 岁老年人口增长不明显，但 80 岁及以上老年人占比快速发展（1950 年后出生的高峰人口，相当比例也是第一代独生子女的父母）。未来上海老龄化和高龄化并非同步发展，在某些时段步调会有差异，也提示考察老龄化产生的照料需求，不能止步于老年人整体数量，还应考虑到老年人内部结构变化，特别是高龄老人占比增长的影响。

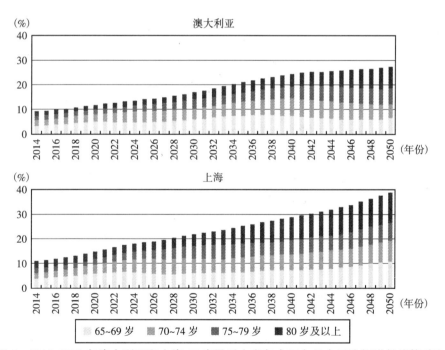

图 3 2014~2050 年澳大利亚和上海 65 岁及以上老年人口占总人口比例增长趋势对比
资料来源：UN（2015），李强（2015）。

2. 澳大利亚老年照料体系及劳动力现状

澳大利亚的老年照料体系随着老龄化进程而发展，现仍处于不断完善中。目前澳大利亚已形成比较成熟和完善的老年照料体系，照料层次从低到高呈金字塔结构（见图 4）。从照料服务强度来说，需要照料的老年人，从无正式照料到有照料者，获得社区中基本的家庭支持服务，直到在被照料者家中或养老机构接受强度更大的照料服务。而随着照料强度提高，责任主体也由老年人转移到非正规照料者，再逐渐过渡到正规照料的照料者。

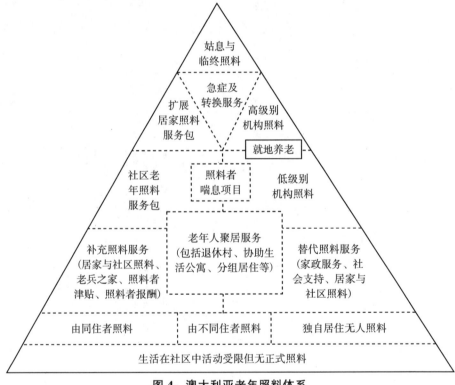

图 4 澳大利亚老年照料体系

资料来源：Productivity Commission（2011）。

机构照料作为高强度老年照料（Productivity Commission，2011），可进一步分为高和低两种级别。社区老年照料既包括高强度照料服务，也包括低强度干预式的照料服务。社区照料服务为不愿意离开家的老年人以服务包的形式提供高强度照料，作为机构照料的替代方案，有如下三种：作为低级别机构照料备选方案的社区老年照料服务包（Community Aged Care Packages，CACP），作为高级别机构照料替代、包括专业护理等项目的扩展居家照料服务包（Extended Aged Care at Home，EACH），以及为包括阿尔茨海默病在内的多种需要提供的、相当于高级别机构照料的扩展居家养老照料服务包—阿尔茨海默病（Extended Aged Care at Home Dementia，EACH-D）。低强度干预式社区照料服务则包括补充或替代照料服务中的照料项目，包括：为老年人提供治疗和协助的日间治疗中心（Day Therapy Centres，DTC）、使用人数最多的居家与社区照料（Home and Community Care，HACC）、为老年家庭内的照料者提供的照料者喘息项目（National Respite for Carers Program，NRCP）、为无家可归老人提供的老年人照料和居住协助（Assistance with Care and Housing for the Aged，ACHA），以及为老兵及其配偶提供的老兵居家照料（Veterans Home Care/Dept of Veteran Affairs，DVA）。考虑到资料限制和适用性，本研究只涉及居家与社区照料、日间治疗中心和照料者喘息项目，并假设后两类的使用者年龄、性别结构同居家与社区照料一致。

从 2015 年起，澳大利亚政府开始在全国实施改革法案（DoHA，2012）。在新的改革法案中，机构照料只提供高强度老年照料，以应对床位不足和费用过高的问题。社区照料服务分为四级，以避免在旧的照料法案中照料项目繁多而且重叠的弊病。社区照料服务的四级为：第一级居家照料服务包以满足最基本的照料需求；第二级居家照料服务包以满足低强度照料需求等（同于 CACP）；第三级居家照料服务包以满足中等强度照料需求；第四级居家照料服务包以满足高强度照料需求（等同于 EACH 和 EACH-D）（Australian Government Department of Social Services，DSS），2015）。

澳大利亚老年照料产业发展的特点是有很强的非市场化特征，处于主导地位的是非营利或公立机构，而劳动力薪酬的 70%由政府承担，产业发展在很大程度上依赖于计划安排和规划管制的程序。在老龄化迅速发展，社会福利加快完善的时期，是一种适合上海实际情况和发展取向，也便于借鉴使用的路径选择。

3. 澳大利亚老年照料劳动力相关调查和结果

本研究主要数据来自澳大利亚全国老年照料劳动力调查，调查在 2003 年、2007 年和 2012 年进行过三轮。2003 年调查目的是回应为何老年照料机构难以招到足够数量和技能的照料员工，2007 年调查目的类似，但是范围扩展到社区养老机构（Martin 和 King，2008）。根据前两次调查的结果，澳大利亚政府提高了照料劳动力薪资水平，也为 2012 年改革法案出台提供了依据。最新的 2012 年调查将为老年照料改革提供基线数据（King 等，2012）。调查口径是老年照料机构中代扣代缴所得税的正式员工（不含自雇、外包、志愿者）。调查的范围是在老年照料项目中接受拨款的全部机构，并通过对完成问卷的机构给予政策优惠来提高完成率。

在老年照料劳动力系列调查之外，2008 年社区老年照料调查（DoHA，2010）结果提供了社区老年照料使用者结构数据；2012 年出台的"更长存活，更好生活"老年照料改革法案（DoHA，2012），介绍老年照料体系的现状和未来改革趋势；2011 年生产力委员会报告及其附录（Productivity Commission，2011），提供了未来照料费用和劳动力测算方法、依据和参数设置。

2012 年澳大利亚老年照料劳动力总数为 35.21 万人，其中直接照料劳动力 24.04 万人。按照提供服务的类型来看，社区老年照料服务占 20%，雇用了 39%的直接劳动力；机构照料提供的服务占 80%，占全部直接劳动力的 61%，以雇员数计是澳大利亚第 9 大产业，占全国雇员总数的 2.7%（King 等，2012），预计到 2050 年，占比将增至 4.9%（Productivity Commission，2011）。从 2007 年和 2012 年两次调查的纵向对比可以看出，照料劳动力总数比 2007 年调查增长了 34.23%，其中社区照料劳动力增长超过 70%，机构照料劳动力增长 15.71%（King 等，2012）；此外，社区照料申请量大，等待时间更长，因此未来增长仍将快于机构照料，预计到 2050 年社区提供的服务将占到 80%（Productivity Commission，2011）。

三、上海未来老年照料劳动力需求测算

本文以人口变动背景下养老服务需求的提升为基础，并考虑人口、健康等相关使用者群体特征的变化，对正规养老服务的需求等影响劳动力的因素，以澳大利亚最新老年照料劳动力调查中照料劳动力相对水平为目标，逐一将上海老年人数量增加、高龄及女性老年人比例提高、自理状况改善、家庭照料传统等因素加入预测模型，并按照"9073"政策做了测算。预测结果是不同情境下 2016~2050 年各年老年照料劳动力需求量。

本研究基本等式为：

$$WF = P \times R^T \times U \tag{1}$$

其中，WF 为老年照料劳动力数量，$P = (p_{60-,m}, \cdots, p_{i,m}, \cdots, p_{90+,m}, p_{60-,f}, \cdots, p_{i,f}, \cdots, p_{90+,f})_{1 \times 14}$ 为 60 岁以上性别、年龄别老年人口向量，$R = (r_{60-,m}, \cdots, r_{i,m}, \cdots, r_{90+,m}, r_{60-,f}, \cdots, r_{i,f}, \cdots, r_{90+,f})_{1 \times 14}$ 为不同性别、年龄老年人照料劳动力相对需求强度向量，U 代表照料服务可获得性。下标中年龄组为 i = 60-、65-、…、85-、90+，性别标识 m 代表男性，f 代表女性。各情境区别在于向量 R 及 U 的变化目标和模式，而 R 在同一个情境，不管是跨国比较还是预测期各年，一经确定都保持不变。

按照图 1 的研究思路，在某情境中测算的基本步骤是：

第一步，按照数据资料和假设确定 R 后，由

$$WF_A = P_A \times R^T \times U_A \tag{2}$$

计算得到 U_A。其中，WF_A 为 2012 年澳大利亚老年照料劳动力调查得到的劳动力总数 35.21 万人（King 等，2012），P_A 则为 2012 年澳大利亚老年人口向量（UN，2015）。

第二步，保持 R 不变，由

$$WF_{2015} = P_{2015} \times R^T \times U_{2015} \tag{3}$$

计算得到 U_{2015}。其中，WF_{2015} 为 2015 年上海养老服务机构员工总数 7.32 万人（上海市人民政府发展研究中心，2016），P_{2015} 则为 2015 年上海老年人口向量（李强，2015）。

第三步，根据 U_A 确定预测期末上海老年照料服务可获得性比率的目标值 U_T，并与 U_{2015} 结合，基于线性插值方法求得 U_t，其中 t = 2016，…，2050。

第四步，计算得到预测期各年上海老年照料劳动力 WF_t：

$$WF_t = P_t \times R^T \times U_t \tag{4}$$

其中，P_t 为预测期各年上海老年人口向量（李强，2015），t = 2016，…，2050。

（一）需要照料的老年人数量和照料水平提高（情境 1）

由于照料需求主要发生在年事较高的老年人中，70 岁及以上老年人数量与老年照料需求更为相关，因此老年照料劳动力与 70 岁及以上人口数量之比，是考察老年照料服务发展水平的常用标准。本研究首先依照此标准设置预测情境 1。

以 70 岁及以上老年人口数量为标准来配置老年照料劳动力，相当于认为 70 岁以下的老年人不需要照料服务，而 70 岁及以上老年人的照料服务需求相同。显然，这一假设在准确性上有所欠缺。这个标准之所以被广泛采用，是因为在很多情况下，无法获得预测人口的年龄、性别结构，以及各个年龄、性别结构的照料劳动力配置资料，这个简化的标准提供了一种粗略的描摹，便于进行横向比较和引用。而通过设置该标准为基础情境，不仅便于与其他类似研究横向比较，还能与加入年龄、性别结构的情境进行对比，反映出人口结构因素的重要作用，也能体现出获得结构化的照料劳动力配置资料对开展相关研究的关键作用。

在此情境中，假设 R = (0, 0, 1, 1, 1, 1, 1, 0, 0, 1, 1, 1, 1, 1)$_{1 \times 14}$，

即假设 70 岁及以上老年人不论性别和年龄，照料服务需求强度相同，不进行加权。而各年使用照料服务的比例完全由线性差值决定：

$$U_T = U_A \qquad\qquad\qquad (5)$$

$$U_t = U_{2015} + \frac{t - 2015}{35} \times (U_T - U_{2015}) \qquad\qquad (6)$$

将式（6）代入式（4）得到 WF_t。

预计 2016~2050 年，上海老年人口数量和在总人口中的比例均快速增长，70 岁及以上老年人从 2015 年的 183.29 万人增长到 2050 年的 785.39 亿人，将增长 4.28 倍（李强，2015）。这意味着即使保持目前较低的照料服务水平，劳动力也需要达到 4.28 倍的增长。2015 年上海养老服务护理人员总数近 5 万人（上海市人民政府发展研究中心，2016），按照澳大利亚照料劳动力构成折合成老年照料劳动力约为 7.32 万人，与 2015 年上海市 70 周岁及以上老年人（人口数为 183.29 万）相比，比值仅为 4%，相当于每 25 位 70 岁及以上老人配置了 1 名养老服务机构的职工（相比 2014 年我国全国的配置水平高了 10.42 倍，封婷等（2016））。而 2012 年澳大利亚老年照料机构总雇员数与 70 岁及以上老年人的比率达到了 16.04%，几乎每 6 位 70 岁及以上老人就配有 1 名从事老年照料行业的劳动力，这一水平是上海的 4.01 倍。

所得到的每一年的需要的照料劳动力如图 5 中情境 1 曲线所示。照料劳动力需求的总量表现出由于两乘数因素随年份推移倍增的趋势以及照料需求高的老年人口规模阶段性变动的特点，曲线斜率反映的需求年增长量从 2016 年的 0.92 万人快速增长到 2025 年的 3.14 万人，而后 2026~2045 年年均增长量逐步升高，2046 年之后年均增长量又开始以较快速度提高。按照情境 1，上海老年照料劳动力 2030 年需求量为 41.61 万人；到 2050 年总数将达到 125.94 万人，是 2015 年的 17.20 倍，将占到 2050 年 15~59 岁劳动年龄人口的 10.42%。

由此可见，从老年人口规模和照料水平提高这两个因素考虑老年照料劳动力需求，2015~2050 年的增速很快，到预测期末不仅绝对数量巨大，占劳动年龄人口的比例也很高。该预测考察的是影响照料劳动力增长最主要的两个因素，成为本研究的基础情境，在此之上逐步纳入其他影响因素以修正和调整。

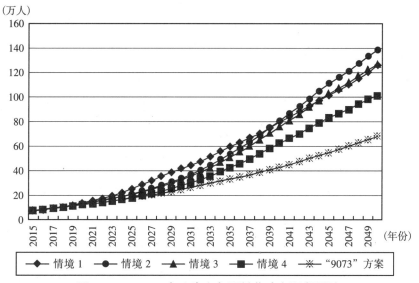

图 5 2015~2050 年上海老年照料劳动力需求预测
资料来源：本研究计算。

（二）老年人口中年龄和性别结构的变化（情境 2）

在上海老年人规模的增长之外，老年人口内在结构变动是老年照料服务需求量和强度的重要影响因素，进而会影响照料劳动力需求。将老年人口年龄和性别结构变化纳入分析后，对照料劳动力需求影响的刻画会更为精确，有别于仅依据老年人总量指标的预测，为此设置情境 2 予以反映。

随着年龄增长，老年人需要照料的可能性与强度快速增加，上海未来老龄化的突出特点为 80 岁以上的高龄老人增长更快，占比不断提高，使照料需求增长。2015~2050 年，在死亡率特别是高龄死亡率改善以及出生高峰队列进入高龄的双重作用下，上海 70~74 岁老年人将增长 3.93 倍，而同期 75~79 岁老年人增长 4.17 倍，80 岁及以上老年人将增长 4.65 倍。作为照料需求风险人群的老年人口呈高龄化。

　　而从性别来说，女性的存活优势使老年女性不仅数量多，平均年龄也更大，使需要照料的人群中女性比例高；而从正式照料需求的角度上，女性健康水平的不利地位和男大女小婚配传统，使女性需要更多照料但在晚年因丧偶等原因难以得到家庭照料，加重了来自女性的正规照料需求。从澳大利亚的经验来看，在社区接受照料的老年人中 70% 是女性（DoHA，2010）。

　　本研究各类照料服务性别、年龄别使用率借鉴澳大利亚 2008 年的数据。从图 6 可看出，几乎所有服务类型女性和高龄老年人的使用率均相对更高，且女性和高龄老人更可能选择照料强度较高的服务类型。因此，仅以使用率作为性别、年龄别劳动力需求强度的代表指标还不充分，还要考

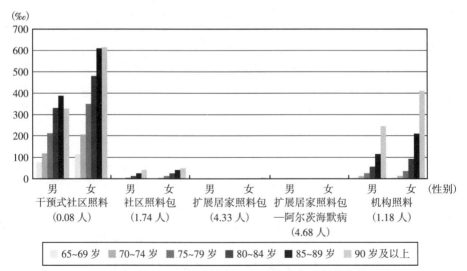

图 6　澳大利亚 2008 年分性别、年龄的老年照料服务使用率

注：服务类型下方括号中标注的是每一个该服务使用者所需要配置的劳动力数量。

资料来源：根据 Productivity Commission（2011）、King 等（2012）、DoHA（2010）和 UN（2015）计算得到。

虑不同服务类型强度。

首先，以图 6 数据为基础形成性别、年龄别各类照料服务使用率矩阵。在数据列表相应位置补充 60~64 岁男性、女性组，并令两组各类型服务使用率为 0，形成 14 行 5 列的矩阵 A。

其次，把澳大利亚 2012 年 35.21 万老年照料劳动力分配到不同服务类型中，得到各类型服务每个使用者劳动力配置强度（Staffing Ratio）向量 S。2012 年调查中机构照料劳动力 20.23 万人，使用封婷等（2016）表 1 中机构照料性别、年龄别使用率和 2012 年澳大利亚老年人口分布计算出使用人数，得到机构每床位配置劳动力 1.18 人。① 社区照料使用 2007 年第二轮调查中所有机构上个月提供各社区服务类型的平均照料小时数（Martin 和 King，2008）分配 2012 年社区 14.98 万照料劳动力，得到干预式照料服务劳动力数量 6.13 万人，占 40.93%，老年照料服务包劳动力 8.85 万人，占 59.07%。与 2012 年澳大利亚性别、年龄别老年人口和封婷等（2016）表 1 使用率合成，得到干预式照料服务每个使用者配置的劳动力接近 0.077，相当于 1 名劳动力可以服务超过 13 位使用干预式居家照料的老年人；将澳大利亚 2008 年社区养老调查三种服务包平均每周需照料的小时数（DoHA，2010）与封婷等（2016）表 1 使用率结合，得到从低级别到高级别每个服务包需要的劳动力分别为 1.74 人、4.33 人和 4.68 人，均高于机构照料的劳动力配置强度，这与分散照料降低了效率有关，再者，社区照料形式兼职劳动力更多，工作小时数较少，因此如果将照料劳动力转化为全职等价劳动力比较的话差距会缩小。

由此，按封婷等（2016）表 1 列示顺序，不同类型照料服务每个使用者配置劳动力强度向量为 $S = (0.077，1.74，4.33，4.68，1.18)_{1 \times 5}$，而性别、

---

① 通过 2012 年劳动力调查中平均每个床位配置 0.8 个直接照料者的结果，乘以劳动力与直接劳动力的比率，也能得到非常接近的数字，而 0.8 个直接照料者的配置强度与我国住建部每个床位配备 0.8 个护理人员的规定水平也很类似。

年龄别老年人口劳动力需求强度向量为：

$$R = S \times A^T \tag{7}$$

即由不同类型服务性别、年龄别使用率与使用者的劳动力配置强度两部分合成。需要注意的是，不同性别、年龄别老人，在使用同类照料服务时所需要的照料小时数以及需求的照料劳动力也应有差异，所以研究结果在某种程度上仍然低估了女性化和高龄化的不利影响。

将式（7）得到的 R 代入式（2），得到 U_A，而 U_T 与 U_t 的确定方式及其他计算步骤与情境 1 相同，形成每一年照料劳动力需求的预测值（结果见图 5 中情境 2）。

加入结构影响后，中期和长期预测结果与情境 1 都有较大差异，且预测值相对水平发生了扭转。情境 2 同时考虑了老年人数量和年龄、性别结构，而情境 1 主要考虑的还是数量因素，二者的差别可以认为是老年人口年龄、性别结构的影响。按照总量预测，老年照料劳动力需求发展趋势是预测期初段加速增长，而后增速趋缓，但加入性别和年龄结构影响后，开始阶段增速较缓，而从预测期中段上海人口快速高龄化阶段急剧增长，超过情境 1 的预测，并在预测期末段继续增长。情境 2 与情境 1 预测结果的差异说明，考虑老年人口中的性别和年龄结构因素，才能够如实反映照料需求人口学特征的变化，消除预测中仅关注老年人数量而忽视老龄化实质发展水平所产生的偏差。

老龄化背景下，老年人口的庞大和脆弱化使照料需求激增。这也是情境 1 和情境 2 的基本思路。而这一思路之中亦有转化的关键点，老年人口中能够自理不需要照料的占相当比例，与照料需求更相关的是不能自理、需要照料的老年人如何变化；再者照料需求不一定都由正规照料服务来满足，我国至今仍保有家庭养老传统，是上海和澳大利亚目前照料服务巨大差异的来源之一，应在预测中体现出家庭照料对正规照料服务的替代作用。对这些关键点的设定，产生了情境 3 和情境 4。

（三）老年人健康状况的改善（情境 3）

死亡率降低和寿命延长，会带来老年人特别是高龄老年人数量的增长，然而其本身是老年人健康得到改善的后果之一。因此在考虑高龄化增加照料需求的同时，也要考虑到健康改善带来的各年龄失能率下降，会相应降低照料需求。在此我们按照澳大利亚老年照料体系改革法案的假设，即年龄别失能率每年以 0.25% 的速度普遍下降（Hogan，2004），以该假设在情境 2 年龄别照料需求的基础上逐年缩减，作为预测的情境 3。

以预测期各年服务可获得性在情境 2 的基础上缩减，来反映需要照料服务的老年人口的减少：

$$U_t = (1 - 0.0025)^{t-2015} \times \left[U_{2015} + \frac{t - 2015}{35} \times (U_T - U_{2015}) \right] \tag{8}$$

即在当前水平与目标水平线性差值之后，再复合因健康改善而指数缩减的调整系数决定。其他设定与情境 2 相同。

情境 3 的预测结果见图 5。在预测期前半阶段，情境 3 劳动力需求量与情境 2 差别很小，因此与情境 2 曲线几乎重合，降低需求的作用在 2030 年之后开始显现，并以较快速度扩大。此情境下 2030 年上海照料劳动力需求将达到 32.67 万人，比情境 2 降低 3.69%；而 2050 年总量预计达到 126.99 万人，比情境 2 的需求水平降低 11.63 万人，降幅超过 8.39%，相比 2015 年增长 17.34 倍。这说明老年人健康改善是降低照料劳动力需求的重要影响因素，但效果显现较慢，主要表现为长期累积效应。

（四）来自家庭的非正规照料（情境 4）

前面的计算是建立在上海的照料需求将以澳大利亚水平为目标转化为正规照料的假设上，没有考虑到我国非正规照料所起的作用，即老年人照料需求更多由家庭内部承担，而非像西方发达国家那样倚重社会化的照料服务。可以预见未来一段时期内来自家庭成员的照料仍然会发挥重要作用，但随着时间推移家庭养老能力会逐渐弱化，然而至少在预测期，老年照料产业发展及其劳动力配置水平相比以澳大利亚为代表的西方发达国家水平会有比较明显的差距。

考虑到我国较强的非正规照料减少正规照料需求的作用，将预测期末上海照料服务可获得性的目标定在澳大利亚 2012 年水平的 80%，其他设定与情境 3 相同，以此设置预测情境 4，即：

$$U_T = 80\% \times U_A \tag{9}$$

结果见图 5 情境 4，其趋势与情境 3 类似，仅增长幅度变缓。预计到 2030 年，老年照料劳动力增长到 27.81 万人，相比情境 3 的预测水平降低了 4.87 万人（降幅 14.89%）；到 2050 年，老年照料劳动力进一步增长到 101.60 万人，比 2015 年增长 13.87 倍。

情境 4 依次考虑了老年人数量、老年人性别和年龄结构、未来自理能力改善以及非正规老年照料的作用，是本研究对上海未来老年照料劳动力需求的最佳估计。情境 4 估计的 2050 年老年照料劳动力总数将占到届时上海劳动年龄人口的 8.41%，使用 2013 年第三次经济普查上海各行业从业人员占当年劳动年龄人口的比重作为静态参照（上海市统计局，2014），这将使老年照料产业的劳动力占比仅次于工业与批发和零售业，是所归属的卫生和社会工作行业（只占劳动年龄人口的 1.3%）2013 年劳动力占比的 6.48 倍。

如果我们的假设与未来实际较为接近，结果能够在某种程度上描摹未来的状况，这个巨大的增长意味着中国产业结构和劳动力市场深刻的转变。

（五）"9073"方案的测算

本研究以上海首创的老年照料服务"9073"模式为例，尝试对上海政策设计进行模拟预测。"9073"方案是一个直观、操作性强的政策，立足于我国非正规老年照料的传统，认为老年人中90%由家庭自我照顾，7%为社区居家养老，3%为机构养老，以此来规划产业发展。因此仅以上海60周岁及以上老年人口数量的增长，和照料服务可获得性向澳大利亚趋近两个因素出发预测未来老年照料劳动力总数。按此方案进行测算并设置为预测情境之一，可以量化政策的长期指引作用，也能与其他情境结果比较分析，检视政策的长期适用性。

这个预测方案规定了60周岁及以上老年人照料服务使用率，再结合澳大利亚2012年服务接受者劳动力配置的水平，即每个使用社区照料服务的老年人平均每人配置0.18个劳动力、机构老年照料每床位配置1.18个劳动力作为目标水平，测算出相当于约20.84名60岁及以上老年人配置一名照料劳动力。从2015年上海的水平均匀增长到2050年，并与各年上海60岁及以上老年人口数的特定比例合成，得到预测期各年需要的老年照料劳动力数量。

令 $R = (1, 1, 1, 1, 1, 1, 1, 1, 1, 1, 1, 1, 1, 1)_{1 \times 14}$，$U_T = 7\% \times 0.18 + 3\% \times 1.18 = 0.048$，相当于约20.84名60岁及以上老年人配置1名照料劳动力，其他参数的确定方式与情境1相同。

预测结果见图5"9073"方案。作为60周岁及以上老年人口总量驱动的预测，"9073"方案结果在预测期间几乎是以固定的斜率增长。仅在预测期初2016~2021年高于情境4，此后一直低于情境4，且差距不断扩大。在2030年老年照料劳动力总量预测值为24.83万人，低于前四个情境，与本研究最优预测情境4相比，偏低10.69%；到2050年劳动力总量预测值为68.30万人，与情境4相比偏低32.77%。这反映出以"9073"方案为代表的将低龄老年人也包括在内且只考虑规模因素的照料服务政策设计与老龄化发展的实质水平有所背离，据此进行的劳动力安排在预测期初几年会较为激进，但从中长期来看难以应对老年照料需求的激增。

（六）预测结果的敏感性分析

本研究形成了 5 个预测情境，对不同情境进行敏感度分析，可以揭示影响因素的作用方向和力度。以下采用增长率贡献率和中长期节点预测值差分两种方式考察各因素敏感性。

1. 敏感性分析之增长率贡献率

在预测期将劳动力预测结果分段计算年均增长率，对最佳的预测情境 4 的增长率进行对数分解。照料服务可获得性的提升是本研究基础性因素，因此先计算情境 1 中 U_t 增长率，来反映照料服务可获得性的增长；而后用情境 1 预测值与 U_t 相比获得老年人规模增长；情境 1~4 预测值由后向前依次相比获得老年人口结构、健康和非正规照料带来的增长，并对 U_t 和各相对增长率求对数，从而获得在各时段情境 4 的对数增长率中，照料服务可获得性、老年人规模及结构、健康改善和非正规照料的贡献率。这种敏感性分析方式能够看到各时段主要驱动因素，及其驱动力的消长（见图 7）。

研究假设照料服务可获得性线性增长，因此该因素的贡献始终为正，在预测期最初五年接近 50%，其后保持在 40% 左右。这一结果说明，在未来相当长的时间内，老年照料服务水平和覆盖面的提升将是老年照料劳动力增长的主导因素，这源于老年照料服务尚不完善的现实，也符合老龄化背景下党和政府推进老年人照料服务行业的发展前景。

在预测期间，老年人规模因素对老年照料劳动力增长的贡献始终超过 30%，不断增长的老年人数量是照料劳动力需求的重要推动力量。在 2021~2030 年以及预测期末 2046~2050 年影响较大，贡献率超过了 40%，体现了出生高峰人口组（1950~1959 年出生队列及其子代）进入老年的影响。出生高峰人口进入老年带来老年人口数量的波浪形变动，也是人口年龄结构不均衡的直观体现。

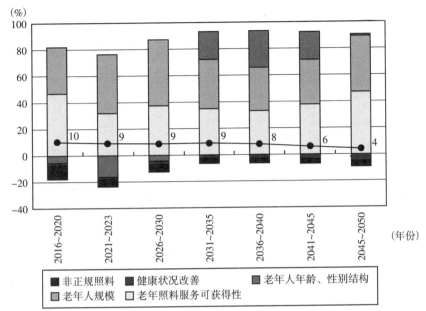

(%)

非正规照料　健康状况改善　老年人年龄、性别结构

老年人规模　老年照料服务可获得性

**图7　上海老年照料劳动力需求预测情境4五年间隔年均增长率及各因素贡献率
（对数分解）**

资料来源：本研究计算。

敏感性分析显示，上海市老年人口性别年龄结构因素对老年照料劳动力需求的影响较强，且随时间推移不断变化。在2030年之前，性别年龄结构起抵减作用，特别是2021~2025年抵减的贡献超过16%。结合2021~2030年老年人规模增加对照料劳动力需求的推动作用，说明这一时期出生高峰人口集中进入了老年年龄段，虽然带来老年人口规模的迅速增长，但也使得这一时期老年人口构成以低龄老年人为主，性别也相对均衡，年龄和性别结构的"红利"部分抵消了老年人规模激增的影响，对照料劳动力需求的增长起到了延缓的作用。2031年之后影响由负向转为正向，即成为需求增长的推动力，并且在2031~2045年都超过20%，反映出出生高峰人口组进入高龄的影响。性别和年龄结构的不均衡——具体表现为女性化和高龄化，是这一阶段上海老龄化的突出特征。在预测期内不同时段老年人性别、年龄结构因素驱动方向和大小的变化，说明只关注老年人口数量，

而不去挖掘年龄结构特征，将给相关预测研究、政策出台和产业发展规划带来偏差，如在 2030 年之前会高估老年人口照料需求，而在 2030 年之后对高龄化带来的照料需求增长估计不足。另外，这一敏感性分析结果也深刻展现出获取结构化人口预测数据以及可资借鉴的结构化照料劳动力配置资料的重要作用。

老年人口规模和结构都是人口老龄化因素，合并二者贡献可以看到在预测期前 10 年老龄化总体影响低于 30%，对劳动力增长的驱动在 2026 年之后快速提高，并在 2031~2040 年达到了 60% 左右，反映出彼时上海人口深度老龄化的影响。

健康改善和来自家庭的非正规照料都是劳动力需求增长的抵减因素。健康改善到末期总增长率降低时才能凸显，改善老年人健康，提高其自理能力，是一个长期而缓慢的过程，故而对照料需求的减缓作用要放眼中长期才能见效。而非正规照料的影响在最初 5 年超过 10%，其后都在 5% 左右，原因在于，当前以及很长一段时间内来自家庭内部的非正规照料都是我国老年照料的基础，有力减轻了正规照料需求，但未来家庭对老年人照料的承载能力势必弱化，其贡献也将式微。

2. 敏感性分析之中长期预测结果变动

本研究预测从人口视角出发，预测期较长，在预测期终点的 2050 年之外，也将 2030 年的结果汇总列示。2015~2030 年，不足人口学中一代人的时间跨度，而生育政策调整对劳动年龄人口数以及抚养比等相关指标尚未产生影响，因此 2030 年可以反映中期变化情况，而 2050 年则作为长期变化的代表，可以看出各影响因素在中、长期作用的累积。

2030 年前后，上海老龄化发展呈现两种阶段性特征，使不同的预测结果产生较大分化。将本研究 5 个预测情境或方案在 2030 年（中期）和 2050 年（长期）的结果汇总为表 1，并依次与上一个情境比较，计算相对变动比例，以反映每个因素的敏感性。情境 2 至情境 4 的敏感度是在新加

表 1　上海 2030 年和 2050 年老年照料劳动力需求预测方案对比

	2030 年照料劳动力需求		2050 年照料劳动力需求	
	总量（万人）	敏感度（%）	总量（万人）	敏感度（%）
情境 1	41.61	—	125.94	—
情境 2	33.92	−18.48	138.62	10.07
情境 3	32.67	−3.69	126.99	−8.39
情境 4	27.81	−14.89	101.60	−20.00
"9073" 方案	24.83	−10.69	68.30	−32.77

注：敏感度是指加入新的影响因素后总量预测的相对变化，计算方法为该情境或方案需求量相比上一个情境的变化率。

资料来源：本研究计算。

入某影响因素后，使预测结果更加精确和接近实际，相比上一个情境改善的程度；而当计算 "9073" 方案的敏感度时，作为参考标准的情境 4 是本研究对未来老年照料劳动力需求最好的估计，因此对照二者的差别，可以看出方案设计存在的问题。

按照本研究最佳预测情境 4 的结果，2030 年，上海需要老年照料劳动力 27.81 万人，而 2050 年需求量是 101.60 万人，相对于不考虑非正规照料的情境 3，中期和长期的降低幅度都较大。非正规照料在中期和长期都有较明显的影响，我国传统的家庭老年照料能力是照料劳动力需求重要的抵减因素。

2030 年预测结果在 24 万~42 万人，其中情境 2 加入老年人性别、年龄结构后结果变化很大，成为中期关键的影响因素，原因在于 2030 年以前的老龄化是以总人口年龄结构因素带来的老年人数量增长为主，这一阶段老年人内在结构老龄化和女性化的程度落后于老年人总数的增长，因此不考虑老年人内在结构的总量型预测的结果虚高。

2050 年预测结果在 68 万~139 万人，情境 2 中性别年龄结构带来的作用由负转正，成为推高长期劳动力需求的重要因素，情境 3 中老年人健康逐渐改善的影响开始显示出来。原因在于这个阶段生育高峰队列进入高龄的年龄结构因素和死亡率改善因素共同起作用，老龄化发展到高龄化阶段，超过了作为参照的澳大利亚水平。自理能力改善的影响不断叠加，在长期才会显示出效果，正如预测结果反映的，其微小变动就会累积成老年照料劳动力长期需求相当大的降低幅度。另外，这一阶段如果以 60 岁以上老年人数量为基础按照"9073"方案进行劳动力规划，会远远落后于实际需求水平。

四、结论与讨论

随着老龄化加深和老年照料服务水平的提升，在预测期间上海老年照料劳动力总量需要大幅度增长，这是本研究的基本结论。从本研究最佳的情境 4 预测结果来看，2030 年和 2050 年照料劳动力需求分别为 28 万人和 102 万人，在整个预测期间上海老年照料劳动力需求年均复合增长率为 7.80%。

本研究综合相关因素，展现了未来老年照料承担方向社会转移带来照料劳动力需求增长的多个可能情境。预测的实现需要借助于假设，敏感性分析可以在一定程度上摆脱对假设的依赖，较为客观地识别出各个影响因素的作用方式。以澳大利亚为参照逐步提升照料服务的基础假设，是以时间换空间，偿还"旧账"的过程，其他因素则是预测期间发生的重要冲击：上海人口进一步老龄化的趋势确定性高，是加重劳动力需求的"新账"，老年人口规模的持续增长始终是需求加深的因素，而老年人口结构因素的作用力则是先抵减老年人口规模扩大的压力，而后加重照料需求并取代规模因素成为老龄化中的又一主要驱动力，因为只考虑老龄化的规模要素而未及结构要素，"9073"政策设计从中长期来看低估了需求；非正规照料能力和老年人健康改善是递减因素，来自家庭的照料可以立竿见影地减轻劳动力需求，虽然冲击几乎是一过性的，但抵减效果在中期和长期能够保持，可以用以部分抵消照料服务提升在前期激增的压力，而健康改善的作用以几何级数累积，从长期来看才有收效，适宜用来减轻预测期末老龄化纵深发展的照料需求压力。

目前我国已全面实施一对夫妇可生育两个孩子政策，然而预测期间的老年人目前均已出生，生育政策调整将不会对老年人口总量和内部结构产生影响。但着眼于长期，可以补充未来家庭养老能力，充实未来劳动年龄人口，缓解家庭和社会老龄化的相对水平。上海老年照料劳动力需求将快速增长的结论基本不受影响。

此外，上海已从 2017 年起开展了长期护理保险试点工作，从日本的经验来看，在 2000 年实施的长期护理保险政策快速推动了老年照料行业的发展。如果上海长期护理保险推广步伐较快，老年照料劳动力数量的增长可能在前期大大提速。

从澳大利亚调查资料来看，机构老年照料每床位配置 1.18 个劳动力，社区老年照料服务包的每个服务包配置 2.07 个劳动力，干预式社区老年照料每接受者配置 0.077 个劳动力，与中国目前确定的标准以及实际运行的水平接近，正规老年照料劳动力的效率较高。当前主要问题在于老年照料服务供给跟不上需求的增长，产业发展滞后，造成供给限制下较低的可获得性。在老龄化加剧和劳动力人口数量下降的未来，应将照料劳动力的增长看作释放劳动力潜力、提高劳动参与率、优化人力资本配置的对策，而不是对逐渐萎缩的劳动力资源的一种争夺，特别是对以上海为代表的劳动力吸纳能力强的区域来说，应大力推动为老服务水平的提升，培育老年照料产业发展，扩充劳动力队伍，满足老年人及其家庭的需求。此外，如果按照劳动人口为 15~59 岁估计，至 2050 年老年照料所需要的劳动力将占该年龄组的 8%~11%（情境 1 至情境 4），这将是相当大的比例，而如果将劳动人口年龄向上推移 5~10 岁，这一比例将明显下降至不超过 8%，这意味着挖掘大龄劳动人口的潜力，吸引更多 50 岁及以上的人参与老年照料工作，将有助于缓解需求压力。

从敏感性分析结果来看：一是提高家庭养老能力是具有持续效果的措施，可以直接减轻正规老年照料服务扩充的压力，比如将家庭中的照料者认可为劳动力的一部分，付给津贴和护理费，提供支持小组和顾问项目，推动对阿尔茨海默病的教育和培训；二是改善老年人健康水平从长期来看效果卓著，但因其效应需要较长时间累积，需要尽早进行，才能在高龄化带来的劳动力需求快速增长之前缓解养老困境，如开展慢性病防治工程，推动健康老龄化；三是中期为减量因素的老年人性别、年龄别结构，到了2030年之后成为相当重要的增长驱动力，高龄和女性老年人是老年照料需求的重点人群，对各区和跨期养老资源进行配置时应作为关键指标。而"9073"方案等从老年人数量出发的政策，在深度老化时会低估老年照料的实际需求，需要在2030年高龄化之前进行调整。

澳大利亚老年照料行业的发展过程和改革也能给上海很多可供借鉴的经验：第一，注重收集老年照料产业和劳动力的数据资料，以多种调查结果为依据，不断解决制约老年照料劳动力队伍发展的问题，提高政策实施效率和照料服务水平。第二，为扶持老年照料产业发展，修改户籍与居住证政策吸引符合条件的外来人口，补充照料劳动力队伍。第三，发展老年照料产业应与提升老年人收入水平并举，如提高养老金覆盖面和水平。老年人及其家庭是相对弱势的群体，公共财政补贴的比例大，上海已规划通过准入和收费标准的设置，充分考虑老年人及其家庭收入和资产情况，这一方面也可以借鉴澳大利亚相关经验，兼顾社会公平与公共资源配置效率。第四，从澳大利亚经验来看，老年照料劳动力多为中老年女性，而上海人口中60~64岁人口比例占60岁及以上老年人口比例很高，在预测期间始终超过20%，而2015~2020年更是超过30%，如果能将这些低龄老年人的劳动能力很好地利用起来，不仅能缓解照料劳动力供给的压力，还能够成为他们从全职工作到完全退休的缓冲，有利于其身心健康，推进和谐社区建设，减轻未来照料需求。

上海市政府积极应对老龄化问题，重视培育老年照料劳动力队伍，已制定了《上海老龄事业发展"十三五"规划》提出到2020年新增养老护理人员7.8万人，编制了《上海市养老护理人员队伍建设（专项）规划（2015~2020年)》，印发了《关于加快推进本市养老护理人员队伍建设的实施意见》，规划了"形成一支规模与需求相适应、年龄梯度适当、等级比例合理的养老护理人员队伍"的目标，提出符合条件的养老护理人才在办理积分落户时予以加分。然而，老年照料劳动力队伍规模的扩大，与上海市人口调控政策不免互相掣肘。

上海市"十三五"规划中提出 2020 年常住人口不超过 2500 万，成为上海设定的"四条底线"之首，在《上海市城市总体规划（2016~2040 年）》中提出到 2040 年上海市常住人口控制在 2500 万左右。然而，2016 年上海市常住人口已达到 2419.70 万（上海市统计局和国家统计局上海调查总队，2017），这意味着常住人口增长量在 2020 年不能超过 80.30 万，到 2040 年将控制在 80 万左右。从图 1 上海市分户籍常住人口年龄数量结构不难看出，外来人口集中在青壮年年龄组，长期以来减轻了上海老龄化发展。人口调控政策着力在外来人口数量以及户籍人口机械增长量方面，不可避免将导致常住人口中青壮年人口增长乏力，从而推高老年人口比例，并带来照料人手不足的问题。

按照本研究情境 4 的预测结果，上海市老年照料劳动力到 2020 年和 2040 年预计将达到 11.91 万人和 62.55 万人，比 2015 年增长约 7 万人和 58 万人，相比常住人口总量增长 80 万左右的调控目标，成为关键的变数之一。在充分利用现有常住人口从事老年照料服务的基础上，老年照料服务的发展仍然需要引入大量外来人才，从而带来人口增长，影响人口调控目标的达成。

本研究是结合国际经验估计上海老年照料劳动力需求的初步尝试，使用澳大利亚作为参照标准，因其具有不同年龄、性别老年人口照料服务需求强度的详细数据，在上海老年人口结构因素复杂多变的情况下，有望得到更为准确和丰富的结果。而事实上，日本在人种、经济发展水平、文化等各个方面与上海更为接近，更适于作为参照对象。目前研究者正积极开展合作研究，以期获得日本老年照料劳动力配置的详细资料，进一步补充和完善现有研究。

研究所用方法的特点是可以根据现有人口统计数据估计照料需求的劳动力总量，且借助已有的照料水平作为参照依据；而这种做法的局限是仅估计了总量，还未能对照料队伍的结构进行细化。影响这类研究深入的也有诸多客观因素：一是中国当前老年照料服务初建、尚未形成体系，相关基础数据极其匮乏，因而对老年人照料需求和照料服务基本状况缺乏了解；二是随着人口和家庭结构的变化以及各级政府的重视，近年来老年照料需求和相应的服务发展速度快，需要及时调查研究方能不断跟进形势变化。我们将持续关注并进一步开展相关研究，参与更深入多样的学术讨论，将本研究继续推进。

参考文献

［1］曹煜玲. 我国老年人的照护需求与服务人员供给分析［J］. 人口学刊，2014（3）：41-51.

［2］封婷，肖东霞，郑真真. 老年照料劳动力需求的估计与预测——来自澳大利亚的经验［J］. 劳动经济研究，2016（4）：27-52.

［3］国家统计局. 2014 年国民经济和社会发展统计公报［EB/OL］. http：//www.stats.gov.cn/tjsj/zxfb/201502/t20150226_685799.html，2016.

［4］胡宏伟，李延宇，张澜. 中国老年长期护理服务需求评估与预测［J］. 中国人口科学，2015（3）：79-89.

［5］李强. 上海市概率人口预测结果［Z］. 上海市人口规划课题，2015.

［6］刘建华. 加快推进人才培养服务养老服务产业——解读《关于加快推进养老服务业人才培养的意见》［J］. 社会福利，2014（8）：20-23.

［7］卢文洁，杨洋. 需：养老护理员 27 万；供：持证上岗者 1.4万——广东养老服务人力短缺矛盾突出［N］. 广州日报，2015-09-15（A2）.

［8］上海市老龄科研中心. 2015 年上海市老年人口和老龄事业监测统计信息［EB/OL］. http：//www.shrca.org.cn/5764.html，2016.

［9］上海市人民政府发展研究中心. 上海养老服务发展报告（白皮书）［M］. 格致出版社，上海人民出版社，2016.

［10］上海市统计局. 上海市第三次经济普查主要数据公报（第一号）［EB/OL］. http：//www.stats-sh.gov.cn/sjfb/201502/277270.html，2016.

［11］上海市统计局、国家统计局上海调查总队. 2016 年上海市国民经济和社会发展统计公报［EB/OL］. http：//www.shanghai.gov.cn/nw2/nw2314/nw2318/nw26434/u21aw1210720.html，2017.

［12］史薇，李伟旭. 城市失能老年人照料资源分布及照料满意度的实

证研究［J］. 北京社会科学，2014（11）：29-37.

　　［13］ 宋春玲. 我国老年长期护理人才需求预测与供给政策探析［J］. 中国民政，2013（5）：32-34.

　　［14］ 苏金林，蔡世源，屈朝霞，徐如林. 镇江市养老服务机构康复护理人员现状及需求调研［J］. 卫生职业教育，2011（1）：9-10.

　　［15］ 田北海，王彩云. 城乡老年人社会养老服务需求特征及其影响因素——基于对家庭养老替代机制的分析［J］. 中国农村观察，2014（4）：2-17.

　　［16］ 王德文. 我国老年人口健康照护的困境与出路［J］. 厦门大学学报（哲学社会科学版），2012（4）：90-98.

　　［17］ 俞卫，刘柏惠. 我国老年照料服务体系构建及需求量预测——以上海为例［J］. 人口学刊，2012（4）：3-13.

　　［18］ 余央央，封进. 老年照料的相对报酬：对"护工荒"的一个解释［J］. 财经研究，2014（8）：119-129.

　　［19］ 曾毅，陈华帅，王正联. 21世纪上半叶老年家庭照料需求成本变动趋势分析［J］. 经济研究，2012（10）：134-149.

　　［20］ 周元鹏，张抚秀. 上海市社区居家养老服务发展的背景、需求趋势及其思考［J］. 人口与发展，2012（2）：82-90.

　　［21］ Australian Government Department of Health and Ageing. The 2008 Community Care Census, Australian Government Department of Health and Ageing［R］. Canberra，2010.

　　［22］ Australian Government Department of Health and Ageing，Aged Care（Living Longer Living Better）［EB/OL］. https：//www.dss.gov.au/our-responsibilities/ageing-and-aged- care/aged-care-reform/reforms-by-topic/legislation-aged-care-reform/legislative-changes-historical，2012.

　　［23］ Australian Government Department of Social Services［EB/OL］. Aged Care Assessment Programme Guidelines，https：//www.dss.gov.au/sites/default/

files/documents/05 _2015/acap_ guidelines_-_accessible_version_-_may_2015_0.
pdf，2015.

[24] Bookman，A. & Kimbrel，D. Families and Elder Care in the Twenty-
first Century [J]. Future of Children，2011，21 (2)，117-140.

[25] Hogan，W. Review of Pricing Arrangements in Residential Aged
Care，Report by the Aged Care Review Taskforce，Commonwealth of Australia，
Canberra. Cited in Productivity Commission [R]. Caring for Older Australians，
Report No. 53，Final Inquiry Report，Canberra，2004.

[26] Ken-ichi Hashimoto & Ken Tabata. Population Aging，Health Care，
and Growth [J]. Journal of Population Economics，2010，23 (2)：571-593.

[27] King，D.，Mavromaras，K.，Wei Z.，et al. The Aged Care Workforce
[M]. Canberra：Australian Government Department of Health and Ageing，2012.

[28] Martin，B.，King，D. Who Cares for Older Australians? —A Picture
of the Residential and Community Based Aged Care Workforce [M]. Canberra：
Australian Government Department of Health and Ageing，2008.

[29] Productivity Commission. Caring for Older Australians [R]. Report
No. 53，Final Inquiry Report，Canberra，2011.

[30] United Nations，Department of Economic and Social Affairs，Population
Division [EB/OL]. World Population Prospects，http：//esa.un.org/unpd/wpp/，
Accessed，2015.